U1012392

纳税评估实验教程

李静敏　蒋励佳　主编

中国财经出版传媒集团
中国财政经济出版社

图书在版编目（CIP）数据

纳税评估实验教程/李静敏，蒋励佳主编. -- 北京：中国财政经济出版社，2019.12
ISBN 978 - 7 - 5095 - 9500 - 8

Ⅰ. ①纳… Ⅱ. ①李… ②蒋… Ⅲ. ①纳税 - 评估 - 教材 Ⅳ. ①F810.423

中国版本图书馆 CIP 数据核字（2019）第 278521 号

责任编辑：刘五书　　　　责任校对：张　凡
封面设计：王　颖

中国财政经济出版社 出版
URL：http：//www.cfeac.com
E - mail：cfeac@cfemg.cn
（版权所有　翻印必究）
社址：北京市海淀区阜成路甲 28 号　邮政编码：100142
营销中心电话：010 - 88191522
天猫网店：中国财政经济出版社旗舰店
网址：http://zgczjjcbs.tmall.com
北京密兴印刷有限公司印刷
787 × 1092 毫米　16 开　18.25 印张　347 000 字
2019 年 12 月第 1 版　2019 年 12 月北京第 1 次印刷
定价：65.00 元
ISBN 978 - 7 - 5095 - 9500 - 8
（图书出现印装问题，本社负责调换）
本社质量投诉电话：010 - 88190744
打击盗版举报热线：010 - 88191661　QQ：2242791300

前　言

纳税评估是指税务机关运用数据信息对比分析的方法，对纳税人和扣缴义务人纳税申报情况的真实性和准确性作出定性和定量的判断，并采取进一步征管措施的管理行为。随着税收征管改革的发展，纳税评估已成为强化税源管理、降低税收风险的重要手段，对减少税款流失、不断提高税收征管的质量和效率有重要意义。

2014 年国家税务总局印发了《关于加强税收风险管理工作的意见》，确立了纳税评估在税收风险管理中的地位，它是纳税提醒、纳税评估、税务审计、反避税调查、税务稽查五种风险应对手段之一，而且从当前税收风险工作实践来看，根据应对成效和适用范围综合考量，纳税评估已经成为最主要的税收风险应对手段。税收风险管理是完成组织收入目标的重要抓手，开展税收风险管理，通过风险分析识别，有助于找准税收漏洞、有效实施风险应对、促进税收收入的可持续增长。

纳税评估是高校税收专业的核心骨干课程，但目前市场上的教材多为理论型教材，缺乏适用实验教学用的专门教材。为了满足高校税收专业纳税评估实验教学的需要，我们结合税务机关的纳税评估案例编写了这本纳税评估实验教程。旨在通过本教程的案例实验学习，使学生能深入理解纳税评估的基本概念，掌握纳税评估指标的构建、纳税评估对象的确定、案头审核分析方法、约谈举证及实地核查方法等内容，帮助学生掌握纳税评估的流程，研究分析现行税制存在的税收风险，探索学习建立分税种、分行业的纳税评估指标，提高纳税评估的技巧和水平。

本教材由广西财经学院李静敏教授、蒋励佳高级经济师担任主编，李静敏教授负责全书的总纂与审定。本教程实验内容分为三个部分：

第一部分为纳税评估基础方法实验，包含纳税评估基础方法与流程，增值税、消费税、企业所得税、个人所得税等税种实验；第二部分为制造业纳税评估实验，包含白酒、医药、火力发电、金属结构四个制造业的代表性行业；第三部分为其他行业纳税评估，选取了有代表性的银行业、房地产业、商业超市业、道路运输业。

第一部分纳税评估基础方法实验，由李静敏教授编写；第二部分制造业纳税评估实验由蒋励佳高级经济师和李静敏教授共同编写；第三部分其他行业纳税评估实验由蒋励佳高级经济师负责编写。广西财经学院税收专业2018级刘晓东、兰丹丹同学参与了本教材实验案例材料的收集整理工作。

纳税评估实验教材是新生事物，由于我们经验不足和水平有限，教材中难免存在疏漏或不妥之处，敬请使用的师生们批评指正，提出宝贵意见。

编者

2019年11月

目　　录

第一部分　纳税评估基础方法实验

第二部分　制造业纳税评估实验

第三部分 其他行业纳税评估实验

第一部分
纳税评估基础方法实验

实验一

纳税评估方法与流程

一、实验目的与要求

（一）实验目的

通过本实验，使学生深入理解纳税评估的基本概念，掌握纳税评估指标的构建、纳税评估对象的确定、案头审核分析方法、约谈举证及实地核查方法等内容，帮助学生掌握纳税评估的流程，研究分析现行税制存在的税收风险，探索学习建立分税种、分行业的纳税评估指标，提高纳税评估的技巧和水平。

（二）实验要求

1. 学习实验知识准备，熟练掌握纳税评估的概念。
2. 学习实验方法准备，熟练掌握纳税评估的内容。
3. 学习实验方法准备，熟练掌握纳税评估的指标、模型及方法。
4. 学习实验评估案例，分组讨论现行纳税评估的方法与流程。
5. 进行本次实验总结，学习填写纳税评估工作报告。

二、实验知识准备

（一）纳税评估基本概念

1. 纳税评估是指税务机关为进一步强化税源管理，降低税收风险，减少税款流失，不断提高税收征管的质量和效率，根据国家有关税收法律、法规，结合税收征管工作实际、运用数据信息对比分析的方法，对纳税人和扣缴义务人纳税申报（包括减免缓抵退税申请）情况的真实性和准确性作出定性和定量的判断，并采取进一步征管措施的管理行为。

2. 纳税评估工作遵循强化管理、优化服务；分类实施、因地制宜；人机结合、简便易行的原则。

3. 纳税评估工作主要由基层税务机关的税源管理部门及其税收管理员负责，重点税源和重大事项的纳税评估也可由上级税务机关负责。

4. 开展纳税评估工作原则上在纳税申报到期之后进行，评估的期限以纳税申报的税款所属当期为主，特殊情况可以延伸到往期或以往年度。

5. 纳税评估主要工作内容包括：根据宏观税收分析和行业税负监控结果以及相关数据设立评估指标及其预警值；综合运用各类对比分析方法筛选评估对象；对所筛选出的异常情况进行深入分析并作出定性和定量的判断；对评估分析中发现的问题分别采取税务约谈、调查核实、处理处罚、提出管理建议、移交稽查部门查处等方法进行处理；维护更新税源管理数据，为税收宏观分析和行业税负监控提供基础信息等。

（二）纳税评估指标

1. 纳税评估指标是税务机关筛选评估对象、进行重点分析时所选用的主要指标，分为通用分析指标和特定分析指标两大类，使用时可结合评估工作实际不断细化和完善。

2. 纳税评估分析时，要综合运用各类指标，并参照评估指标预警值进行配比分析。评估指标预警值是税务机关根据宏观税收分析、行业税负监控、纳税人生产经营和财务会计核算情况以及内外部相关信息，运用数学方法测算出的算术、加权平均值及其合理变动范围。测算预警值，应综合考虑地区、规模、类型、生产经营季节、税种等因素，考虑同行业、同规模、同类型纳税人各类相关指标的若干年度的平均水平，以使预警值更加真实、准确和具有可比性。纳税评估指标预警值由各地税务机关根据实际情况自行确定。

3. 纳税评估通用分析指标包括收入类评估分析指标、成本类评估分析指标、费用类评估分析指标、利润类评估分析指标、资产类评估分析指标等。

4. 收入类评估分析指标及其计算公式和指标功能。

$$\begin{matrix}\text{主营业务}\\\text{收入变动率}\end{matrix}=\left(\begin{matrix}\text{本期主营}\\\text{业务收入}\end{matrix}-\begin{matrix}\text{基期主营}\\\text{业务收入}\end{matrix}\right)\div\begin{matrix}\text{基期主营}\\\text{业务收入}\end{matrix}\times 100\%$$

如主营业务收入变动率超出预警值范围，可能存在少计收入问题和多列成本等问题，运用其他指标进一步分析。

5. 成本类评估分析指标及其计算公式和功能。

$$\text{单位产成品原材料耗用率}=\text{本期投入原材料}\div\text{本期产成品成本}\times 100\%$$

分析单位产品当期耗用原材料与当期产出的产成品成本比率，判断纳税人是否存在账外销售问题、是否错误使用存货计价方法、是否人为调整产成品成本或应纳所得额等问题。

$$\begin{matrix}\text{主营业务}\\\text{成本变动率}\end{matrix}=\left(\begin{matrix}\text{本期主营}\\\text{业务成本}\end{matrix}-\begin{matrix}\text{基期主营}\\\text{业务成本}\end{matrix}\right)\div\text{基期主营业务成本}\times 100\%$$

其中：主营业务成本率 = 主营业务成本 ÷ 主营业务收入

主营业务成本变动率超出预警值范围，可能存在销售未计收入、多列成本费用、扩大税前扣除范围等问题。

6. 费用类评估分析指标及其计算公式和指标功能。

$$\text{主营业务费用变动率}=\left(\text{本期主营业务费用}-\text{基期主营业务费用}\right)\div\text{基期主营业务费用}\times 100\%$$

其中：主营业务费用率 =（主营业务费用 ÷ 主营业务收入）×100%

与预警值相比，如相差较大，可能存在多列费用问题。

$$\text{营业（管理、财务）费用变动率}=\left[\text{本期营业（管理、财务）费用}-\text{基期营业（管理、财务）费用}\right]\div\text{基期营业（管理、财务）费用}\times 100\%$$

如果营业（管理、财务）费用变动率与前期相差较大，可能存在税前多列支营业（管理、财务）费用问题。

$$\text{成本费用率}=\left(\text{本期营业费用}+\text{本期管理费用}+\text{本期财务费用}\right)\div\text{本期主营业务成本}\times 100\%$$

分析纳税人期间费用与销售成本之间关系，与预警值相比较，如相差较大，企业可能存在多列期间费用问题。

成本费用利润率 = 利润总额 ÷ 成本费用总额 ×100%

其中：成本费用总额 = 主营业务成本总额 + 费用总额

与预警值比较，如果企业本期成本费用利润率异常，可能存在多列成本、费用等问题。

税前列支费用评估分析指标：工资扣除限额、“三费”（职工福利费、工会经费、职工教育经费）扣除限额、交际应酬费列支额（业务招待费扣除限额）、公益救济性捐赠扣除限额、开办费摊销额、技术开发费加计扣除额、广告费扣除限额、业务宣传费扣除限额、财产损失扣除限额、呆（坏）账损失扣除限额、总机构管理费扣除限额、社会保险费扣除限额、无形资产摊销额、递延资产摊销额等。

如果申报扣除（摊销）额超过允许扣除（摊销）标准，可能存在未按规定进行纳税调整，擅自扩大扣除（摊销）基数等问题。

7. 利润类评估分析指标及其计算公式和指标功能。

$$\text{主营业务利润变动率}=\left(\text{本期主营业务利润}-\text{基期主营业务利润}\right)\div\text{基期主营业务利润}\times 100\%$$

$$\text{其他业务利润变动率}=\left(\text{本期其他业务利润}-\text{基期其他业务利润}\right)\div\text{基期其他业务利润}\times 100\%$$

上述指标若与预警值相比相差较大，可能存在多结转成本或不计、少计收入问题。

税前弥补亏损扣除限额。按税法规定审核分析允许弥补的亏损数额。如申报弥补亏损额大于税前弥补亏损扣除限额，可能存在未按规定申报税前弥补等问题。

营业外收支增减额。营业外收入增减额与基期相比减少较多，可能存在隐瞒营业外收入问题。营业外支出增减额与基期相比支出增加较多，可能存在将不符合规定支出列入营业外支出。

8. 资产类评估分析指标及其计算公式和指标功能。

净资产收益率 = 净利润 ÷ 平均净资产 ×100%

分析纳税人资产综合利用情况。如指标与预警值相差较大，可能存在隐瞒收入，或闲置未用资产计提折旧问题。

总资产周转率 = （利润总额 + 利息支出） ÷平均总资产 ×100%

存货周转率 = 主营业务成本 ÷ ［（期初存货成本 + 期末存货成本）÷2］ ×100%

分析总资产和存货周转情况，推测销售能力。如总资产周转率或存货周转率加快，而应纳税税额减少，可能存在隐瞒收入、虚增成本的问题。

$$\begin{matrix}\text{应收（付）}\\\text{账款变动率}\end{matrix} = \left(\begin{matrix}\text{期末应收}\\\text{（付）账款}\end{matrix} - \begin{matrix}\text{期初应收}\\\text{（付）账款}\end{matrix}\right) \div \begin{matrix}\text{期初应收}\\\text{（付）账款}\end{matrix} \times 100\%$$

分析纳税人应收（付）账款增减变动情况，判断其销售实现和可能发生坏账情况。如应收（付）账款增长率增高，而销售收入减少，可能存在隐瞒收入、虚增成本的问题。

$$\begin{matrix}\text{固定资产}\\\text{综合折旧率}\end{matrix} = \begin{matrix}\text{基期固定资}\\\text{产折旧总额}\end{matrix} \div \begin{matrix}\text{基期固定资}\\\text{产原值总额}\end{matrix} \times 100\%$$

固定资产综合折旧率高于与基期标准值，可能存在税前多列支固定资产折旧额问题。要求企业提供各类固定资产的折旧计算情况，分析固定资产综合折旧率变化的原因。

资产负债率 = 负债总额 ÷ 资产总额 ×100%

其中：负债总额 = 流动负债 + 长期负债，资产总额是扣除累计折旧后的净额。

分析纳税人经营活力，判断其偿债能力。如果资产负债率与预警值相差较大，则企业偿债能力有问题，要考虑由此对税收收入产生的影响。

9. 主营业务收入变动率与主营业务利润变动率配比分析。正常情况下，两者基本同步增长。

（1）当比值 <1，且相差较大，两者都为负时，可能存在企业多列成本费用、扩大税前扣除范围问题。

（2）当比值 >1 且相差较大、两者都为正时，可能存在企业多列成本费用、扩大税前扣除范围等问题。

（3）当比值为负数，且前者为正后者为负时，可能存在企业多列成本费用、扩大税前扣除范围等问题。

对产生疑点的纳税人可从以下三方面进行分析：结合“主营业务利润率”指标进行分析，了解企业历年主营业务利润率的变动情况；对“主营业务利润率”指标也异常的企业，应通过年度申报表及附表分析企业收入构成情况，判断是否存在少计收入问题；结合资产负债表中“应付账款”“预收账款”和“其他应付款”等科目的期初、期末数进行分析，如出现“应付账款”和“其他应付款”红字和“预收账款”期末大幅度增长等情况，应判断存在少计收入问题。

10. 主营业务收入变动率与主营业务成本变动率配比分析。正常情况下两者基本同步增长，比值接近1。当比值<1，且相差较大，两者都为负时，可能存在企业多列成本费用、扩大税前扣除范围等问题；当比值>1且相差较大，两者都为正时，可能存在企业多列成本费用、扩大税前扣除范围等问题；当比值为负数，且前者为正后者为负时，可能存在企业多列成本费用、扩大税前扣除范围等问题。

对产生本疑点的纳税人可以从以下三个方面进行分析：结合“主营业务收入变动率”指标，对企业主营业务收入情况进行分析，通过分析企业年度申报表及附表“营业收入表”，了解企业收入的构成情况，判断是否存在少计收入的情况；结合“资产负债表”中“应付账款”“预收账款”和“其他应付款”等科目的期初、期末数额进行分析，如“应付账款”和“其他应付款”出现红字和“预收账款”期末大幅度增长情况，应判断存在少计收入问题；结合主营业务成本率对年度申报表及附表进行分析，了解企业成本的结转情况，分析是否存在改变成本结转方法、少计存货（含产成品、在产品和材料）等问题。

11. 主营业务收入变动率与主营业务费用变动率配比分析。正常情况下，两者基本同步增长。当比值<1且相差较大，两者都为负时，可能存在企业多列成本费用、扩大税前扣除范围等问题；当比值>1且相差较大，两者都为正时，可能存在企业多列成本费用、扩大税前扣除范围等问题；当比值为负数，且前者为正后者为负时，可能存在企业多列成本费用、扩大税前扣除范围等问题。

对产生疑点的纳税人可从以下三个方面进行分析：结合资产负债表中“应付账款”“预收账款”和“其他应付款”等科目的期初、期末数进行分析。如“应付账款”和“其他应付款”出现红字和“预收款”期末大幅度增长等情况，应判断存在少计收入问题；结合主营业务成本，通过年度申报表及附表分析企业成本的结转情况，以判断是否存在改变成本结转方法、少计存货（含产成品、在产品和材料）等问题；结合“主营业务费用率”“主营业务费用变动率”两项指标进行分析，与同行业的水平比较；通过利润表对营业费用、财务费用、管理费用的若干年度数据分析三项费用中增长较多的费用项目，对财务费用增长较多的，结合资产负债表中短期借款、长期借款的期初、期末数进行分析，以判断财务费用增长是否合理，是否存在基建贷款利息列入当期财务费用等问题。

12. 主营业务成本变动率与主营业务利润变动率配比分析。当两者比值大于1，都为正时，可能存在多列成本的问题；前者为正，后者为负时，视为异常，可能存在多列成本、扩大税前扣除范围等问题。

13. 资产利润率、总资产周转率、销售利润率配比分析。综合分析本期资产利润率与上年同期资产利润率，本期销售利润率与上年同期销售利润率，本期总资产周转率与上年同期总资产周转率。如本期总资产周转率－上年同期总资产周转率>0，本期销售利润率－上年同期销售利润率≤0，而本期资产利润率－上年同期资产利润率≤0时，说明本期的资产使用效率提高，但收益不足以抵补销售利润率下降造成的损失，可能存在隐匿销售收入、多列成本费用等问题。如本期总资产周转率－上年同期总资产周转率≤0，本期销售利润率－上年同期销售利润率>0，而本期资产利润率－上年同期资产利润率≤0时，说明资产使用效率降低，导致资产利润率降低，可能存在隐匿销售收入问题。

14. 存货变动率、资产利润率、总资产周转率配比分析。比较分析本期资产利润率与上年同期资产利润率，本期总资产周转率与上年同期总资产周转率。若本期存货增加不大，即存货变动率≤0，本期总资产周转率－上年同期总资产周转率≤0，可能存在隐匿销售收入问题。

（三）纳税评估对象

1. 纳税评估的对象为主管税务机关负责管理的所有纳税人及其应纳所有税种。

2. 纳税评估对象可采用计算机自动筛选、人工分析筛选和重点抽样筛选等方法。

3. 筛选纳税评估对象，要依据税收宏观分析、行业税负监控结果等数据，结合各项评估指标及其预警值和税收管理员掌握的纳税人实际情况，参照纳税人所属行业、经济类型、经营规模、信用等级等因素进行全面、综合地审核，并对比分析。

4. 在综合审核对比分析中对发现有问题或疑点的纳税人要作为重点评估分析对象；在重点税源户、特殊行业的重点企业、税负异常变化、长时间零税负和负税负申报、纳税信用等级低下、日常管理和税务检查中，对发现较多问题的纳税人要列为纳税评估的重点分析对象。

（四）纳税评估方法

纳税评估工作根据国家税收法律、行政法规、部门规章和其他相关经济法规的规定，按照属地管理原则和管户责任开展；对同一纳税人申报缴纳的各个税种的纳税评估要相互结合、统一进行，避免多头重复评估。

1. 纳税评估的主要依据及数据来源包括：

（1）“一户式”存储的纳税人各类纳税信息资料，主要包括：纳税人税务登记的基本情况，各项核定、认定、减免缓抵退税审批事项的结果，纳税人申报纳税资料，财务会计报表以及税务机关要求纳税人提供的其他相关资料，增值税交叉稽核系统各类票证比对结果等。

（2）税收管理员通过日常管理所掌握的纳税人生产经营实际情况，主要包括：生产经营规模、产销量、工艺流程、成本、费用、能耗、物耗情况等各类与税收相关的数据信息。

（3）上级税务机关发布的宏观税收分析数据、行业税负的监控数据、各类评估指标的预警值。

（4）本地区的主要经济指标、产业和行业的相关指标数据、外部交换信息以及与纳税人申报纳税相关的其他信息。

2. 纳税评估方法贯穿于整个纳税评估过程，在纳税评估的不同环节有不同的方法。这里主要介绍纳税评估的案头分析方法。

核对法是指评估人员将从各种渠道所获得或者掌握的纳税人相关涉税数据信息资料进行简单地核对比较，并据以对纳税人的税收法律义务履行情况作出初步评判的一种评估方法。

核对法是纳税评估中最为常用的方法，也是最为基本的方法。纳税评估中评估人员运用核对法时，主要核对以下 3 个方面的内容：

（1）表表核对。

①申报表间的核对。各税种的纳税申报表虽然有所差别，但是其中的很多内容都是存在勾稽关系的。纳税申报表间的核对主要是不同纳税申报表之间具有勾稽关系的项目或者是同一申报表中具有勾稽管理的项目的核对。

②财务报表间的核对。财务报表间的核对主要是不同财务报表间具有勾稽关系的项目的核对。比如本期报表期初余额与上期报表期末余额核对；资产负债表中的“未分配利润”与利润分配表中的“未分配利润”项目核对等。通过核对，如何发现其中存在不正常的问题，即存在勾稽关系项目之间存在严重的不相关关系，就可以列为进一步评估的疑点。

③申报表与财务报表间的核对。由于税款的计算与缴纳是以企业的会计核算为基础的，企业所有税种纳税申报表上的数据也几乎都可以从其会计核算中找到依据，纳税申报表特别是企业所得税纳税申报表上的很大一部分数据也都可以在财务会计报表上找到对应的数据。一旦某个企业的这种关系被打破了，需要做进一步分析。

（2）比较分析法。比较分析法是评估人员在纳税人数据信息资料的基础上，将纳税申报数据、财务会计数据以及其他资料数据等进行比较和分析以揭示其中差异，在此基础上再将其差异与原先设定的参照数据进行比对，以判断其差异是否正常，进而判明纳税人在纳税申报等方面是否存在问题的一种分析方法。比较分析法是当前税务机关在纳税评估中常用的一种分析方法。

①绝对数比较分析。绝对数比较分析是指纳税评估人员在评估过程中，直接将纳税人申报纳税的绝对数指标，包括总量与总额，与选择作为参照指标对象的绝对数值进行比较，寻找其中存在的差异并进行判断的一种比较分析方法。在纳税评估中常用的绝对数指标包括：应纳税收入额、应纳税所得额、应纳税额、成本总额、费用总额、利润总额、投资收益额、资产总额、投资总额等。

②相对数比较分析。相对数比较分析是指纳税评估人员通过计算得到评估对象某些评估项目的百分比、比率或比重结构等相对数指标，然后再与所选定的对象进行比较，发现其中存在的差异，并进一步分析判断的一种比较分析方法。

(3) 逻辑推理法。逻辑推理法是一种定量与定性相结合的分析方法、主要通过具有外在或者内在的逻辑联系和相关性的多个数据之间趋同或反差关系，分析纳税人可能存在税收风险的一种方法。

在纳税评估中，税务人员可以运用于逻辑推理分析的逻辑关系和相关关系主要包括以下 5 个方面：

①企业的生产经营宗旨的逻辑分析。投资者设立企业以及企业从事生产经营的目的，目标都是一致的，即追求最大化的经济利益。按照这样的逻辑，如果一个企业高价购入商品或者原材料，而低价销售其产品或者商品，即使缴纳的税款相对较多，评估人员仍应当给予高度关注；如果一个企业长期亏损却根本不考虑停产整顿、转产转行，甚至还试图扩大生产规模，即使表面上都在按期履行纳税申报义务，甚至税负率还不低，税务机关都应当进行重点评估并将其列为怀疑的重点。

②经济效益的逻辑分析。通过对企业经济效益的分析与判断，可以在相当程度上了解企业生存与发展的能力，进而对其税收申报与税款缴纳情况作出判断。通常而言，企业经济效益较好，那么扩大生产规模的可能性就大，生产能力与生存能力就强，而且还应当具有规模效益，那么在税款缴纳与税额数量上也就应当呈现相对增长的态势。

③经济环境的逻辑分析。企业外部所处的经济环境直接影响企业的生产经营状况，而企业的生产经营状况又与税款的申报与缴纳直接相关。通常而言，当一个地区或者一个行业的经济景气度较高时，意味着该地区以及该行业的纳税人处于一个相对较好的生产经营环境，企业的生产与销售以及经济效益等都处于上升阶段，同时与销售和效益相关的流转税与所得税也应该呈现上升的趋势。相反，在经济衰退时期，纳税人的销售收入与效益都会呈现下降的趋势，税款缴纳数额下降也属于正常现象。

④经济业务的逻辑分析。不同的企业有不同的经济业务，而不同的经济业务又有不同的特点，对不同经济业务的特点进行分析，会发现其中存在很多的相关

关系、逻辑关系。比如，货物生产企业以及商品加工企业需要大量地购入商品或者原材料产品，但是一个仓储企业出现大量购买商品或者原材料时就应判断其生产经营发生了问题。经济业务的不同特点以及其中存在的相关关系、逻辑关系为税务机关开展纳税评估提供了运用逻辑推理进行分析判断的理论依据。

⑤收入、成本（费用）配比分析。收入与成本（费用）相配比既是会计核算的一项基本原则，也是所得税法上应纳所得计算与确认的一项重要原则，该原则的基本内涵是某个纳税人所取得的收入应当与为取得收入的成本、费用相互匹配。通常而言，纳税人的成本大幅度增长的同时，其收入也应当大幅度增长，相应缴纳的税收也应大幅度增长。如果某个纳税人的成本费用大幅度增长，但是收入与缴纳的税款却没有相应增长，那么其中就有可能存在问题，需要评估人员采取进一步的措施。

（五）评估结果处理

1. 对纳税评估中发现的计算和填写错误、政策和程序理解偏差等一般性问题，或存在的疑点问题经约谈、举证、调查核实等程序认定事实清楚，不具有偷税等违法嫌疑，无需立案查处的，可提请纳税人自行改正。需要纳税人自行补充的纳税资料以及需要纳税人自行补正申报、补缴税款、调整账目的，税务机关应督促纳税人按照税法规定逐项落实。

2. 对纳税评估中发现的需要提请纳税人进行陈述说明、补充提供举证资料等问题，应由主管税务机关约谈纳税人。税务约谈要经所在税源管理部门批准并事先发出税务约谈通知书，提前通知纳税人。税务约谈的对象主要是企业财务会计人员。因评估工作需要，必须约谈企业其他相关人员的，应经税源管理部门批准并通过企业财务部门进行安排。纳税人因特殊困难不能按时接受税务约谈的，可向税务机关说明情况，经批准后延期进行。纳税人可以委托具有执业资格的税务代理人进行税务约谈。税务代理人代表纳税人进行税务约谈时，应向税务机关提交纳税人委托代理合法证明。

3. 对评估分析和税务约谈中发现的必须到生产经营现场了解情况、审核账目凭证的，应经所在税源管理部门批准，由税收管理员进行实地调查核实。对调查核实的情况，要作认真记录。需要处理处罚的，要严格按照规定的权限和程序执行。

4. 发现纳税人有偷税、逃避追缴欠税、骗取出口退税、抗税或其他需要立案查处的税收违法行为嫌疑的，要移交税务稽查部门处理。对税源管理部门移交稽查部门处理的案件，税务稽查部门要将处理结果定期向税源管理部门反馈。发现外商投资和外国企业与其关联企业之间的业务往来不按照独立企业业务往来收取或支付价款、费用，需要调查、核实的，应移交上级税务机关国际税收管理部门（或有关部门）处理。

5. 对纳税评估工作中发现的问题要作出评估分析报告，提出进一步加强征管工作的建议，并将评估工作内容、过程、证据、依据和结论等记入纳税评估工作底稿。纳税评估分析报告和纳税评估工作底稿是税务机关内部资料，不送达纳税人，不作为行政复议和诉讼依据。

（六）评估工作管理

1. 基层税务机关及其税源管理部门要根据所辖税源的规模、管户的数量等工作实际情况，结合自身纳税评估的工作能力，制定评估工作计划，合理确定纳税评估工作量，对重点税源户，要保证每年至少重点评估分析一次。

2. 基层税务机关及其税源管理部门要充分利用现代化信息手段，广泛收集和积累纳税人各类涉税信息，不断提高评估工作水平；要经常对评估结果进行分析研究，提出加强征管工作的建议；要做好评估资料整理工作，本着“简便、实用”的原则，建立纳税评估档案，妥善保管纳税人报送的各类资料，并注重保护纳税人的商业秘密和个人隐私；要建立健全纳税评估工作岗位责任制、岗位轮换制、评估复查制和责任追究制等各项制度，加强对纳税评估工作的日常检查与考核；要加强对从事纳税评估工作人员的培训，不断提高纳税评估工作人员的综合素质和评估能力。

3. 各级税务机关的征管部门负责纳税评估工作的组织协调工作，制定纳税评估工作业务规程，建立健全纳税评估规章制度和反馈机制，指导基层税务机关开展纳税评估工作，明确纳税评估工作职责分工并定期对评估工作开展情况进行总结和交流。

各级税务机关的计划统计部门负责对税收完成情况、税收与经济的对应规律、总体税源和税负的增减变化等情况进行定期的宏观分析，为基层税务机关开展纳税评估提供依据和指导。

各级税务机关的专业管理部门（包括各税种、国际税收、出口退税管理部门以及县级税务机关的综合业务部门）负责进行行业税负监控、建立各税种的纳税评估指标体系、测算指标预警值、制定分税种的具体评估方法，为基层税务机关开展纳税评估工作提供依据和指导。

4. 从事纳税评估的工作人员，在纳税评估工作中徇私舞弊或者滥用职权，或为有涉嫌税收违法行为的纳税人通风报信致使其逃避查处的，或瞒报评估真实结果、应移交案件不移交的，或致使纳税评估结果失真、给纳税人造成损失的，不构成犯罪的，由税务机关按照有关规定给予行政处分；构成犯罪的，要依法追究刑事责任。

5. 各级税务机关要加强纳税评估工作的协作，提高相关数据信息的共享程度，简化评估工作程序，提高评估工作实效，最大限度地方便纳税人。

（七）纳税评估流程

第一步：确定纳税评估对象

1. 确定纳税评估对象的方法。纳税评估的对象为主管税务机关负责管理的所有纳税人及其应纳所有税种。税务机关的纳税评估机构应当根据税源管理工作的需要，依据日常管理中掌握和采集的相关信息，采取计算机分析、人工分析及人工结合分析等手段，对纳税人纳税申报资料进行简单地分析，并有针对性地筛选确定需要实施纳税评估的对象。

2. 重点纳税评估对象的确定。纳税评估的重点对象包括：综合审核对比分析中发现有问题或疑点的纳税人；重点税源户；特殊行业的重点企业；税负异常变化的企业；长时间零税负和负税负申报的纳税人；纳税信用等级低下的纳税人；日常管理和税务稽查检查中发现过较多问题的行业的纳税人。

第二步：收集纳税评估资料

收集纳税评估资料可以分为税务机关内部信息资料和外部信息资料。

1. 内部信息资料。在纳税评估过程中，税务机关可以直接根据“金税三期工程”系统内纳税依法报送的纳税申报资料、各项核定、认定事项的结果、增值税电子底账系统各类票证比对结果等，确定或调整纳税人的计税依据和应纳税额。

2. 外部信息资料。对于从第三方收集的数据，税务机关应确保数据的来源合法。数据本身的真实性和准确性由提供数据的该第三方负责。对于通过公开资料采集的数据资料，如上市公司披露的报告、行业协会公开的资料、互联网上发布的新闻等，税务机关应当确保该数据来源合法、引用准确。

第三步：纳税评估案头分析

在对纳税评估对象一定时间区间的相关资料调取和归集后，要结合纳税评估案源的内容进行初步的案头分析。案头分析的主要内容如下：

1. 税务登记资料的分析。通过税务登记表和税务机关日常采集的信息，主要了解企业的注册资本及注册资本的构成、企业的组织结构，总、分支结构情况、关联企业情况，主营项目、生产经营的范围、主要产品生产工艺流程，银行基本账户从业人员情况等。

2. 税收优惠资格认定、减免税备案和核准资料的分析。通过对税收优惠资格认定、减免税本案和核准资料的分析，了解企业享受税收优惠的情况。

3. 发票情况的分析。通过对发票领购情况的分析，了解企业使用发票的种类、数量和结构，可以辅助判断企业生产经营的变化情况，从发票领购的数量和结构判断是否存在异常。

4. 纳税申报资料的分析。

（1）纳税人是否按照税法规定的程序、手续和时限履行申报纳税义务，各项纳税申报附送的各类抵扣、列支凭证是否合法、真实、完整。

（2）纳税申报主表、附表及项目、数字之间的逻辑关系是否正确，适用的税目、税率及各项数字计算是否准确、申报数据与税务机关所掌握的相关数据是否相符。

（3）收入、费用、利润及其他有关项目的调整是否符合税法规定，减免税、亏损结转、获利年度的确定是否符合税法规定并正确履行相关手续。

（4）与上期和同期申报纳税情况有无较大差异。

第四步：纳税评估调查核实

纳税评估调查核实包括税务约谈和实地调查核实。

1. 税务约谈。约谈是纳税评估工作的重要环节，是验证或消除疑点的重要途径。约谈实际上包含了两个概念，即约谈与举证。

约谈是在纳税评估开始之后，评估人员根据案头分析所确认的疑点问题，主动约请纳税人、扣缴义务人以及其他相关人员与税务机关沟通相关信息，要求纳税人解释说明涉税问题，同时给予纳税人政策性宣传、辅导的一个活动过程。

约谈和举证是一个问题的两个方面，即从税务机关或者纳税评估人员的角度考虑是约谈；而从纳税人即纳税评估对象的角度考虑是举证，即对其纳税情况的真实性与合理性进行证明。

（1）约谈的程序。约谈程序一般包括约谈通知、约谈实施和约谈结论等几个阶段。

约谈通知是在约谈举证的建议被批准之后，向纳税人发出约谈通知文书，约请纳税人的财务负责人、法人代表或经法人代表授权的税务代理人到税务机关对疑点问题举证、说明和解释等。

当面约谈应由两名或两名以上评估人员在税务机关固定场所进行。在约谈过程中，税务机关可以就纳税评估中发现的问题，要求纳税人和扣缴义务人进行解释。对约谈情况做约谈笔录。对疑点问题基本清楚，但详细情况或有关数据有待进一步查实的，可以由纳税人在规定期限内对疑点问题进行自查；自查完毕，纳税人向税务机关提交“纳税人自查报告”及相关证据材料。

在约谈结束后，由评估人员根据约谈笔录、纳税人自查报告及相关证据材料对纳税人疑点问题进行分析确认，并按照纳税评估工作的要求继续下一步工作。

（2）税务约谈的工作要求。启动约谈前，应根据纳税人存在的涉税疑点、整理编写约谈提纲、确定约谈的时间、地点、对象和内容、经单位负责人审批同意后制作《税务约谈书》，在约谈日期前的合理日期送达纳税人。

约谈时，应告知被询问人的权利和义务，就相关涉税问题进行询问，纳税人就相关问题进行举证说明，如果纳税人提交书面说明或者相关材料的，应当保存原件，保存原件却有困难的，应当及时复印、影印，并要求纳税人签字盖章。

约谈人员不得少于两名，约谈过程中应制作相应的税务文书。

约谈结束后，应将整个约谈情况进行分析整理、制作工作底稿，并进行备案归档。

2. 实地调查核实。实地调查核实是指税务机关通过纳税人生产经营场所了解情况、审核账目凭证等方式，对评估分析中发现的纳税人的涉税疑点或问题进行核实，并采取进一步征管措施的工作方法。

（1）实地调查核实情形。发现纳税人存在下列情形之一的，可实施实地调查核实。

①纳税人的解释说明和提供的有关资料无法排除其涉税疑点或问题的。

②纳税人不积极配合税务约谈、拖延、推诿、不及时提供有关材料，使涉税疑点无法核实的。

③对实行核定征收的纳税人进行纳税评估时，缺少评估分析资料的。

④其他需要实施实地调查核实的。

（2）实地调查核实方法。在纳税评估调查核实阶段，评估人员需要到纳税人生产经营场所进行实地调查核实，通过可以采用实物盘存法、观察法、抽查法和查对法等方法。

第五步：评估处理与管理建议

1. 评估处理。评估处理是指针对评估筛选出的涉税疑点，根据案头分析、约谈举证和调查核实各阶段对疑点问题的确认结果，对具体评估对象涉税问题性质进行评估认定，并按照税收法律、法规进行分类处理。

对纳税评估中发现的计算和填写错误、政策和程序理解偏差等一般性问题，或存在的疑点问题经约谈、举证、调查核实等程序认定事实清楚，不具有偷税等违法嫌疑，无需立案查处的，可提请纳税人自行改正。需要纳税人自行补充的纳税资料以及需要纳税人自行补正申报、补缴税款、调整账目的，税务机关应督促纳税人按照税法规定逐项落实。

发现纳税人有偷税、逃避追缴欠税、骗取出口退税、抗税或其他需要立案查处的税收违法行为嫌疑的，要移交税务稽查部门处理。

2. 管理建议。评估人员在纳税评估结束后，应当及时进行总结和分析，有针对性地提出日常监控管理目标和强化管理的措施建议。

根据建议对象的不同管理建议分为对外管理建议和对内管理建议。

对外管理建议是指评估人员针对在纳税评估过程中所发现的纳税问题而向纳税人提出的一系列的改进建议与意见，其目的在于督促纳税人更为全面、及时地履行纳税义务，同时宣传有关的税收法律法规。对外建议大多是在约谈核实的过程中进行的。

对内管理建议主要针对税务管理部门提出的，具体地讲是指评估人员针对评估过程中发现的税务机关在税收征管方面存在的一些不足而提出的有针对性的建议和意见。根据管理建议综合程度的高低，对内管理建议可以分为个案管理建议与综合管理建议。

（八）税收风险管理

税收风险管理的基本内容包括目标规划、信息收集、风险识别、等级排序、风险应对、过程监控和评价反馈，以及通过评价成果应用于规划目标的修订校正，从而形成良性互动、持续改进的管理闭环。

1. 目标规划。税收风险管理的目标规划是指税务机关要结合税收形势和外部环境，确定税收风险管理工作重点、工作措施和实施步骤，形成系统性、全局性的战略规划和年度计划，统领和指导税收风险管理工作。

一个完整的目标规划包括内外部形式判断、组织目标确定、实现的方针策略、实施的重点步骤、组织技术保障等，年度计划要以年度中心工作为切入点，关注税收管理工作中的重点、难点、薄弱环节和创新要求。在分析内外部环境的因素的基础上，确定年度税收风险管理的重点行业、重点纳税人、重点事项，并提出管理目标和要求。

2. 信息收集。纳税人的涉税信息收集是开展风险识别的重要基础，只有全面、准确地收集和归集，才能确保风险识别的有效性。

各级税务机关要落实信息管税的工作思路，将挖掘和利用好内外部涉税信息作为税收风险管理工作的基础。注重收集宏观经济信息、第三方涉税信息、企业财务信息、生产经营信息、纳税申报信息，整合不同应用系统信息。建立企业基础信息库，并定期予以更新。对于集团性大企业，还要注重收集集团总部信息。

（1）涉税信息的来源。

①内部信息。内部信息是指税务机关运用数据抽取工具从内部各业务系统数据库中抽取的数据。

②外部信息。外部信息是指税务机关取得的外部单位提供的与所管辖纳税人相关的数据。外部信息主要包括从其他政府部分、企事业单位、社会团体及行业协会等第三方相关单位获得的以及从各种公共媒体获得的数据。

③信息情报交换。通过信息情报交换实现税收情报在各层级税务机关之间的交流，实现情报交换双方良性互动，达到情报共享，加强风险管理的目的。

（2）信息采集。信息采集是指实现对内部、外部不同来源的数据接入信息平台进行存储，并与税务机关核心业务数据融为一体，便于数据的进一步加工。信息采集主要包括各内部系统数据抽取、第三方信息导入、日常信息采集等功能。

数据采集方式主要包括各内部系统数据抽取、外部门交换数据接收、日常信息采集等。

（3）信息加工处理。

①信息存储。信息存储是解决当前内部数据分散存储，外部数据无法集中存储的突出问题。归集税务机关所有内外部、各层级、数据加工各环节的数据，形成税务系统集中统一的数据资源存储中心。

②信息加工。信息加工时解决未经加工的各种来源的内外部数据无法用于正常数据分析的问题。通过数据抽取、清洗、转换、匹配、聚合等加工功能，实现内、外部各种形式数据的标准化、格式化、成为数据分析的可选资源、服务各层级的分析应用。信息加工的主要手段有：数据清洗、数据转换、数据匹配、数据汇总、数据归集、数据字典、日常运维等。

3. 风险识别。风险分析识别是指各级税务机关统筹安排风险识别工作，运用覆盖税收征管全流程、各环节、各税种、各行业的风险识别指标体系、风险特征库和分析模型等风险分析工具。统筹安排风险识别工作，运用风险分析工具，对纳税人的涉税信息进行扫描、分析和识别，找出容易发生风险的领域、环节或纳税人群体，为税收风险管理提供精准指向和具体对象。

（1）风险识别指标体系。风险识别指标是风险识别库的核心内容。根据风险特征的表现形式可以从静态与动态角度将其分为主体特征指标与主体行为特征指标。主体特征指标主要是反映纳税人资质、投资主体以及人员素质等静态方面的风险特征；主体行为特征指标主要是反映纳税人申报纳税、发票使用、生产销售、投资活动等方面的动态方面的风险特征。

（2）特定风险事项识别库。建立特定风险事项识别库的目的，是对特定风险事项分析识别进行规范化的操作。对特定的风险事项指标进行收集、整理、分类，用来分析识别特定风险事项某一方面或环节可能存在的涉税风险、加强对特定税收风险事项的管理。

（3）行业风险分析模型。行业税收风险分析模型的构建是通过对行业涉税信息筛选、整理、测算、分析，归纳描述行业风险发生规律，建立以若干行业风险特征和公认的参数区间构成的风险特征指标体系和数学模型。

4. 等级排序及推送。风险等级排序是根据风险识别结果，建立风险纳税人库，按纳税人归集风险点，综合评定纳税人的风险分值，并进行等级排序，确定每个纳税人的风险等级。

结合征管资源和专业人员的配置情况，按照风险等级由高到低合理确定需采取措施的应对任务数量，形成风险应对任务。

对纳税人未按规定进行注册地址、生产经营地址、注册资本、投资方信息、核算方式、企业人数、法定代表人变更登记的，未按规定进行自然人登记办理、未按规定进行税种专项申报等事项确定为低等风险；对存在涉嫌偷逃骗税风险点、涉及举报类案件或税收风险点情形复杂，预估不缴或少缴税款数额较大，存在偷漏骗税可能的，确定为高等风险；除高等税收风险和低等税收风险以外，其他的税收风险为中等风险。

风险应对任务由风险控制部门归口管理，统一推送下达。按纳税人区域、规模和特定事项等要素，合理确定风险应对层级和承办部门。

5. 风险应对。风险应对是税务机关在风险分析识别和等级排序的基础上、风险应对过程中，可采取风险提醒、纳税评估、税务审计、反避税调查、税务稽查等差异化应对手段，对风险对象实施风险应对、消除税收风险，提高纳税遵从度的过程。

（1）低等税收风险应对。低等税收风险应对主要是由纳税服务部门负责。可通过电子税务局（网上办税厅）、移动办税终端、书面通知等渠道，对纳税人进行风险提示提醒，由纳税人进行自查自纠。

（2）中等税收风险应对。中等税收风险应对主要由税源管理部门负责。中等风险的应对方法包括：纳税评估（案头审核、询问约谈和实地核查）、税务审计、反避税调查等。案头审核、税务约谈一般应在税务机关办公场所进行。

（6）高等税收风险应对。高等税收风险应对主要由税务稽查部门负责。高等级税收风险应对方法为税务稽查，按照《税务稽查工作规程》的规定执行检查、审理、执行、应对时不得交由纳税人自查。

6. 过程监控与评价反馈。过程监控及评价反馈是指各级税务机关对税收风险管理全过程实施有效监控，建立健全考核评价机制，及时监控和通报各环节的运行情况，并对风险识别的科学性和针对性、风险等级排序的准确性、风险应对措施的有效性等进行效果评价。将风险应对效果纳入绩效考核体系。加强对过程监控和评价结果的应用，优化识别指标和模型，完善管理措施，提出政策调整建议，实现持续改进。对于大企业，全面归集分析税务总局定点联系企业税收风险的性质及成因，提出风险防控建议，反馈给企业集团。

三、实验内容与资料

汽车销售貌似规范　纳税评估纠正错误
——某汽车贸易有限公司纳税评估案例

【案情场景】

A汽车贸易有限公司是当地中档汽车销售龙头企业，财务核算比较规范，但是表面上的貌似规范也掩盖不了少缴税款的税收风险。本案例税务机关通过对A汽车贸易有限公司增值税应纳税款的分析评估，针对评估过程中发现的税负率偏低、零申报等疑点问题，运用案头分析、税务约谈、实地核查等方法，成功实施了对汽车4S店的增值税纳税评估，取得了风险应对的良好效果。

（一）基本情况

A汽车贸易有限公司是一家汽车销售4S店，注册资金由总公司调拨，从业人数150人左右，增值税一般纳税人，增值税归国家税务局管辖，企业所得税归地方税务局管辖。该公司主要经营东风日产系列汽车销售及售后服务，年均销售额超过3亿元，年缴税总额约为800万元。该公司作为当地的大型汽车经销商，在乘用车销售方面取得了良好的业绩，开业至今，已经发展成为一家集整车销售、维修服务、备件供应及信息反馈为一体的汽车专营店，是当地中档汽车销售龙头企业。

（二）信息采集

2015年实现销售收入3.77亿元，2013~2015年其应税收入和增值税纳税情况如表1-1所示。

表1-1　2013—2015年增值税纳税情况　单位：万元

项目	2013年	2014年	2015年
全年增值税应税收入	26 288.90	38 994.80	37 742.60
全年缴纳增值税	119.00	517.02	362.79

表1-1中数据来源于增值税纳税申报表。2015年和2014年相比，增值税应税收入变化不大，但全年缴纳增值税却下降较多，存在纳税风险。因此，税务机关将该公司作为风险应对重点，实施了纳税评估。

（三）案头分析

1. 增值税税负率分析，如表1-2所示。

表1-2　增值税税负率情况

项目	2013年	2014年	2015年	行业参考值	预警值
整体增值税税负率	0.45	1.33	0.96	0.8	-20
整车销傷增值税税负率	—	1.10	0.43	0.6	-20
维修业务增值税税负率	—	5.00	5.70	5.00	-20

从表1-2可以看出，该公司2015年整体增值税税负率及整车销售增值税税负率均呈下降趋势，增值税税负率波动异常。2015年整体增值税税负率比2014年下降27.8%，特别是2015年度整车销售增值税税负率比2014年下降60.9%，超出了预警值，存在涉税风险。

2. 毛利率分析，如表 1－3 所示。

表 1－3　　毛利率情况　　单位：%

项目	2013 年	2014 年	2015 年	行业参考值	预警值
整体毛利率	5.50	5.50	7.30	5	4
整车销售毛利率	4.19	3.67	0	4	3.2
维修业务毛利率	49	48	50	35	28

由表 1－3 数据可知，该公司的毛利率属于正常范围；维修业务毛利率偏高；2013 年和 2014 年的整车销售毛利率亦基本正常，但 2015 年整车销售毛利率为 0，存在平销行为的可能性比较大。

3. 整车销售收入与销售量分析。

该公司整车销售收入占总收入的比例均在90%以上，整车销售数据如表1－4所示。

表 1－4　　整车销售情况　　单位：万元

项目	2013 年	2014 年	2015 年
整车销售收入	25 009.13	36 671.26	34 230.51
整车销售成本	23 961.37	35 325.36	34 230.51
年销售量（台）	1 362	3 068	2 990
平均进货单价	17.59	11.51	11.45
平均销售单价	18.36	11.95	11.45

由表 1－4 数据分析，2015 年度整车销售量与 2014 年度基本持平，整车销售收入却大幅度下降，同比减少 2 440.75 万元，2015 年平均进货单价与平均销售单价一致，原因有待进一步核查。

4. 毛利率与税负率配比分析。

正常情况下，毛利率与税负率变动应为同步。毛利率高，增值空间大，税负率增高；毛利率低，增值空间小，税负率降低。按照该公司的现有毛利率计算出各年度的理论税负率，进行配比分析，数据如表 1－5 所示。

表 1－5　　毛利税负配比情况　　单位：%

项目	2013 年	2014 年	2015 年
实际毛利率	5.50	5.50	7.30
理论税负率	0.94	0.94	1.24
实际税负率	0.45	1.33	0.96

从表 1－5 中数据分析，该公司 2013 年度和 2015 年度毛利率与税负率不配

比，实际税负低于理论税负。

该公司毛利与税负的变动不同步。2014 年毛利率不变，税负率却上升；2015 年毛利率上升，税负率却下降。原因有待进一步查证。

5. 维修收入组成分析。

从该公司的维修业务数据分析，维修收入占总收入比例逐年上升，从 2013 年度的 4.65%，上升到 2015 年度的 9.35%。而维修收入由零配件销售收入和维修工时费收入组成，正常情况下，4S 店的维修收入应由 70% 的零配件销售收入和 30% 的工时费收入组成。从该公司的维修收入组成情况看，零配件销售收入占维修收入的比重高达 90% 以上，组成比重不正常，可能存在少报工时费收入的嫌疑。

6. 2015 年纳税情况分析。

综合以上数据分析结果显示，2015 年存在纳税异常问题，且涉及面较宽，故在具体评估过程中应注重对 2015 年度数据分析。针对这种情况，风险应对小组工作人员抽取该公司 2015 年纳税申报数据进行分析，如表 1－6 所示。

表 1－6　　2015 年度纳税信息　　单位：元

月份	上期留抵税额	进项税额	销项税额	进项转出额	应纳增值税额
1 月	909 462.38	6 464 857.52	8 452 880.60	0	1 078 560.7
2 月	0	2 611 102.16	2 439 520.17	0	0
3 月	171 581.99	5 574 413.13	5 838 698.56	46 841.54	139 544.98
4 月	0	3 700 804.68	4 458 633.68	0	757 829
5 月	0	7 140 280.56	5 578 794.71	0	0
6 月	1 561 485.85	5 034 070.20	3 866 974.04	0	0
7 月	2 728 582.01	3 254 774.09	5 561 500.01	0	0
8 月	421 856.09	3 156 523.09	5 220 973.16	0	1 642 593.98
9 月	0	5 428 014.84	5 437 373.88	0	9 359.04
10 月	0	7 087 840.29	6 729 929.40	0	0
11 月	357 910.89	7 444 122.64	5 116 588.91	0	0
12 月	2 685 444.62	4 588 387.2	5 460 551.76	0	0
合计	—	—	—		3 627 887.7

根据表 1－6 中数据，对该公司 2015 年度纳税情况进行分析，发现其经常出现应纳税额为 0 的情况，在 2015 年度中累计有 7 个月零税负申报，原因有待查证。

7. 其他应付款变化情况。

经过对该公司资产负债表进行审核，发现该公司其他应付款变化异常。

2013—2015年，其他应付款每月增加的累计数为159 493 896.8元，每月减少的累计数为186 788 381.4元。该公司是否存在通过其他应付款逃避或少缴税款的行为，税务机关应对其他应付款的变化内容进行查证。

8. 应纳税额总体分析。

根据纳税申报表及风险应对人员采集的《汽车经销企业信息采集表》数据，综合考虑应纳税额的因素，如库存商品、留抵税额等，风险应对工作人员尝试计算该公司理论应纳增值税税额，与实际缴纳增值税税额进行配比分析，找出差异，再据此查证该公司是否存在少申报收入的情况，具体分析如表1-7所示。

表1-7　应纳税额总体数据分析　单位：元

项目	2014年	2015年
整车销售毛利	13 459 091	0
零配件销售毛利	3 928 620	7 697 151
工时费收人	6 843 063	9 792 497
其他形式返利	7 887 415	14 821 849
上年所抵税款	0	909 462
库存增量	1 735 848	6 974 631
本年留抵税款	909 462	1 813 280
理论应纳增值税税额	6 664 648	7 582 460
实际缴纳增值税税额	5 170 230	3 627 887.7

由表1-7中数据可知，该公司实际缴纳增值税税额小于理论应纳增值税税额，可能存在少缴税款的行为。

综合分析，该公司存在以下4个疑点：

疑点一：增值税税负率波动大，经常出现零税负申报的情况。

该公司增值税税负波动较大，尤其在2015年销量与上年基本持平、返利大幅度增长的情况下，增值税税负率却比上年下降27.8%，且累计有7个月零税负申报。

疑点二：整车销售毛利率偏低，且呈下降趋势。

该公司整车销售毛利率2013年为4.19%，2014年为3.67%，2015年为0，返利大于毛利率，是否存在平销或瞒报的行为。

疑点三：其他应付款变化异常。

该公司其他应付款金额变化较大，应详细了解变化内容。

疑点四：代办佣金收入为0。

该公司为综合性商贸企业，具备代理上牌、代办机动车辆险等资格，但在汽车经销企业信息采集表上的“代办佣金收入”一栏却为0，是否存在未申报的情况，有待通过约谈举证或实地核查进行核实。

（四）税务约谈

针对该公司存在的以上疑点，风险应对人员约谈了该公司财务人员，财务人员进行了书面解释。

针对疑点一：特别是2015年零税负申报较多的情况，财务人员解释，主要原因是该公司受经济发展不景气的影响较大，销量欠佳，而厂家又有提车任务，导致提车多、卖车少，库存积压很严重。这使得进项税额大于销项税额，因此，出现零税负申报的情况。

为改善这种情况，该公司于2016年1月开展多类型促销，减少库存，盘活资金，有效改善了进项不均衡导致的零税负申报情况。

针对疑点二：财务人员解释，该公司整车销售的利润主要来源于厂家返利，返利的形式表现为：在下次购进整车时，厂家对进货价进行打折，作为上一批货的返利。财务入账时，每台车按发票价格入账，折让无法明确分摊至每一台车上，故车辆返利只能集中反映，直接冲减成本。2015年整车销售的毛利率实际上为3.86%，在同行业已算是较高水平。

针对疑点三：财务人员解释，该公司的其他应付款主要是与母公司间的资金往来。因为分公司没有注册资本，分公司周转所需资金全部是从母公司借入。由于先付款后提车的行规，该公司所需的资金较多。所以，该公司其他应付款的资金往来较为频繁。

针对疑点四：财务人员解释，该公司在汽车销售过程中向客户提供代理上牌服务，向客户收取的上牌费在结转收入时已缴纳增值税。该公司在账务处理时未进行该项目的单独核算，而是统一作为销售收入缴纳增值税。

约谈中风险应对人员了解到，该公司在汽车销售过程中存在赠送配件、车饰等赠送行为，而赠送行为并未按规定视同销售缴纳增值税。

（五）实地核查

针对约谈过程中发现的问题，风险应对人员决定进行实地核查。该公司对风险应对人员的实地核查比较配合，提供相关账本、凭证、报表等资料，带领风险应对人员参观了仓库和修理车间。实地核查过程中，风险应对人员发现该公司还存在以下问题。

1. 低开机动车销售统一发票。

汽车上牌必须有机动车销售统一发票，所以4S店销售汽车不开发票少缴税款的可能性极小。为了留住顾客，应消费者低开发票的要求，该公司存在高价销售低价开票，按开票收入申报税款的问题。

2. 该公司应用系统结转维修收入与财务确认有差别。

造成差额存在的原因是：（1）公司在节假日搞活动对外赠送，有工时无收入（免费添加机油、节假日上高速前免费检修等）；（2）该公司为广告客户免费车辆维修保养；（3）新客户买车同时送3次维护和3次大修理。该公司认为，这些行为没有收费，所以没有申报纳税。

（六）评估处理

经过风险人员应对人员的政策讲解，该公司认识到自己对税法的理解有问题，同意就视同销售和价格偏低的问题补缴税款。在汽车销售过程中赠送配件、车饰等视同销售金额157.9万元，应补缴增值税税额为40.17万元、维修业务中，节假日搞活动对外赠送维修、为广告客户免费车辆维修保养、新客户买车同时送3次维护和3次大修理共涉及金额596万元，应补缴增值税税额为101.49万元。该公司及时缴纳了税款和相应的滞纳金。

【案例点评】

汽车4S店的经营和财务核算相对其他商业企业来说比较正规，但是纳税申报时由于对税法的理解等原因，视同销售行为韦申报纳税的问题可能还会存在，一定程度上也会存在税收风险。该案例是正式结合了A集团公司的经营特点及纳税申报的疑点问题，有针对性地分析该公司可能存在的纳税问题，及时纠正了A集团公司存在的少数税款问题，降低了该公司的纳税风险，提高了税法的遵从度。

对于其他汽车4S店的纳税申报，除了关注案例中出现的问题外，替消费者代购其他品牌的汽车收取的手续费（其实质是以汽车4S店名义进行的受托买卖业务）是否申报缴纳增值税也应重点关注。

日常税收管理时，要掌握行业动态，加强风险管理。税务机关必须及时了解汽车市场动态，定期对辖区内汽车经销商进行调查摸底，熟悉企业经营政策、销售计划、资金流转、返利形式、纳税变化等，做到有的放矢，及时监控纳税风险。

【知识链接】

知识点一：整车销售税负率

整车销售税负率 = 整车销售形成的应纳增值税 ÷ 整车销售收入

在企业不能分别核算整车销售业务、维修业务所形成的应纳增值税的情况下，可使用以下公式间接计算篮车销售业务税负率。

整车销售税负率 =（增值税总税负率 − 维修毛利率 ×17% × 维修收入占全部收入的比例）÷ 整车销售收入占全部收入的比例

数据参考：维修毛利率一般在30%—45%。

知识点二：维修业务税负率

维修业务税负率 = 维修形成的应纳增值税 + 维修收入

当企业不能分别核算整车销售业务、维修业务所形成的应纳增值税的情况下，可使用以下公式间接计算维修业务税负率：

$$维修业务税负率=\left(应纳增值税总税额-整车销售应税收入\times整车销售税负率\right)\div维修收入$$

四、实验步骤

（一）纳税评估对象的确定

分组开展讨论，结合案例资料，分析如何根据宏观税收分析和行业税负监控结果以及相关数据设立评估指标及其预警值；如何综合运用各类对比分析方法筛选评估对象。

（二）税收风险点风险特征分析计算

分组开展案例讨论，运用纳税评估相关指标、结合案例企业特点展开分析，讨论如何查找税收风险点。开展税收风险点特征分析，列出纳税评估采用的评估方法，列出模型、计算公式、指标源和特殊信息。

（三）税收风险点风险信息排除确认

分组讨论如何对所筛选出的异常情况进行深入分析并作出定性和定量的判断，进行税收风险点风险信息的判断、验证、排除、确认。

五、实验总结与报告

通过本次实验，我们理解和掌握了纳税评估的流程与方法，掌握纳税评估对象的确定、案头审核分析方法、约谈举证及实地核查方法等内容，研究分析现行税制存在的税收风险，探索建立纳税评估指标及评估模型，提高了纳税评估的技巧和水平。应该总结回顾本次实验的过程，检查实验的结果，按实验步骤要求写出本次实验的纳税评估工作报告。

纳税评估工作报告

纳税评估序号：

评估所属时期：

评估实施时间：

纳税人名称（全称）			
税务登记号		评估所属项目	
风险点判断和结论：			

风险点特征分析计算：   风险点信息排除确认：   纳税评估整体总结   工作建议   评估人员： 日期：

实验二

增值税纳税评估

一、实验目的与要求

（一）实验目的

通过本实验，使学生深入理解增值税的计税原理，掌握增值税纳税评估对象的确定、案头审核分析方法、约谈举证及实地核查方法等内容，帮助学生掌握增值税纳税评估的流程，研究分析现行增值税税制存在的税收风险，探索学习建立增值税纳税评估指标，提高增值税纳税评估的技巧和水平。

（二）实验要求

1. 学习实验知识准备，熟练掌握增值税法的计税原理及相关制度。
2. 学习实验方法准备，熟练掌握增值税纳税评估的指标、模型及方法。
3. 学习实验评估案例，分组讨论现行增值税税制存在的税收风险。
4. 借鉴实验案例，针对现行增值税税制存在的税收风险，分组探索研究增值税纳税评估指标设计及模型的优化。
5. 进行本次实验总结，填写增值税纳税评估工作报告。

二、实验知识准备

（一）增值税的概念

增值税是对商品和劳务各经营环节的增值额征收的一种税。所谓增值额，就是劳动者在生产过程中新创造的那一部分价值额，也就是企业或其他经营者从事生产经营（或提供劳务）在购入的商品（或取得的劳务）的价值额基础上新增加的价值额。从税收实践上分析，增值额则体现为法定的增值额。所谓法定增值额，是指根据国家有关税法以及其他财经法规的规定所计算的增值额。国家可以根据需要通过税法规定在购进的项目中，允许扣除什么和不允许扣除什么。因此，法定增值额就是商品销售收入额或经营收入额扣除税法规定允许扣除的项目金额之后的差额。法定增值额可以等于理论上的增值额，也可以大于或小于理论上的增值额。造成两者不一致的原因主要是各国税法规定的扣除项目范围不同，尤其对外购固定资产的处理办法不同。因此，增值税是以法定增值额为计税依据征收的一种税。

（二）增值税纳税人

在我国境内销售货物或者加工、修理修配劳务（以下简称劳务），销售服务、无形资产、不动产以及进口货物的单位和个人，为增值税的纳税人。

现行增值税将纳税人分为一般纳税人和小规模纳税人，并且对一般纳税人和小规模纳税人分别采用不同的征收管理办法。对于一般纳税人采用规范的征收管理办法，可以使用增值税专用发票并享有税款抵扣权；而对小规模纳税人则采用简易的征管办法，以促进小规模纳税人健全账簿、改善经营管理。

目前增值税小规模纳税人标准为年应征增值税销售额500万元及其以下，超过500万元的，应当向主管税务机关办理一般纳税人登记。

（三）增值税征税范围

增值税的征税范围是在我国境内销售货物、劳务、服务、无形资产、不动产（以下统称应税销售行为）以及进口货物。

【视同销售】为了平衡各类经营方式的税收负担，便于税源的控管，完善增值税抵扣链条，对单位和个体工商户的下列行为，视同销售征收增值税：

1. 将货物交付其他单位和个人代销；

2. 销售代销货物；

3. 设有两个以上机构并实行统一核算的纳税人，将货物从一个机构移送到其他机构用于销售，但相关机构在同一县（市）的除外；

4. 将自产或委托加工的货物用于集体福利或者个人消费；

5. 将自产、委托加工或购买的货物作为投资，提供给其他单位或者个体工商户；

6. 将自产、委托加工或购买的货物分配给股东或投资者；

7. 将自产、委托加工或购买的货物无偿赠送给其他单位和个人；

8. 向其他单位或者个人无偿提供服务、无偿转让无形资产或者不动产，但用于公益事业或者以社会公众为对象的除外；

9. 财政部和国家税务总局规定的其他情形。

【混合销售】一项销售行为如果既涉及货物又涉及服务，为混合销售。从事货物的生产、批发或者零售的单位和个体工商户的混合销售行为，按照销售货物缴纳增值税；其他单位和个体工商户的混合销售行为，按照销售服务缴纳增值税。

（四）增值税的计算

1. 一般计税方法。

一般纳税人发生应税销售行为，适用一般计税方法，应纳的增值税额为当期销项税额抵扣当期进项税额后的余额。其计算公式为：

应纳税额 = 当期销项税额 − 当期进项税额

销项税额是纳税人发生应税销售行为，按照销售额与规定的税率计算，并向购买方收取的增值税税额。其计算公式为：

销项税额 = 销售额 × 适用税率

进项税额是指纳税人购进货物、劳务、服务、无形资产、不动产所支付或者负担的增值税额。

当期销项税额小于当期进项税额不足抵扣时，其不足部分可以结转下期继续抵扣。

2. 简易计税方法。

小规模纳税人适用简易计税方法，按照销售额和征收率计算应纳增值税额，不得抵扣进项税额。应纳税额的计算公式为：

应纳税额 = 销售额 × 征收率

简易计税方法的销售额不包括其应纳税额，纳税人采用销售额和应纳税额合并定价方法的，按照下列公式计算销售额：

销售额 = 含税销售额 ÷（1 + 征收率）

（五）增值税征收管理

1. 纳税义务发生时间。

纳税人发生应税销售行为，其纳税义务发生时间为收讫销售款项或者取得索取销售款项凭据的当天；先开具发票的，为开具发票的当天。取得索取销售款项凭据的当天，是指书面合同确定的付款日期。按照销售结算方式的不同具体规定如下：

（1）采取直接收款方式销售货物，为收到销售款或者取得索取销售款凭据的当天。

（2）采取托收承付和委托银行收款方式销售货物，为发出货物并办妥托收手续的当天。

（3）采取赊销和分期收款方式销售货物，为书面合同约定的收款日期的当天；无书面合同或者书面合同没有约定收款日期的，为货物发出的当天。

（4）采取预收货款方式销售货物，为货物发出的当天；但生产销售生产工期超过 12 个月的大型机械设备、船舶、飞机等货物，为收到预收款或者书面合同约定的收款日期的当天。

（5）委托代销货物，为收到代销单位的代销清单或者收到全部或者部分货款的当天；未收到代销清单及货款的，为发出代销货物满 180 天的当天。

（6）纳税人发生视同销售货物行为的，为货物移送的当天。

（7）纳税人提供租赁服务采取预收款方式的，为收到预收款的当天。

(8) 纳税人从事金融商品转让的，为金融商品所有权转移的当天。

(9) 纳税人发生视同销售服务、无形资产或者不动产的，为服务、无形资产转让完成的当天或者不动产权属变更的当天。

纳税人进口货物，其纳税义务发生时间为报关进口的当天。

2. 纳税期限。

增值税的纳税期限分别为1日、3日、5日、10日、15日、1个月或者1个季度。纳税人的具体纳税期限，由主管税务机关根据纳税人应纳税额的大小分别核定；不能按照固定期限纳税的，可以按次纳税。以1个季度为纳税期限的规定适用于小规模纳税人、银行、财务公司、信托投资公司、信用社以及财政部和国家税务总局规定的其他纳税人。

纳税人以1个月或者1个季度为纳税期的，自期满之日起15日内申报纳税；以1日、3日、5日、10日或者15日为纳税期的，自期满之日起5日内预缴税款，于次月15日内申报纳税并结清上月应纳税款。

纳税人进口货物，应当自海关填发进口增值税专用缴款书之日起15日内缴纳税款。

3. 纳税地点。

(1) 固定业户应当向其机构所在地主管税务机关申报纳税。总机构和分支机构不在同一县（市）的，应当分别向各自所在地的主管税务机关申报纳税；经财政部和国家税务总局或者其授权的财政和税务机关批准，可以由总机构汇总向总机构所在地的主管税务机关申报纳税。

(2) 非固定业户应当向应税行为发生地主管税务机关申报纳税；未申报纳税的，由其机构所在地或者居住地主管税务机关补征税款。

(3) 其他个人提供建筑服务，销售或者租赁不动产，转让自然资源使用权，应向建筑服务发生地、不动产所在地、自然资源所在地主管税务机关申报纳税。

(4) 扣缴义务人应当向其机构所在地或者居住地主管税务机关申报缴纳扣缴的税款。

(5) 进口货物，应当向报关地海关申报纳税。

（六）增值税发票管理

增值税发票分为增值税专用发票、增值税普通发票两种，其中增值税普通发票又分为纸质普通发票和电子普通发票。增值税纳税人发生应税销售行为，应使用增值税发票管理新系统开具上述发票。

增值税专用发票是增值税一般纳税人发生应税销售行为开具的发票，是购买方支付增值税额并可按照增值税有关规定据以抵扣增值税进项税额的凭证。

1. 增值税专用发票的票样。

增值税专用发票基本联次为三联：发票联、抵扣联和记账联。发票联，作为购买方核算采购成本和增值税进项税额的记账凭证；抵扣联，作为购买方报送主管税务机关认证和留存备查的凭证；记账联，作为销售方核算销售收入和增值税销项税额的记账凭证（见图 2－1）。

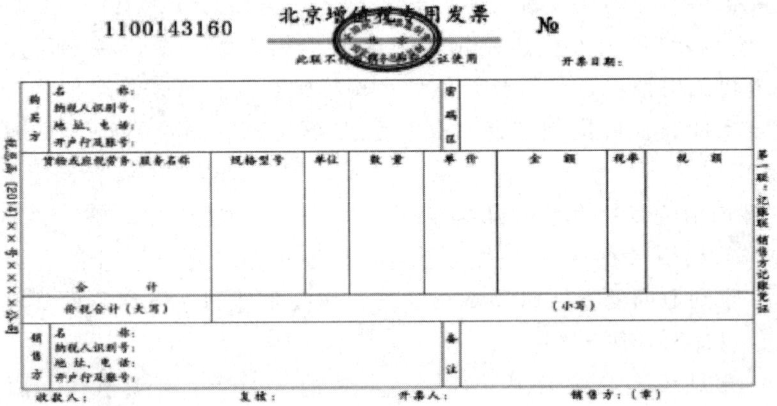

图 2－1

2. 增值税专用发票的领购。

一般纳税人凭“发票领购簿”、IC 卡和经办人身份证明领购专用发票。一般纳税人有下列情形之一的，不得领购开具专用发票：

（1）会计核算不健全，不能向税务机关准确提供增值税销项税额、进项税额、应纳税额数据及其他有关增值税税务资料的。

（2）有《中华人民共和国税收征管法》（以下简称《税收征管法》）规定的税收违法行为，拒不接受税务机关处理的。

（3）有下列行为之一，经税务机关责令限期改正而仍未改正的：

①虚开增值税专用发票。

②私自印制专用发票。

③向税务机关以外的单位和个人买取专用发票。

④借用他人专用发票。

⑤未按规定开具专用发票。

⑥未按规定保管专用发票和专用设备。

⑦未按规定申请办理防伪税控系统变更发行。

⑧未按规定接受税务机关检查。

有上列情形的，如已领购专用发票，主管税务机关应暂扣其结存的专用发票和 IC 卡。

3. 增值税专用发票的开具范围。

（1）一般纳税人发生应税销售行为，应当向购买方开具增值税专用发票。但是，属于下列情形之一的，不得开具增值税专用发票：

①向消费者个人销售货物、劳务、服务、无形资产或者不动产。

②商业企业一般纳税人零售的烟、酒、食品、化妆品、服装、鞋帽（不包括劳保专用部分）等。

③应税销售行为适用免税规定的。

（2）小规模纳税人发生应税销售行为，购买方索取增值税专用发票的，可向主管税务机关申请代开。符合增值税小规模纳税人自行开具增值税专用发票试点工作规定条件的，可按规定通过增值税发票管理新系统自行开具增值税专用发票。

4. 红字增值税专用发票的开具流程。

（1）一般纳税人在开具专用发票当月，发生销货退回、开票有误、服务中止等情形，收到退回的发票联、抵扣联符合作废条件的，按作废处理；开具时发现有误的，可即时作废。

（2）一般纳税人取得专用发票后，发生销货退回、开票有误、服务中止等情形但不符合作废条件的，或者因销货部分退回及发生销售折让，需要开具红字增值税专用发票的，购买方应在增值税发票管理新系统中填开并上传“开具红字增值税专用发票信息表”。主管税务机关通过网络接收纳税人上传的信息表，由系统自动校验通过后，生成带有“红字发票信息表编号”的信息表，并将信息同步上传至纳税人端系统中。销售方凭税务机关系统校验通过的信息表开具红字增值税专用发票，在发票管理新系统中以销项负数开具。

（七）增值税评估方法

1. 增值税税收负担率评估法。

【含义】

税收负担率简称“负担率”，指纳税人或征税对象的实纳税额同征税对象的比例。它是测量税收负担状况的标准。税收负担率愈高，税负就愈重；反之，税负就愈轻。行业内全部企业的应纳税总额与课税对象总额之比，即行业税负。行业税负反映了行业内企业的总体负担水平。行业中单个企业的税负在一定时期内对行业税负的背离，会造成企业税负与行业税负的差异。增值税税收负担率是增值税评估分析指标中最为常用、也是运用最广泛的指标。增值税税收负担率比较直观地体现了一个企业实现税收的能力和负担水平。

【评估模型】

$$增值税税负率=（本期增值税应纳税额\div本期应税主营业务收入）\times100\%$$

$$\begin{matrix}增值税税\\负差异率\end{matrix}=\left(\begin{matrix}企业增值税\\税收负担率\end{matrix}-\begin{matrix}行业增值税\\税收负担率\end{matrix}\right)\div\begin{matrix}行业增值税\\税收负担率\end{matrix}\times100\%$$

【评估方法】

增值税税负对比分析法是税务部门对企业税负背离行业税负进行有效监控的

方法之一。它是通过企业税负与行业税负的对比，对税负异常的企业围绕关联指标展开分析，以发现企业税收问题的一种方法。税负对比分析法的适用范围很广，基本上对所有行业均可适用。税负对比分析法属于综合分析法，影响因素较多，涉及税基的多个方面。因此，用该法发现企业税负异常时，应结合其他分析方法进行多角度分析。需要注意的几个问题：

（1）季节性因素。企业生产经营受季节的影响变化，本期进入销售淡季，造成应税销售收入降低，同时，为销售旺季准备生产，购进货物大幅增加，造成购销失衡等。

（2）政策性因素。出口企业本期出口销售额占销售总额的比例突然增加，直接免抵税额增加，应纳税额减少，税负降低。

（3）价格因素。受市场竞争影响，企业经营的货物价格本期大幅度下降，增值额减少，税负降低。

（4）经营范围发生较大变化等特殊情况。

2. 应纳税额与工业增加值弹性评估法。

【含义】

工业增加值是指工资、利润、折旧、税金的合计。应纳税额与工业增加值弹性系数，是指应纳税额增长率与工业增加值的比值。可根据弹性系数与 1 的大小关系来评估申报的应纳税额的真实性。

【评估模型】

$$应纳税额与工业增加值弹性系数=\frac{应纳税额增长率}{工业增加值增长率}$$

其中：

$$应纳税额增长率=\frac{当期应纳税额-基期应纳税额}{基期应纳税额}\times 100\%$$

$$工业增加值增长率=\frac{当期工业增加值-基期工业增加值}{基期工业增加值}\times 100\%$$

【评估方法】

一般情况下，应纳税额与工业增加值弹性系数为 1，对弹性系数 <1 的，可根据制造业行业一定时期的发展状况，确定一定区间作为预警值。弹性系数小于预警值，则企业可能有少缴税金的问题。应通过其他相关纳税评估指标与评估方法，并结合纳税人生产经营的实际情况进一步分析，对其申报真实性进行评估。

3. 工业增加值税负评估法。

【含义】

工业增加值税负差异率是本企业工业增加值税负与同行业工业增加值税负之间的比值，可根据比值与 1 的大小关系来评估申报的应纳税额的真实性。

【评估模型】

$$\text{工业增加值税负差异率}=\left[\frac{\text{本企业工业增加值税负}}{}\div\frac{\text{同行业工业增加值税负}}{}\right]\times 100\%$$

其中：

本企业工业增加值税负 = 本企业应纳税额 ÷ 本企业工业增加值

同行业工业增加值税负 = 同行业应纳税额总额 ÷ 同行业工业增加值

【评估方法】

应用该指标分析本企业工业增加值税负与同行业工业增加值税负的差异，如低于同行业工业增加值平均税负，则企业可能存在隐瞒收入、少缴税款等问题，结合其他相关评估指标和方法进一步分析，对其申报真实性进行评估。

4. 投入产出评估法。

【含义】

投入产出法，就是根据企业评估期实际投入原材料、辅助材料、包装物等的数量，按照确定的投入产出比（定额）测算出企业评估期的产品产量，结合库存产品数量及产品销售量、销售单价测算分析纳税人实际产销量、销售收入，并与纳税人申报信息进行对比分析的方法。

投入产出法主要适用于产品相对较为单一的工业企业。由于测算、分析侧重的内容和角度不同，不同的行业适用的投入产出测算指标和模型不同，以及投入产出表现形式的不同，分析的方法也不尽相同，如按其表现形式可分为投入产出比、单位产品定耗的分析；按其侧重面的不同可分为原材料投入产出比、废料的产出及再利用率、单位产品辅助材料（包装物）耗用定额的分析等。

【投入产出比评估模型与评估方法】

（1）评估模型。

$$\text{测算应税销售收入}=\left(\text{期初库存产品数量}+\text{评估期产品数量}-\text{期末库存产品数量}\right)\times\text{评估期产品销售单价}$$

评估期产品数量 = 当期投入原材料数量 × 投入产出比

$$\text{问题值}=\left(\text{测算应税销售收入}-\text{企业实际申报应税销售收入}\right)\times\text{适用税率（征收率）}$$

（2）评估方法。根据已确定的行业或产品的投入产出比及企业评估期原材料的耗用数量，测算出产品生产数量，与企业账面记载产品产量相比对，同时结合产品库存数量及销售单价等信息进行关联测算，并与企业实际申报的应税销售收入对比，查找企业可能存在的问题。

【单位产品定耗模型与评估方法】

（1）评估模型。

$$\text{测算应税销售收入}=\left(\text{期初库存产品数量}+\text{评估期产品数量}-\text{期末库存产品数量}\right)\times\text{评估期产品销售单价}$$

$$\text{评估期产品数量}=\text{评估期原材料或包装物耗用量}\div\text{单位产品耗用原材料或包装物定额}$$

$$\text{问题值}=\left(\text{测算应税销售收入}-\text{企业实际申报应税销售收入}\right)\times\text{适用税率（征收率）}$$

（2）评估方法。通过单位产品耗用原材料定额指标，评估产品实际产量和销售额，进而评估出纳税人是否存在有隐瞒销售收入的问题。单位产品耗用原材料定额可以根据产品配方中的定额直接确定。单位产品定耗既可以是单位产品耗用原材料定额，也可以是单位产品耗用辅助材料和包装物定额等。分析应用时要灵活运用，关联分析，及时查找企业可能存在的线索和问题。

增值税评估时需要注意如下问题：（1）注意测算分析和实地调查相结合。对测算分析结果，必须深入调查，从企业仓库保管、库存明细账目、辅助材料、包装物耗用等多方面印证、分析，查找线索。（2）注意模型中指标的计量单位，特殊情况下必须进行单位换算，以免出现错误。（3）对农副产品收购、废旧物资收购等企业可利用该法关联分析收购发票开具的真实性。

5. 能耗测算评估法。

【含义】

能耗测算法主要是根据纳税人评估期内水、电、煤、气、油等能源、动力的生产耗用情况，利用单位产品能耗定额测算纳税人实际生产、销售数量，并与纳税人申报信息对比、分析的一种方法。其中耗电、耗水等数据可从电力部门、自来水公司等取得核实，相对较为客观。

该分析方法广泛应用于工业企业。对账务核算不健全、材料耗用情况难以估算，但可从第三方取得客观能耗信息的小规模企业或个体工商户同样适用。

【评估模型】

$$\text{评估期产品产量}=\text{评估期生产能耗量}\div\text{评估期单位产品能耗定额}$$

$$\text{评估期产品销售数量}=\text{评估期期初库存产品数量}+\text{评估期产品产量}-\text{评估期期末库存数量}$$

$$\text{评估期销售收入测算数}=\text{评估期产量}\times\text{评估期产品销售单价}\times\text{适用税率（征收率）}$$

$$\text{问题值}=\text{（测算应税销售收入}-\text{企业实际申报应税销售收入）}\times\text{适用税率（征收率）}$$

【评估方法】

根据生产耗用的电力、水、煤、气等能量耗用定额指标，测算产品产量，进而测算其销售额和应纳税额，与申报信息进行对比分析，查找企业纳税疑点和线索的方法。需要注意的几个问题：

（1）正常的企业非生产性（办公照明、空调使用等）用电占比例很小，可以忽略不记。但对差异额较大的，应分析是否存在隐瞒产量，少计销售收入的可能，是否存在将电转售其他企业或用于非应税项目等情况，少计其他业务收入或多抵进项情况；对需要由电费推算用电量的，应考虑扣除企业缴纳的基本电费。

（2）应加强同当地电业管理部门、自来水公司等单位的联系，核实企业用电、水量等数据的真实性。同时，要求纳税人申报时向主管税务机关提供电力、自来水发票复印件；或利用“金税工程”中供电系统的涉税信息核实。

（3）在实际分析中，应选取企业生产经营中最具客观实在性、企业不易人为改变、不易隐瞒、便于收集、纳税评估可操作性强的指标。对能耗指标的分析应用，应充分考虑企业生产设备、生产工艺、工人熟练程度等因素的影响。指标的运用不可生搬硬套，应因地制宜，根据当地实际选用或增设辅助指标，确定科学、合理的参考系数，多个指标并用，便于发现问题和疑点。

6. 工时（工资）耗用评估法。

【含义】

工时耗用法是指在单位产品耗用生产时间基本确定的前提下，按照纳税人在一定时期耗用工时总量，分析、测算该时期内的产品产量及销售数量或销售额，并与申报信息对比分析的方法，工资耗用是生产耗用工时反映在货币上的金额表现。该方法主要适用于单位产品耗用工时或者工资基本稳定，工资或工时记录完整、核算规范的工业企业。

由于工时在纳税人的账面不反映，不易于收集。工时往往反映在工资上。这部分工资仅仅指生产一线工人的工资，即生产成本中的直接人工成本部分，可以在会计核算健全的纳税人账簿、凭证中直接反映。

【评估模型】

$$\text{评估期产品产量}=\text{评估期生产人员工时总量（工资总额）或某一主要生产环节工时总量（工资总额）}\div\text{单位产品耗用工时（或者工资）}$$

$$\text{测算应税销售收入}=\left(\text{期初库存产品数量}+\text{评估期产品产量}-\text{期末库存产品数量}\right)\times\text{评估期产品销售单价}$$

$$\text{问题值}=\left(\text{测算应税销售收入}-\text{企业实际申报应税销售收入}\right)\times\text{适用税率（征收率）}$$

【评估方法】

通过生产耗用的工时或者工资测算产品产量，进而测算其销售额和应纳税额，并与申报信息进行对比分析，查找纳税疑点和线索。需要注意的几个问题：

（1）企业的生产工时（工资）标准或者关键生产环节工时（工资）标准应相对稳定，相关数据应易于收集和计算。

（2）参考当地同行业或规模、效益相近企业的生产工时（工资）标准，便于税企双方工时（工资）标准的共同认可。

（3）生产工时总量（工资总额）的所属期要与生产产品的所属期配比。

7. 设备生产能力评估法。

【含义】

设备生产能力法是指主要生产设备在原料、动力和人员等正常运转下产出的能力。可分为设计生产能力和实际生产能力。设计生产能力指按照国家标准生产或引进的设备，经过国家有关部门审验、认可的标准性生产能力。实际生产能力是指设备在实际运转时的生产能力。在一般情况下，设备的实际生产能力与设计生产能力有一定出入。随着各个行业国标、强制性国标及行业管理标准的出台和完善，设备的实际生产能力越来越接近设计生产能力。

设备生产能力法就是按照纳税人投入生产的单位设备生产能力，测算、分析纳税人的实际生产量，进而核实应税销售收入，并与纳税人申报信息对比、分析是否存在涉税问题的方法。该方法主要适用于一些特定的行业，如造纸业、水泥制造业、微粉、发电等行业。该方法与其他分析方法结合使用，效果会更好。

【评估模型】

$$\text{评估期产品产量}=\text{评估期若干设备的日产量或时产量}\times\text{评估期正常工作日或工作时}$$

$$\text{测算应税销售收入}=\left(\text{期初库存产品数量}+\text{评估期产品产量}-\text{期末库存产品数量}\right)\times\text{评估期产品销售单价}$$

$$\text{问题值}=\left(\text{测算应税销售收入}-\text{企业实际申报应税销售收入}\right)\times\text{适用税率（征收率）}$$

【评估方法】

通过设备生产能力、生产耗用的时间测算产品的生产量，进而测算其销售额和应纳税额，并与申报信息进行对比分析，查找涉税疑点和线索。

需要注意的几个问题：

（1）设备生产能力可从随机文件中得到。随机文件包括产品说明书、合格证、装箱单等。产品说明书对了解和掌握纳税人的设备生产能力较为重要。

（2）实地查看时要注意正确区分设备的规格、型号、数量和生产能力。

（3）设备生产能力一般有幅度，要结合企业实际情况进行掌握。

三、实验内容与资料

【学习指引】

A电器集团有限公司是当地的大企业，也是当地的重点税源。本案例通过风险扫描，发现A电器集团有限公司增值税纳税异常，风险等级为中等，税务机关将该企业确定为风险应对重点，开展了纳税评估，经过案头分析，发现该企业存货、预收账款等疑点问题，通过税务约谈、实地核查确认了纳税疑点，并取得了纳税人的信任和配合，成功实施了对大企业的增值税风险应对，取得了较好的风险管理效果。

【特别提醒】

案例中涉及的建筑业服务如果发生在2016年5月1日以后，依据《财政部 国家税务总局关于全面推开营业税改征增值税试点的通知》（财税〔2016〕36号）及相关文件规定执行。

【案情场景】

（一）基本情况

A电器集团有限公司是增值税一般纳税人，产品既有内销也有出口。该集团公司是同行业中的大型骨干企业和龙头企业，A集团公司本部有经营业务，旗下拥有若干子公司，多个研发中心和制造基地。A集团公司及所属子公司2014年合计实现销售收入131亿元，合计入库税款6.72亿元。该公司经营业务中存在大量的关联交易，其中以2014年度最为明显，从下属公司采购物品占全部国内采购金额的71.7%。产品及劳务大部分销售给全国各个电力公司。

（二）信息采集

A集团公司本部纳税申报情况如表2-1所示。

表2-1　2012~2015年8月纳税申报信息　单位：万元

时间	增值税收入	应纳增值税额	增值税税负率（%）
2012年	126 356	4 997	3.95
2013年	146 534	9 331	6.36
2014年	433 018	10 234	2.36
2015年1—8月	120 870	0	0

注：全省行业增值税平均税负率为3.7%。

根据表2-1资料分析，A电器集团有限公司2014年度纳税情况存在异常：一是增值税税负率低于全省同行业平均税负率3.7%。二是2014年营业收入增长率与应纳税额增长率不同步。2014年营业收入增长率为195.5%，应纳税额增长率为9.68%。三是该公司2015年1~8月增值税长期留抵，营业收入为120 870万元，但应纳增值税额为0。因此，税务部门将该企业列为纳税评估对象。

（三）案头分析

该集团公司生产经营规模大、组织结构复杂、生产专业化程度高、关联方交易频繁、跨地区经营明显，纳税评估难度较大。

目前纳税评估的常规做法是：确定对象、案头分析、约谈举证、实地调查和税务处理。这种常规的流程实施评估的做法，适于对中小规模纳税人的评估。在对大企业评估中，只能起到“管中窥豹”的作用，不能对企业的整体情况进行全面的把握和应对。但是，在对大企业的评估中，常规做法没有效果，那么什么做法有效果呢？评估领导小组大胆决定广开言路，广纳英才，集中业务骨干“八仙过海，各显神通”。

首先，市级税务机关把从税收管理相关软件中提取的企业申报信息和财务信息打包，分别发给主管税务机关一些业务骨干，先采用“背靠背”形式，限定时间，对A集团公司的有关涉税数据分别进行初次分析。

其次，在初次分析完成后，再采取“面对面”的形式，集中分析人员，各自汇报分析成果，各自提交评估方案。这种“三个臭皮匠顶个诸葛亮”的案头分析方法，为成功实施评估工作打下了坚实的基础。

最后，从参与分析的业务骨干中挑选出4名同志，组成风险应对小组，汇总集体分析成果，具体承办落实评估事项。

因为大企业结构复杂、业务复杂，评估工作不能急躁、草率。风险应对小组在深思熟虑之后，决定采取“围栅栏”的办法，使用“步步为营”的方式，运用海量数据信息分析，将A集团公司的疑点数据一步一步压缩在一个“圆圈”内，再对疑点数据“各个击破”。对A集团公司海量数据信息筛选、比对、提炼，将案头分析作为评估工作的重中之重。

风险应对小组在汇总初次分析成果的基础上，第二次进行信息采集，收集到了与评估对象相关的第三方信息。通过对信息进行筛选、比对、提炼、综合分析后，评估对象的涉税风险疑点初步显现。涉税风险疑点主要有以下10个方面：

1. “存货”余额较大。

该公司2012～2014年存货分别为72 000万元、88 000万元、100 300万元，与其订单式生产不匹配，可能存在货物已发出，但不开票也不确认应税收入，人为调节应税收入实现时间的情况。

2. “预收账款”挂账时间长、金额大。

截至2015年8月底，账龄在12个月以上的预收账款余额高达79 000万元。与“存货”余额结合分析，A集团公司可能存在推迟销售的情况。

3. 财务报表收入与增值税纳税申报表收入差额较大。

风险应对人员将财务报表和增值税申报表收入比对后发现，2012～2014年利润表收入与增值税申报表收入差额较大。A集团公司可能存在利用增值税混合销售或兼营行为，少计增值税的情况。

4. 滞留票金额较大。

截至2015年8月底企业有滞留票170份，金额总计为5 067万元。A集团公司可能存在购进货物不入账，进而隐匿销售收入的情况。

5. “固定资产”处置业务，增值税纳税申报表与财务报表数据有差异。

增值税纳税申报表显示，2012—2014年度按简易征收办法征税货物销售额合计为1 541万元，而财务报表显示3年非流动资产处置收益合计为705万元，可能存在未按规定计算缴纳增值税等情况。

6. 用电量与产值不匹配。

2014年度用电量占收入比值仅为0.51%，是正常年度的42%，属异常情况。

7. 申报出口销售收入与实际情况相差较大。

从互联网收集到A集团公司与国外签订了80 000万元人民币的承包合同，2014年工程已完工。但A集团公司申报表显示的出口销售收入累计仅18 000万元，差额较大。可能存在推迟销售，或者出口未做销售又未视同内销缴税情形。

8. 关联交易金额巨大。

集团内部各公司之间互相购进、销售金额巨大，由于各公司享受不同的税收优惠政策，可能存在通过关联方交易转移定价，少缴税款的情况。

9. 增值税平均税负率低于同行业平均税负率。

该公司2012～2015年8月增值税平均税负率为3.04%，而同行业平均税负率为3.70%，低于平均税负率0.66个百分点。

10. 会计报表出现多处逻辑性错误。

资产负债表出现期初数不等于上期期末数、资产类科目出现借方余额负数等多处逻辑性错误。

（四）税务约谈

风险应对人员组织召开了税企见面会。见面会上，风险应对人员向评估对象通报了税务机关发现的疑点，该公司财务人员在听取了疑点情况后，没有提出疑问，当即表示一定按照要求进行自查。

该公司对“预收账款“是否有延迟确认收入情况进行了自查，对货物已经发出，符合收入确认条件的，当月立即开票结算。仅评估期当月就实现增值税收入为85 889万元，而该公司2015年1～8月累计实现增值税收入仅为120 870万元。不仅扭转了连续8个月留抵的状况，而且在冲抵上期留抵后，当月增值税收入实现735万元。

（五）实地核查

风险应对人员认为A集团公司的自查不彻底，不能充分说明疑点问题，于是进行了实地核查，核查情况如下。

1. “存货”和“预收账款”金额大，已发货未开票也未及时申报纳税。

该公司2012～2014年3年账面存货与预收账款均有较大的余额。风险应对人员查看了一些合同和相应的财务核算及纳税申报资料，核查的情况如下，该公司所生产销售的产品大部分是订单式生产，比较大的工程项目从签订合同、设计、采购、生产、发货、安装、验收，整个过程历时都在12个月以上。大部分合同约定：付款进度按照签订合同、设计终结、货物发出、安装完毕、通过验收等环节，分次、分批预付。而工程结算是在货物发出时一次性性完成，即发货时一次性开票结算。这种实际收款与开票时点的差异，导致该公司存货、预收账款账面余额大，而且税款实现不均衡。而且有些工程货物已经发出，合同约定的结算期已经超过，但还未及时结算、开票。

第一次税企见面会后，该公司对该方面存在的问题进行了自查。但是风险应对人员发现该公司截至评估期还有2笔预收货款共11 020万元，已经发货符合收入的确认条件，但未开票结算也未申报纳税。应计不含税收入9 418.8万元，应补缴增值税1 601.2万元，并应按照规定加收滞纳金。

2. 财务报表收入与增值税申报表收入差额较大，劳务收入存在混合销售的情况。

风险应对人员发现该公司每年财务报表显示收入与增值税申报表申报收入差额较大，要求该公司说明差异原因。该公司举证称，该项差异为公司对外提供建筑服务项目，取得建筑服务项目劳务收入。该项目2012年收入为22 027万元，2013年收入为32 952万元，2014年收入为56 809万元，2015年1~8月收入为985万元。

风险应对人员注意到该公司对外提供的建筑服务属于增值税非应税项目，但是该非应税项目对应的进项税额已经抵扣，因此，要求该企业进行自查。经自查，发现2012~2015年8月用于该非应税项目购进的材料等已经抵扣进项税额141万元。该项目应补缴增值税141万元，并应按照规定加收滞纳金。

3. 滞留票方面。

该公司截至2015年8月底存在滞留票170份，金额总计为5 067万元。A集团公司举证称，其2014年3月从其下属股份公司购进货物4 277万元，取得的增值税专用发票因公司办税人员个人原因，造成发票丢失、过期未认证抵扣。

风险应对人员认为，如此大额的进项税额没有认证抵扣，而形成滞留票，对于管理严格的大公司来说是十分罕见的。于是要求该公司对此笔购进货物的销售情况予以详细说明。

该公司举证资料显示：确实从下属股份公司购进过该批货物，且该批货物已经销售给某地铁集团。销售合同签订时间为2012年1月，合同原约定总额为7 236万元，但是由于货物质量原因，尚未结算。

风险应对人员查询互联网，发现地铁项目已经正式开通运行，于是要求再次对此情况予以说明。

该公司再次自查后，举证该批货物确实已经发出，实际执行金额为7 031万元，按照合同约定的结算时点已经达到，已经符合确认收入条件，应计算缴纳增值税。该公司已经在2014年6月确认了其中的4 835万元，并已经开具专用发票，申报销项税额为702万元。剩余部分扣除质保金后，尚有1 844万元未确认收入，未计提销项税额且未申报纳税，涉及增值税268万元（1 844 ÷ 1.17 × 0.17）。

4. 固定资产处置方面。

初步分析发现2012—2014年度A集团公司申报固定资产处置合计销售额为1 541万元，但财务报表显示3年合计非流动资产处置收益合计为705万元。经分析评估，该公司的非流动资产处置收益中包括处置不动产的项目，处置有形动产已经按照规定申报纳税。该疑点被排除。

5. 出口销售方面。

风险应对人员从互联网收集到该公司与国外购买方的合同总价与增值税纳税申报表申报出口销售额差额较大。

经分析评估，发现该公司主营业务收入明细账已经确认收入，但是由于增值税申报表填写不完整，出口项目收入没有在增值税纳税申报表上完整反映。该疑点被排除。

6. 关联交易定价和用电量与产值不匹配方面。

初步分析发现，该集团公司与其内部各公司之间存在大量的关联方交易，以2014年最为明显。该公司2014年全年增值税销售收入为433 018万元，同比增幅为198%。其中：

（1）从其下属分公司购进113 500万元产品，以123 600万元的价格对外销售，毛利额为10 100万元，毛利率为8.9%。

（2）从其下属股份公司购进156 600万元产品，以147 500万元价格对外销售。毛利额为 -9 100万元，毛利率为 -5.81%。

（3）从国外采购原材料合计为60 700万元，2013年国外采购金额为14 300万元，同比增加采购金额46 400万元，增长率为324%。该批进口材料中有39 200万元，平价销售给下属股份公司，用于生产。其余的21 500万元，用于本公司产品的生产。

由于增值税链条扣税的特性，在不享受增值税税收优惠的关联方之间，价格调整的意义不大。但是在其中一方享受增值税税收优惠的情况下，转让定价会造成税收的流失。

经核查，下属股份公司未享受增值税优惠，而下属分公司享受增值税税负率超3%即征即退优惠政策。A集团公司从分公司购进的113 500万元产品的购进价格是否符合独立定价原则，风险应对人员将在以后对集团其他公司的评估中一并予以关注。

由于该关联交易的发生，直接造成了2014年多项指标异常。例如，销售收入与同期相比大幅增长，而增值税税负率与同期相比大幅下降。2014 年度用电量占收入比值仅为 0.51%，是正常年度的 42%。

7. 会计报表逻辑性错误方面。

经初步分析，该公司资产负债表出现期初数不等于上期期末数、资产类科目借方余额为负数等多处逻辑性错误。

经实地核查，该公司会计报表逻辑性错误的原因，是公司纳税申报后出现资产负债表日后调整事项。经会计师事务所审计调整后，出现期初数据差异，但由于该公司企业所得税不在国税管理，因此，不能够再次进行财务报表在税收征管系统内的上报。该疑点被排除。

8. 其他进项抵扣方面。

评估过程中，风险应对人员没有局限于以上 7 个疑点，而是从整体出发，全面分析涉税问题，要求该公司对进项税额抵扣情况进行自查。A 集团公司自查后，发现评估所属期间，存在用于职工福利的购进货物抵扣进项税额为 2 万元，用于建筑物附属的监控设备抵扣进项税额为 4 万元。

以上两项业务涉及增值税税额为 6 万元，并应按照规定加收滞纳金。

综合以上分析，该公司在纳税申报方面存在一定问题，涉及增值税销项税额为 1 869 万元，进项税额为 147 万元，合计 2 016 万元。

（六）评估处理

纳税人经过自查认为："预收账款"已发货未开票，已经符合纳税义务发生的条件，应及时计提并补缴增值税 1 601.2 万元；提供建筑服务属于营业税劳务，劳务提供过程中涉及的进项税额不得抵扣，该项目应补缴增值税 141 万元；销售滞留票方式购进的货物，按照合同约定的结算时点已经达到，符合确认收入条件，应计算缴纳增值税 268 万元；用于职工福利的购进货物和自建建筑物附属的监控设备不得抵扣进项税额，应补缴增值税 6 万元。根据《增值税暂行条例》及相关政策的规定，该公司主动提出自我纠错，及时调整了账务处理，并补缴了税款和滞纳金。

【知识链接】

滞留票是指销售方或提供劳务（服务）方已开出增值税专用发票，并抄税报税，而购货方或接受劳务（服务）方逾期未进行认证抵扣的增值税专用发票。滞留票产生的原因有以下 4 个：

（1）部分纳税人受利益驱动为隐匿进销痕迹，采取购进货物或劳务（服务）和销售货物或劳务（服务）都不入账的手段偷逃税款。因此，取得的进项专用发票不进行认证抵扣，形成滞留票。

（2）部分业务人员取得的进项专用发票不慎丢失，未向财务等有关部门报告，致使进项发票超期不认证，形成滞留票。

(3) 有些纳税人由于支付不起货款，销售货物或提供劳务（服务）已开具专用发票，但购货方或接受劳务（服务）方不能及时付款，卖方就始终压着发票不给，因超期不认证形成滞留票。

(4) 有些纳税人开具的专用发票，由于开具错误，买方因此退票。卖方首先开具一张与原发票内容一致的增值税红字专用发票冲销，然后再开其一张正确的专用发票给买方。最初开具的错误发票虽然被红字发票冲销，然而这张增值税专用发票超过规定的认证期限不能认证，形成滞留票。

四、实验步骤

（一）税收风险点判断和结论

分组开展案例讨论，通过案头分析，列出案例企业可能存在哪些增值税税收风险点。

（二）税收风险点风险特征分析计算

分组开展案例讨论，开展增值税风险点特征分析，列出纳税评估采用的评估方法，列出模型、计算公式、指标源和特殊信息

（三）税收风险点风险信息排除确认

通过实验内容和资料进行增值税税收风险点风险信息的判断、验证、排除、确认。

五、实验总结与报告

通过本次实验，我们理解和掌握了增值税的计税原理，掌握增值税纳税评估对象的确定、案头审核分析方法、约谈举证及实地核查方法等内容，研究分析现行增值税税制存在的税收风险，探索建立增值税纳税评估指标及评估模型，提高了增值税纳税评估的技巧和水平。应该总结回顾本次实验的过程，检查实验的结果，按实验步骤要求写出本次实验的纳税评估工作报告。

纳税评估工作报告

纳税评估序号：

评估所属时期：

评估实施时间：

纳税人名称（全称）			
税务登记号		评估所属项目	
风险点判断和结论：			

风险点特征分析计算：   风险点信息排除确认：   纳税评估整体总结   工作建议   评估人员： 日期：

实验三

消费税纳税评估

一、实验目的与要求

（一）实验目的

通过本实验，使学生深入理解消费税的计税原理，掌握消费税纳税评估对象的确定、案头审核分析方法、约谈举证及实地核查方法等内容，帮助学生掌握消费税纳税评估的流程，研究分析现行消费税税制存在的税收风险，探索学习建立消费税纳税评估指标，提高消费税纳税评估的技巧和水平。

（二）实验要求

1. 学习实验知识准备，熟练掌握消费税法的计税原理及相关制度。
2. 学习实验方法准备，熟练掌握消费税纳税评估的指标、模型及方法。
3. 学习实验评估案例，分组讨论现行消费税税制存在的税收风险。
4. 借鉴实验案例，针对现行消费税税制存在的税收风险，分组探索研究消费税纳税评估指标设计及模型的优化。
5. 进行本次实验总结，填写消费税纳税评估工作报告。

二、实验知识准备

（一）消费税的概念

消费税就是对特定的消费品和消费行为征收的一种税。一般来说，消费税的征税对象主要是与居民消费相关的最终消费品和消费行为。它是在对货物普遍征收增值税的基础上，选择少数消费品再征收一道消费税，目的在于调节产品结构，引导消费方向，保证财政收入。

（二）消费税纳税人

消费税的纳税人是指在中华人民共和国境内生产、委托加工和进口应税消费品的单位和个人以及国务院确定的销售应税消费品的其他单位和个人。

在中华人民共和国境内，是指生产、委托加工和进口应税消费品的起运地或所在地在我国境内。消费税的纳税人具体包括：

（1）生产销售（包括自用）应税消费品的，以生产销售的单位和个人为纳税人，由生产者直接纳税。

（2）委托加工应税消费品的，以委托加工的单位和个人为纳税人，由受托方在向委托方交货时代收缴消费税。

（3）进口应税消费品的，以进口的单位和个人为纳税人，由海关代征。

（三）消费税征税范围

我国消费税的征税范围主要是根据目前的经济发展状况和财政需要，居民的消费水平和消费结构，主要包括烟、酒及酒精、鞭炮、焰火、化妆品、摩托车、小轿车、游艇等15个税目。包括四种类型的产品：

第一类：一些过度消费会对人类健康、社会秩序、生态环境等方面造成危害的特殊消费品，如烟、酒及酒精、鞭炮、焰火、电池等。

第二类：奢侈品、非生活必需品，如化妆品、贵重首饰及珠宝玉石、高尔夫球及其球具、高档手表等。

第三类：高能耗及高档消费品，如摩托车、小轿车、游艇等。

第四类：不可再生和替代的石油类消费品，如航空煤油、石脑油等。

（四）消费税的税目与税率

现行的消费税税目共有15个。

消费税采用比例税率和定额税率两种形式，以适应不同应税消费品的实际情况。具体地，对黄酒、啤酒和成品油3个税目采用定额税率，实行从量定额征收；其余的税目在税率设计上采用产品差别比例税率。消费税税目、税率的调整由国务院决定（见表3-1）。

表3-1　消费税税目税率（税额）表

税目	税率
一、烟	
1. 卷烟	
（1）甲类卷烟（调拨价每条70元以上）	56%加0.003元/支
（2）乙类卷烟（调拨价每条70元以下）	36%加0.003元/支
（3）商业批发	11%加0.005元/支
2. 雪茄烟	36%
3. 烟丝	30%
二、酒	
1. 白酒	20%加0.5元/500克（或者500毫升）
2. 黄酒	240元/吨

续表

税目	税率
3. 啤酒	
（1）甲类啤酒（每吨销售价格3 000元以上）	250元/吨
（2）乙类啤酒（每吨销售价格3 000元以下）	220元/吨
4. 其他酒	10%
三、高档化妆品	15%
四、贵重首饰及珠宝玉石	
1. 金银首饰、铂金首饰和钻石及钻石饰品	5%
2. 其他贵重首饰和珠宝玉石	10%
五、鞭炮、焰火	15%
六、成品油	
1. 汽油	
无铅汽油	1.52元/升
2. 柴油	1.20元/升
3. 航空煤油	1.20元/升
4. 石脑油	1.52元/升
5. 溶剂油	1.52元/升
6. 润滑油	1.52元/升
7. 燃料油	1.20元/升
七、摩托车	
1. 气缸容量（排气量，下同）为250毫升（含250毫升）的	3%
2. 气缸容量在250毫升以上的	10%
八、小汽车	
1. 乘用车	
（1）气缸容量排气量，下同）在1.0升（含1.0升）以下的	1%
（2）气缸容量在1.0升以上至1.5升（含1.5升）的	3%
（3）气缸容量在1.5升以上至2.0升（含2.0升）的	5%
（4）气缸容量在2.0升以上至2.5升（含2.5升）的	9%
（5）气缸容量在2.5升以上至3.0升（含3.0升）的	12%
（6）气缸容量在3.0升以上至4.0升（含4.0升）的	25%
（7）气缸容量在4.0升以上的	40%
2. 中轻型商用客车	5%
3. 超豪华小汽车（零售环节）	10%

续表

税目	税率
九、高尔夫球及球具	10%
十、高档手表	20%
十一、游艇	10%
十二、木制一次性筷子	5%
十三、实木地板	5%
十四、电池	4%
十五、涂料	4%

（五）生产销售应税消费品应纳税额的计算

1. 从量计征方法。

对黄酒、啤酒、成品油三种应税消费品，采用从量计征方法计算消费税，计税依据为应税消费品的销售数量。应纳税额的计算公式为：

应纳税额＝销售数量×定额税率

按规定，黄酒、啤酒以吨为计税单位，成品油以升为计税单位。为了规范不同产品的计税单位，计量单位的换算标准如下：

（1）黄酒 1 吨＝962 升　　（2）啤酒 1 吨＝988 升

（3）汽油 1 吨＝1 388 升　　（4）柴油 1 吨＝1 176 升

（5）航空煤油 1 吨＝1 246 升　　（6）石脑油 1 吨＝1 385 升

（7）溶剂油 1 吨＝1 282 升　　（8）润滑油 1 吨＝126 升

（9）燃料油 1 吨＝1 015 升

2. 从价计征方法。

除了黄酒、啤酒、成品油采用从量计征方法外，对其他应税消费品均采用从价计征方法计算消费税，计税依据为应税消费品的销售额。应纳税额的计算公式为：

应纳税额＝销售额×比例税率

【销售额确定的一般方法】

销售额是指纳税人销售应税消费品向购买方收取的全部价款和价外费用。销售是指有偿转让应税消费品所有权的行为，即以从受让方取得货币、货物、劳务或其他经济利益为条件转让应税消费品所有权的行为。价外费用是指价外向购买方收取的手续费、补贴、基金、集资费、返还利润、奖励费、违约金、滞纳金、延期付款利息、赔偿金、代收款项、代垫款项、包装费、包装物租金、储备费、优质费、运输装卸费以及其他各种性质的价外收费。但下列项目不包括在内：

（1）同时符合以下条件的代垫运输费用：

①承运部门的运输费用发票开具给购买方的；

②纳税人将该项发票转交给购买方的。

（2）同时符合以下条件代为收取的政府性基金或者行政事业性收费：

①由国务院或者财政部批准设立的政府性基金，由国务院或者省级人民政府及其财政、价格主管部门批准设立的行政事业性收费；

②收取时开具省级以上财政部门印制的财政票据；

③所收款项全额上缴财政。

其他价外费用，无论是否属于纳税人的收入，均应并入销售额中计算纳税。

【包装物的税务处理】

包装物随同应税消费品销售的，无论包装物是否单独计价以及在会计上如何核算，均应并入应税消费品的销售额中缴纳消费税。如果包装物不作价随同产品销售，而是收取押金，此项押金则不应并入应税消费品的销售额中征税。但对因逾期未收回的包装物不再退还的或者已收取的时间超过 12 个月的押金，应并入应税消费品的销售额，按照应税消费品的适用税率缴纳消费税。

对既作价随同应税消费品销售，又另外收取押金的包装物，凡纳税人在规定的期限内没有退还的，均应并入应税消费品的销售额，按照应税消费品的适用税率缴纳消费税。包装物押金一般为含增值税收入，因此，在将包装物押金并入销售额征税时，应将这部分押金换算为不含税的收入。

【外币销售额的税务处理】

纳税人销售的应税消费品，以人民币以外的货币结算销售额的，其销售额的人民币折合率可以选择销售额发生的当天或者当月 1 日的人民币汇率中间价。纳税人应在事先确定采用何种折合率，确定后 1 年内不得变更。

【含税销售额的换算】

应税消费品在缴纳消费税的同时，与一般货物一样，还应缴纳增值税。如果纳税人应税消费品的销售额为含增值税的，在计算消费税时，应将含增值税的销售额换算为不含增值税税款的销售额。其换算公式为：

销售额 = 含增值税的销售额 ÷（1 + 增值税的税率或征收率）

【销售额的其他规定】

由于消费税税源较为集中，税负相对较重，计税价格的核定成为确定计税依据的重要环节。税法规定：卷烟、粮食白酒和小汽车的计税价格由国家税务总局核定。其他应税消费品的计税价格由各省、自治区、直辖市税务机关核定。进口的应税消费品的计税价格由海关核定。

（1）卷烟最低计税价格的核定。卷烟消费税最低计税价格（以下简称计税价格）核定范围为卷烟生产企业在生产环节销售的所有牌号、规格的卷烟。计税价格由国家税务总局按照卷烟批发环节销售价格扣除卷烟批发环节批发毛利核定并发布。

（2）白酒最低计税价格核定。根据《国家税务总局关于加强白酒消费税征收管理的通知》（国税函〔2009〕380号）规定，自2009年8月1日起，为保全税基，对设立销售公司的白酒生产企业，国家税务总局制定了《白酒消费税最低计税价格核定管理办法（试行）》，对计税价格偏低的白酒核定消费税最低计税价格。白酒生产企业销售给销售单位的白酒，生产企业消费税计税价格低于销售单位对外销售价格（不含增值税，下同）70%以下的，税务机关应核定消费税最低计税价格。这里的销售单位是指，销售公司、购销公司以及委托境内其他单位或个人包销本企业生产白酒的商业机构。销售公司、购销公司是指，专门购进并销售白酒生产企业生产的白酒，并与该白酒生产企业存在关联性质。包销是指销售单位依据协定价格从白酒生产企业购进白酒，同时承担大部分包装材料等成本费用，并负责销售白酒。

白酒消费税最低计税价格核定标准如下：一是白酒生产企业销售给销售单位的白酒，生产企业消费税计税价格高于销售单位对外销售价格70%（含70%）以上的，税务机关暂不核定消费税最低计税价格。二是白酒生产企业销售给销售单位的白酒，生产企业消费税计税价格低于销售单位对外销售价格70%以下的，消费税最低计税价格由税务机关根据生产规模、白酒品牌、利润水平等情况在销售单位对外销售价格50%至70%范围内自行核定。其中生产规模较大，利润水平较高的企业生产的需要核定消费税最低计税价格的白酒，税务机关核价幅度原则上应选择在销售单位对外销售价格60%至70%范围内。

如果已核定最低计税价格的白酒，生产企业实际销售价格高于消费税最低计税价格的，按实际销售价格申报纳税；实际销售价格低于消费税最低计税价格的，按最低计税价格申报纳税。或者已核定最低计税价格的白酒，销售单位对外销售价格持续上涨或下降时间达到3个月以上、累计上涨或下降幅度在20%（含）以上的白酒，税务机关重新核定最低计税价格。

（3）纳税人通过自设非独立核算门市部销售的自产应税消费品，应当按照门市部对外销售数量或者销售额计算征收消费税。

（4）纳税人用于换取生产资料和消费资料，投资入股和抵偿债务等方面的应税消费品，应当以纳税人同类应税消费品的最高销售价格作为计税依据计算征收消费税。

（5）纳税人兼营不同税率的应税的消费品，应当分别核算不同税率应税消费品的销售额、销售数量；未分别核算销售额、销售数量，或者将不同税率的应税消费品组成成套消费品销售的，从高适用税率。

3. 复合计征方法。

现行消费税范围中，对卷烟、白酒采用复合计征方法计算消费税。其应纳消费税额的计算公式为：

应纳税额 = 销售数量 × 定额税率 + 销售额 × 比例税率

4. 外购应税消费品已纳税款的扣除。

由于某些应税消费品是用外购已缴纳消费税的应税消费品连续生产出来的，在对这些连续生产出来的应税消费品计征消费税时，税法规定可按当期生产领用数量计算准予扣除外购的应税消费品已纳的消费税税款。扣除范围包括：

（1）外购已税烟丝生产的卷烟。

（2）外购已税化妆品生产的化妆品。

（3）外购已税珠宝玉石生产的贵重首饰及珠宝玉石。

（4）外购已税鞭炮焰火生产的鞭炮焰火。

（5）外购已税摩托车生产的摩托车（如用外购两轮摩托车改装三轮摩托车）。

（6）外购已税杆头、杆身和握把为原料生产的高尔夫球杆。

（7）外购已税木制一次性筷子为原料生产的木制一次性筷子。

（8）以外购已税实木地板为原料生产的实木地板。

（9）外购已税石脑油为原料生产的应税消费品。

（10）外购已税润滑油为原料生产的润滑油，已税汽油、柴油为原料生产的汽油、柴油。

上述当期准予以扣除的外购应税消费品已纳消费税税款的计算公式是：

$$\text{当期准予扣除的外购应税消费品已纳税款} = \text{当期准予扣除的外购应税消费品买价} \times \text{外购应税消费品适用税率}$$

$$\text{当期准予扣除的外购应税消费品买价} = \text{期初库存的外购应税消费品的买价} + \text{当期购进的应税消费品的买价} - \text{期末库存的外购应税消费品的买价}$$

（六）委托加工应税消费品应纳税额的计算

委托加工的应税消费品，由受托方在向委托方交货时代收代缴消费税。纳税人委托个体经营者加工应税消费品，于委托方收回后在委托方所在地缴纳消费税。

委托加工的应税消费品，受托方在交货时已代收代缴消费税，委托方收回后直接销售的，不再征收消费税。所称直接出售是指委托方收回的应税消费品，以不高于受托方的计税价格出售。委托方以高于受托方的计税价格出售的，不属于直接出售，需按照规定申报缴纳消费税，在计税时准予扣除受托方已代收代缴的消费税。

1. 从量计征方法。

纳税人委托加工黄酒、啤酒、成品油这三种应税消费品，以加工完工提货数量为计税依据。应纳税额的计算公式为：

应纳税额 = 委托加工数量 × 定额税率

2. 从价计征方法。

委托加工的应税消费品，按照受托方的同类消费品的销售价格计算纳税；没有同类消费品销售价格的，按照组成计税价格计算纳税。

有同类消费品销售价格的，其应纳税额的计算公式为：

应纳税额 = 受托方同类消费品的销售价格 × 适用税率

没有同类消费品销售价格的，按组成计税价格计税。计算公式为：

组成计税价格 =（材料成本 + 加工费）÷（1 - 比例税率）

实行复合计税办法计算纳税的组成计税价格计算公式：

$$\text{组成计税价格} = \left(\text{材料成本} + \text{加工费} + \text{委托加工数量} \times \text{定额税率}\right) \div (1 - \text{比例税率})$$

应纳税额 = 组成计税价格 × 适用税率

式中的“材料成本”是指委托方所提供加工材料的实际成本。式中的“加工费”是指受托方加工应税消费品向委托方所收取的全部费用，包括代垫辅助材料的实际成本。

3. 复合计征方法。

纳税人委托加工卷烟、白酒这两种应税消费品，其从量计征的部分消费税按委托加工数量计算，从价计征的部分则按受托方同类消费品销售价格或者组成计税价格计算。其应纳消费税额的计算公式为：

应纳税额 = 委托加工数量 × 定额税率 + 计税价格 × 比例税率

4. 委托加工收回的应税消费品已纳税款的扣除。

委托加工的应税消费品因为已由受托方代收代缴了消费税，所以，委托方将加工收回的应税消费品用于连续生产应税消费品的，其在委托加工环节已纳的消费税款准予从连续生产的应税消费品应纳消费税税额中扣除。按国家税务总局的规定，从 1995 年 6 月 1 日起，下列连续生产的应税消费品准予从应纳消费税税额中按当期生产领用的数量计算扣除已纳的消费税税款。扣除范围包括：

（1）以委托加工收回的已税烟丝为原料生产的卷烟。

（2）以委托加工收回的已税化妆品为原料生产的化妆品。

（3）以委托加工收回的已税珠宝玉石为原料生产的贵重首饰及珠宝玉石。

（4）以委托加工收回的已税的鞭炮、焰火为原料生产的鞭炮、焰火。

（5）以委托加工收回的已税摩托车生产的摩托车。

（6）以委托加工收回的已税杆头、杆身和握把为原料生产的高尔夫球杆。

（7）以委托加工收回的已税木制一次性筷子为原料生产的木制一次性筷子。

（8）以委托加工收回的已税实木地板为原料生产的实木地板。

（9）以委托加工收回的已税石脑油为原料生产的应税消费品。

（10）以委托加工收回的已税润滑油为原料生产的润滑油，已税汽油、柴油为原料生产的汽油、柴油。

上述当期准予扣除委托加工收回的应税消费品已纳消费税税款的计算公式是：

当期准予扣除的委托加工应税消费品已纳税款 = 期初库存的委托加工应税消费品已纳税款 + 当期收回到委托加工应税消费品已纳税款 − 期末库存的委托加工应税消费品已纳税款

（七）消费税的征收管理

1. 纳税义务发生时间。

消费税纳税义务发生时间，以货款结算方式或行为发生时间分别确定。

（1）纳税人销售应税消费品的，按不同的销售结算方式分别为：

①采取赊销和分期收款结算方式的，为书面合同约定的收款日期的当天，书面合同没有约定收款日期或者无书面合同的，为发出应税消费品的当天。

②采取预收货款结算方式的，为发出应税消费品的当天。

③采取托收承付和委托银行收款方式的，为发出应税消费品并办妥托收手续的当天。

④采取其他结算方式的，为收讫销售款或者取得索取销售款凭据的当天。

（2）纳税人自产自用应税消费品的，为移送使用的当天。

（3）纳税人委托加工应税消费品的，为纳税人提货的当天。

（4）纳税人进口应税消费品的，为报关进口的当天。

2. 纳税期限。

消费税的纳税期限分别为 1 日、3 日、5 日、10 日、15 日、1 个月或者 1 个季度。纳税人的具体纳税期限由主管税务机关根据纳税人应纳税额的大小分别核定；不能按照固定期限纳税的，可以按次纳税。

纳税人以 1 个月或者 1 个季度为 1 个纳税期的，自期满之日起 15 日内申报纳税；以 1 日、3 日、5 日、10 日或者 15 日为 1 个纳税期的，自期满之日起 5 日内预缴税款，于次月 1 日起 15 日内申报纳税并结清上月应纳税款。

纳税人进口应税消费品，应当自海关填发海关进口消费税专用缴款书之日起 15 日内缴纳税款。

3. 纳税地点。

（1）纳税人销售的应税消费品以及自产自用的应税消费品，除国务院财政、税务主管部门另有规定外，应当向纳税人机构所在地或者居住地的主管税务机关申报纳税。

（2）委托加工的应税消费品，除受托方为个人外，由受托方向机构所在地或者居住地的主管税务机关解缴消费税税款。委托个人加工的应税消费品，由委托方向其机构所在地或者居住地主管税务机关申报纳税。

（3）进口的应税消费品，应当向报关地海关申报纳税。进口的应税消费品，由进口人或者其代理人向报关地海关申报纳税。

（4）纳税人到外县（市）销售或者委托外县（市）代销自产应税消费品的，于应税消费品销售后，向机构所在地或者居住地主管税务机关申报纳税。

（5）纳税人的总机构与分支机构不在同一县（市）的，应当分别向各自机构所在地的主管税务机关申报纳税；经财政部、国家税务总局或者其授权的财政、税务机关批准，可以由总机构汇总向总机构所在地的主管税务机关申报纳税。

（6）纳税人销售的应税消费品，如因质量等原因由购买者退回的，经机构所在地或者居住地主管税务机关审核批准后，可退还已缴纳的消费税税款。

三、实验内容与资料

某酒业有限责任公司纳税评估案例

【学习指引】

本案例充分利用纳税申报信息、日常管理信息、第三方信息等进行税收风险筛查，进而确定纳税人的税收风险点，实施有效的风险应对、纳税评估，税务机关把税收风险管理方法与税种管理特点相结合，研究白酒生产企业消费税纳税风险发生规律，应用指标分析法、投入产出法等评估方法对白酒生产企业消费税问题实施有效评估，具有一定的借鉴意义。

【案情场景】

（一）基本情况

A酒业有限责任公司成立于2002年，注册资本为300万元，公司职工76人，固定资产总值为459万元。拥有酿造和灌装2个生产车间，有瓶酒灌装生产线2条（其中1条为自动灌装），袋酒灌装生产线3条（其中1条为单膜自动灌装生产线），主要产品是低档、低度系列粮食白酒，副产品为酒糟。以玉米和高粱为主要原材料，稻壳为辅料，年生产各类粮食白酒1 000余吨。

该公司财务制度健全，会计核算比较规范。2013年增值税、消费税两税合计纳税额占主管税务机关2013年组织入库两税总收入的1/4，是市级税务机关重点税源。2014年6月市级税务机关开展税收风险管理专项行动，组织消费税重点税源专项评估。该公司被确定为高风险纳税人，市级税务机关成立评估小组，对其实施专项评估。

（二）信息采集

1. 纳税人申报信息。

风险应对人员根据纳税申报表数据采集到了纳税人的收入、成本及税收信息，如表3－2、表3－3所示。

表3－2　收入成本信息　单位：元

年份	营业收入	营业成本
2012	2 641 526.40	1 159 778.60
2013	5 941 132.29	2 760 183.94
增长幅度（%）	124.91	137.99

表3－3　税收信息　单位：元

年份	销售收入	销项税额	进项税额	增值税	消费税	增值税税负率（%）
2012	2 641 526.40	447 585.35	192 694.84	254 891.01	1 013 055.31	9.65
2013	5 941 132.29	1 007 868.58	254 648.22	753 220.36	2 151 809.20	12.68
增长幅度（%）	124.91	125.18	32.15	195.51	112.41	31.40

注：增值税税负预警值：2012年该地区为7.94%，全省为8.93%；2013年该地区为8.18%，全省7.44%。

2. 第三方信息。

风险应对人员通过采集第三方信息，获取了该公司电费及耗电量信息，具体情况如表3－4所示。

表3－4　电费和耗电量信息　单位：元，千瓦·时

年份	缴纳电费	耗电量
2012	63 523.56	104 325
2013	78 222.33	118 541

注：预警值：该地区的单位原酒耗电为1 100千瓦·时左右。

3. 日常管理信息。

税收管理员日常管理所掌握的纳税人信息如下所述。

（1）行业特点。该行业属于国民经济制造业中15大类“酒、饮料和精制茶制造业”目录下，151中类“酒的制造”，15 112小类“白酒制造”，分类代码为15 112。白酒制造是指以高粱等粮谷为主要原料，以大曲、小麦或麸曲及酒母等为糖化发酵剂，经蒸煮、糖化、发酵、蒸馏、陈酿、勾兑而制成蒸馏酒产品的生产活动。

（2）工艺流程。以优质小麦培制、高温大曲粮化酶化发酵、泥窖固态发酵、续糟配料、混蒸混烧、刨跑窖和原窖生产等工艺方法，再经分层起糟，量质摘酒，按质并坛等传统工艺制作。其中，制曲工艺为选料、润粮、粉碎拌料、装合

踩曲、晾酶安曲、曲房管理培菌；酿造工艺为开窖起糟、配料上甑、馏酒蒸梁、摊凉入窖。

工艺流程：投料－发酵－出酒－存储－加浆（勾兑）－灌装（成品）。

(3) 煤耗信息。煤耗信息，如表 3－5 所示。

表 3－5　　耗煤信息　　单位：吨

年份	期初	购进	耗用
2012	426.5	171.6	636.5
2013	—	—	454

(4) 原材料和辅料耗用情况信息。原材料和辅料耗用情况信息，如表 3－6 所示。

表 3－6　　原材料和辅料耗用信息　　单位：千克

年份	原材料玉米、高粱			其他轴料		
	期初	购进	耗用	期初	购进	耗用
2012	217 227	1 112 646	1 255 698	34 757	571 100	573 501
2013	74 175	1 321 431	1 086 048	32 356	459 735	479 561

(5) 原材料投入产出情况。原材料投入产出信息，如表 3－7 所示。

表 3－7　　原材料投入产出信息　　单位：吨

年份	原材料投入量	产成品数量
2012	1 255.698	599.33
2013	1 356.048	691.95

注：该地区行业投入产出比：2012 年为 50.06%，2013 年为 51.12%。

(6) 分月份投入产出明细。分月份投入产出明细，如表 3－8 所示。

表 3－8　　分月份投入产出明细　　单位：千克

生产期间	2012 年		2013 年	
	原料耗用	65 度白酒	原料耗用	65 度白酒
1 月	151 616	76 126.36	—	—
2 月	—	—	40 391	21 003.32
3 月	131 083	65 541.50	266 400	138 792.11
4 月	154 185	75 936.11	297 000	148 856.29
5 月	180 699	90 728.97	292 050	146 255.72
6 月	132 398	66 331.39	190 207	95 293.71
7 月	51 284	25 898.11	—	—

续表

生产期间	2012 年		2013 年	
	原料耗用	65 度白酒	原料耗用	65 度白酒
8 月	—	—	—	—
9 月	64 300	27 475.80	—	—
10 月	142 168	73 927.36	—	—
11 月	133 271	51 128.32	—	—
12 月	124 694	46 236.68	270 000	141 750

（三）案头分析

1. 通用指标分析。

根据表 3－2 收入成本信息数据，计算营业收入变动率、营业成本变动率，并进行配比分析。

2013 年度营业收入变动率 ＝（5 941 132.29－2 641 526.40）÷2 641 526.40×100%

＝124.91%

2013 年度营业成本变动率 ＝（2 760 183.94－1 159 778.60）÷1 159 778.60×100%

＝137.99%

2013 年度营业收入变动率与营业成本变动率配比分析 ＝124.91%÷137.99%＝0.91

营业收入变动率与营业成本变动率配比分析：正常情况下两者基本同步增长，比值接近 1。当比值＜1，且相差较大，两者都为正时，如本案例：营业收入变动率÷营业成本变动率＝124.91%÷137.99%＝0.91，说明收入增长 124.91%，而成本增长 137.99%，收入比成本增长慢，可能存在多列成本费用、扩大税前扣除范围等问题。

对产生此疑点的纳税人可以从以下 3 个方面进行分析：

一是结合“营业收入变动率”指标，通过分析公司所得税申报表及附表，了解企业收入的构成情况，判断是否存在少计收入的情况。

二是结合资产负债表中“应付账款”“预收账款”和“其他应付款”等科目的期初、期末数额进行分析，如“应付账款”和“其他应付款”出现红字和“预收账款”期末大幅度增长情况，可能存在少计收入问题。

三是结合“营业成本变动率”指标，通过企业所得税申报表及附表了解公司成本的结转情况，分析是否存在改变成本结转方法、少计存货成本等问题。

2. 特定指标分析。

根据税收信息表数据，计算增值税税负率、消费税税负率，并进行预警分析。

（1）增值税税负率分析。

2012 年公司税负率 =254 891.01 ÷2 641 526.40 =9.65%

2012 年增值税税负预警值：该地区为 7.94%，全省为 8.93%，该公司增值税税负率高于地区及全省税负率。

2013 年企业税负率 =753 220.36 ÷5 941 132.29 =12.68%

2013 年增值税税负预警值：该地区为 8.18%，全省为 7.44%，该公司增值税税负率高于地区及全省税负率。

（2）消费税税负率分析。2013 年销售收入增长率为 124.91%，消费税增长率为 112.41%，消费税增长率低于销售收入增长率 12.5%。

2012 年消费税税负率 =1 013 055.31 ÷2 641 526.40 ×100% =38.35%

2013 年消费税税负率 =2 151 809.20 +5 941 132.29 ×100% =36.22%

2013 年在实际缴纳消费税税额增长率高达 112.41% 的情况下，消费税税负率下降了 2.13%，同时消费税增长率低于销售收入增长率 12.5%。

3. 投入产出法分析。

根据原材料和辅料信息、原材料投入产出信息、分月份投入产出明细等信息，应用投入产出法进行分析。

2012 年该公司原材料投入量为 1 255.698 吨，按照地区行业投入产出比 50.06% 测算，公司产成品数量应 =1 255.698 ×50.06% =628.60（吨），该公司核算的产成品数量为 599.33 吨，差异额为 29.27 吨。通过按月测算发现，差异主要存在于当年的 11 月、12 月，11 月、12 月两个月测算值与公司核算值相差了 31.772 吨。

2013 年该公司原材料投入量为 1 356.048 吨，按照地区行业投入产出比 51.12% 测算，公司产成品数量应为 693.21 吨，该公司核算的产成品数量为 691.95 吨，与按照投入产出评估分析指标测算的数量基本吻合。

（四）税务约谈

风险应对人员根据案头分析发现的疑点，按照规定程序及时通知纳税人进行约谈举证，在告知纳税人涉税疑点的同时，进行了详细耐心的政策讲解，纳税人承认政策学习不够、政策理解不到位，并表示要加强学习，一定按照政策规定计算缴纳税款，并及时补缴了税款。

（五）评估处理

经公司自查，发现 2012 年 11 月至 2013 年 1 月 500 毫升袋装酒有 4 656 袋未及时申报，涉及销售收入为 116 418.46 元。其中，2012 年 11 月袋装酒 776 袋，销售收入为 19 403.08 元，2012 年 12 月袋装酒为 1 552 袋，销售收入为 38 806.15元，2013 年 1 月袋装酒为 2 328 袋，销售收入为 58 209.23 元。针对上述问题，企业及时补缴增值税税额为 19 791.14 元（116 418.46×17%），消费税税额为 25 611.69 元［其中从价税 23 283.69 元（116 418.46×20%），从量税 2 328元（4 656×0.5）］，并缴纳了滞纳金。

【案例点评】

本案例特点在于引入第三方信息，税务机关通过投入产出测算，找出涉税风险疑点，将税收风险管理的方法与税种管理特点紧密结合起来，加强风险监控，发挥风险应对纳税评估的作用，堵塞管理漏洞，提高征管质效。日常征管中应重视第三方信息，重视评估方法的选择应用，重视风险管理作用的发挥。

1. 信息是风险管理的基础。

税务机关日常征管中应注重行业基础信息的采集和归纳，为加强管理奠定基础。

2. 方法是风险管理的核心。

税务机关投入产出、指标分析等科学方法的应用是赢得酒类行业评估的关键。白酒生产企业工艺流程复杂，税务机关日常征管中应重视企业经营情况、生产工艺流程等生产经营信息，应关注企业产购销配比分析情况。

3. 联合评估效果好。

税务机关将消费税评估与增值税评估相结合，将增值税的进项、销项等管理重点与价格、数量等消费税管理重点结合起来进行综合分析，能够抓住管理重点，提高管理的针对性。

4. 风险管理作用大。

开展税收风险管理，通过风险分析识别，有助于找准税收漏洞，有效实施风险应对，防控税收风险，提高纳税人的税法遵从度，提升税务机关管理水平。

【知识链接】

知识点：投入产出法

投入产出法是根据企业评估期实际投入原材料、辅助材料、包装物等的数量，按照确定的投入产出比（或定额）测算出企业评估期的产品产量，结合库存产品数量及产品销量、销售单价测算分析纳税人实际产销量、销售收入，并与纳税人申报信息进行对比分析的方法。投入产出法主要适用于产品较为单一的工业企业。由于测算、分析侧重的内容和角度不同，不同的行业适用的投入产出测算指标和模型不同，分析的方法也不尽相同。一般情况下，评估期投入产出比（单位产品定耗）＝评估期投入原材料（辅助材料、包装物）数量÷评估期产品数量，若评估期企业实际投入产出比大于行业投入产出比（定额），则可推断被评估企业可能不计、少计收入或多计原材料（辅助材料、包装物）成本，应结合主营业务收入变动率与期间费用变动率及主营业务收入变动率与主营业务成本变动率等通用指标进一步分析。

四、实验步骤

（一）税收风险点判断和结论

分组开展案例讨论，通过案头分析，列出案例企业可能存在哪些消费税税收风险点。

（二）税收风险点风险特征分析计算

分组开展案例讨论，开展消费税风险点特征分析，列出纳税评估采用的评估方法，列出模型、计算公式、指标源和特殊信息。

（三）税收风险点风险信息排除确认

通过实验内容和资料进行消费税税收风险点风险信息的判断、验证、排除、确认。

五、实验总结与报告

通过本次实验，我们理解和掌握了消费税的计税原理，掌握消费税纳税评估对象的确定、案头审核分析方法、约谈举证及实地核查方法等内容，研究分析现行消费税税制存在的税收风险，探索建立消费税纳税评估指标及评估模型，提高了消费税纳税评估的技巧和水平。应该总结回顾本次实验的过程，检查实验的结果，按实验步骤要求写出本次实验的纳税评估工作报告。

纳税评估工作报告

纳税评估序号：

评估所属时期：

评估实施时间：

<table>
<tr><td>纳税人名称（全称）</td><td colspan="3"></td></tr>
<tr><td>税务登记号</td><td></td><td>评估所属项目</td><td></td></tr>
<tr><td colspan="4">风险点判断和结论：

风险点特征分析计算：

</td></tr>
</table>

风险点信息排除确认：
纳税评估整体总结 工作建议 评估人员： 日期：

实验四

企业所得税纳税评估

一、实验目的与要求

（一）实验目的

通过本实验，使学生深入理解企业所得税的计税原理，掌握企业所得税纳税评估对象的确定、案头审核分析方法、约谈举证及实地核查方法等内容，帮助学生掌握企业所得税纳税评估的流程，研究分析现行企业所得税税制存在的税收风险，探索学习建立企业所得税纳税评估指标，提高企业所得税纳税评估的技巧和水平。

（二）实验要求

1. 学习实验知识准备，熟练掌握企业所得税法的计税原理及相关制度。
2. 学习实验方法准备，熟练掌握企业所得税纳税评估的指标、模型及方法。
3. 学习实验评估案例，分组讨论现行企业所得税税制存在的税收风险。
4. 借鉴实验案例，针对现行企业所得税税制存在的税收风险，分组探索研究企业所得税纳税评估指标设计及模型的优化。
5. 进行本次实验总结，填写企业所得税纳税评估工作报告。

二、实验知识准备

（一）企业所得税的概念

企业所得税是以企业或其他经济组织取得的生产经营所得和其他所得为征税对象所征收的一种税，是规范和处理国家与企业分配关系的重要形式。企业所得税在国外被称为“公司税”“公司所得税”“法人税”或“法人所得税”。由于所得税是以所得的多少为负担能力的标准，比较符合公平、普遍的征税原则，并具有经济调节功能，所以被大多数西方经济学家视为良税。

（二）企业所得税纳税人

企业所得税的纳税义务人，是指在中华人民共和国境内的企业和其他取得收入的组织。《中华人民共和国企业所得税法》（以下简称《企业所得税法》）第一条规定，除个人独资企业、合伙企业不适用企业所得税法外，凡在我国境内，企业和其他取得收入的组织（以下统称企业）为企业所得税的纳税人，依照本法规定缴纳企业所得税。

企业所得税法对纳税人的身份认定，采用规范的“居民企业”和“非居民企业”标准，并按照国际上通行的做法，以企业登记注册地和企业实际管理机构所在地为具体判断规则。其中，实际管理机构是指对企业的生产经营、人员、账务、财产等实施实质性全面管理和控制的机构。

1. 居民企业。

居民企业是指依法在中国境内成立，或者依照外国（地区）法律成立但实际管理机构在中国境内的企业。

2. 非居民企业。

非居民企业是指依照外国（地区）法律成立且实际管理机构不在中国境内，但在中国境内设立机构、场所的，或者在中国境内未设立机构、场所，但有来源于中国境内所得的企业。所称机构、场所是指在中国境内从事生产经营活动的机构、场所，具体包括：

（1）管理机构、营业机构、办事机构。

（2）工厂、农场、开采自然资源的场所。

（3）提供劳务的场所。

（4）从事建筑、安装、装配、修理、勘探等工程作业的场所。

（5）其他从事生产经营活动的机构、场所。

非居民企业委托营业代理人在中国境内从事生产经营活动的，包括委托单位或者个人经常代其签订合同，或者储存、交付货物等，该营业代理人视为非居民企业在中国境内设立的机构、场所。

纳税义务与税收管辖权密切相关。税收管辖权是一国政府在税收管理方面的主权，是国家主权的重要组成部分。为了有效地行使税收管辖权，最大限度地维护我国的税收利益，《企业所得税法》根据国际通行做法，采用地域管辖权和居民管辖权相结合的双重管辖权标准，对居民企业和非居民企业分别确定了不同的纳税义务。

（三）企业所得税的征税对象

企业所得税的征税对象是指企业的生产经营所得、其他所得和清算所得。其中，生产、经营所得是指销售货物、提供劳务取得的所得；其他所得包括转让财产所得、股息红利等权益性投资所得、利息所得、租金所得、特许权使用费所得、接受捐赠所得和其他所得；清算所得是指企业的全部资产可变现价值或者交易价格减除资产净值、清算费用以及相关税费等后的余额。

1. 居民企业的征税对象。

居民企业承担全面的纳税义务，应就其来源于我国境内、境外的全部所得纳税。所得包括销售货物所得、提供劳务所得、转让财产所得、股息红利等权益性投资所得、利息所得、租金所得、特许权使用费所得、接受捐赠所得和其他所得。

2. 非居民企业的征税对象。

非居民企业承担有限纳税义务，一般只就来源于我国境内的所得纳税。具体地，非居民企业在中国境内设立机构、场所的，应当就其所设机构、场所取得的来源于中国境内的所得，以及发生在中国境外但与其所设机构、场所有实际联系的所得，缴纳企业所得税；非居民企业在中国境内未设立机构、场所的，或者虽设立机构、场所，但取得的所得与其所设机构、场所没有实际联系的，应当就其来源于中国境内的所得缴纳企业所得税。

上述所称实际联系，是指非居民企业在中国境内设立的机构、场所拥有的据以取得所得的股权、债权，以及拥有、管理、控制据以取得所得的财产。

3. 所得来源地的确定。

（1）销售货物所得，按照交易活动发生地确定。

（2）提供劳务所得，按照劳务发生地确定。

（3）转让财产所得：不动产转让所得按照不动产所在地确定；动产转让所得按照转让动产的企业或者机构、场所所在地确定；权益性投资资产转让所得按照被投资企业所在地确定。

（4）股息、红利等权益性投资所得，按照分配所得的企业所在地确定。

（5）利息所得、租金所得、特许权使用费所得，按照负担、支付所得的企业或者机构、场所所在地确定，或者按照负担、支付所得的个人的住所地确定。

（6）其他所得，由国务院财政、税务主管部门确定。

（四）税率

我国企业所得税实行比例税率，具体规定是：

1. 基本税率为25%。

适用于居民企业和在中国境内设有机构、场所且所得与机构、场所有关联的非居民企业。现行企业所得税基本税率设定为25%，既考虑了我国财政承受能力，又考虑了企业负担水平。

2. 低税率为20%。

适用于在中国境内未设立机构、场所的，或者虽设立机构、场所，但取得的所得与其所设机构、场所没有实际联系的非居民企业。实际征税时，可享受减按10%的税率计征企业所得税的优惠。

3. 优惠税率为20%和15%。

符合条件的小型微利企业适用20%的优惠税率；符合条件的高新技术企业适用15%的优惠税率。

（五）应纳税所得额的一般规定

企业所得税以应纳税所得额为计税依据。按照企业所得税法的规定，企业每一个纳税年度的收入总额，减除不征税收入、免税收入、各项扣除以及允许弥补的以前年度亏损后的余额为应纳税所得额。基本公式为：

$$\text{应纳税所得额}=\text{收入总额}-\text{不征税收入}-\text{免税收入}-\text{各项扣除}-\text{允许弥补的以前年度亏损}$$

企业应纳税所得额的计算以权责发生制为原则，属于当期的收入和费用，不论款项是否收付，均作为当期的收入和费用；不属于当期的收入和费用，即使款项已经在当期收付，均不作为当期的收入和费用。

应纳税所得额与企业会计利润是两个不同的概念，两者既相互联系又相互区别。《企业所得税法》明确规定，在计算应纳税所得额时，企业财务、会计处理办法与税收法律、行政法规的规定不一致的，应当依照税收法律、行政法规的规定计算。因此，对企业按照有关财务会计制度规定计算的利润总额，还要按照税法的规定进行必要调整后，才能作为应纳税所得额计算缴纳企业所得税。

企业不能提供完整、准确的收入、支出凭证，不能正确申报应纳税所得额的，主管税务机关可以采取成本加合理利润、费用换算以及其他合理方法核定其应纳税所得额。

（六）收入总额

企业的收入总额包括以货币形式和非货币形式从各种来源取得的收入，具体包括：销售货物收入、提供劳务收入、转让财产收入、股息和红利等权益性投资收益，以及利息收入、租金收入、特许权使用费收入、接受捐赠收入、其他收入。

企业取得收入的货币形式，包括现金、存款、应收账款、应收票据、准备持有至到期的债券投资以及债务的豁免等；企业取得收入的非货币形式，包括固定资产、生物资产、无形资产、股权投资、存货、不准备持有至到期的债券投资、劳务以及有关权益等。

企业取得货币形式收入的，应当按照取得的实际金额确认收入额；企业取得非货币形式收入的，应当按照公允价值确认收入额。企业所得税法所确认的公允价值是指按照市场价格确定的价值。

1. 销售货物收入。

销售货物收入是指企业销售商品、产品、原材料、包装物以及其他存货取得的收入。

（1）收入时间的确认。企业销售商品同时满足下列条件的，应确认收入实现：

①商品销售合同已签订，企业已将商品所有权相关的主要风险和报酬转移给购货方。

②企业对已售出的商品既没有保留通常与所有权相联系的继续管理权，也没有实施有效控制。

③收入的金额能够可靠地计量。

④已发生或将发生的销售方的成本能够可靠地核算。

符合上款收入确认条件，采取下列商品销售方式的，应按以下规定确认收入实现时间：

①销售商品采用托收承付方式的，在办妥托收手续时确认收入。

②销售商品采取预收款方式的，在发出商品时确认收入。

③销售商品需要安装和检验的，在购买方接受商品以及安装和检验完毕时确认收入。如果安装程序比较简单，可在发出商品时确认收入。

④销售商品采用支付手续费方式委托代销的，在收到代销清单时确认收入。

（2）收入金额的确认。

①企业应当按照从购货方已收或应收的合同或协议价款确定销售商品收入金额。

②采用售后回购方式销售商品的，销售的商品按售价确认收入，回购的商品作为购进商品处理。有证据表明不符合销售收入确认条件的，如以销售商品方式进行融资，收到的款项应确认为负债，回购价格大于原售价的，差额应在回购期间确认为利息费用。

③销售商品以旧换新的，销售商品应当按照销售商品收入的确认条件确认收入，回收的商品作为购进商品处理。

④销售商品涉及商业折扣的，应按照扣除商业折扣后的金额确定销售商品收入金额；销售商品涉及现金折扣的，应按照扣除现金折扣前的金额确定销售商品收入金额，现金折扣在实际发生时计入当期损益。

⑤企业已经确认销售商品收入的售出商品发生销售折让和销售退回的，应当在发生时冲减当期销售商品收入。

⑥企业以“买一赠一”等方式组合销售本企业商品的，不属于捐赠，应将总的销售金额按各项商品的公允价值的比例来分摊确认各项的销售收入。

2. 提供劳务收入。

提供劳务收入是指企业从事建筑安装、修理修配、交通运输、仓储租赁、金融保险、邮电通信、咨询经纪、文化体育、科学研究、技术服务、教育培训、餐饮住宿、中介代理、卫生保健、社区服务、旅游、娱乐、加工以及其他劳务服务活动取得的收入。

企业在各个纳税期末，提供劳务交易的结果能够可靠估计的，应采用完工进度（完工百分比）法确认提供劳务收入。

（1）收入时间的确认。提供劳务交易的结果能够可靠估计，是指同时满足下列条件：

①收入的金额能够可靠地计量。

②交易的完工进度能够可靠地确定。

③交易中已发生和将发生的成本能够可靠地核算。

企业提供劳务完工进度的确定，可选用下列方法：

①已完工作的测量。

②已提供劳务占劳务总量的比例。

③发生成本占总成本的比例。

（2）收入金额的确认。企业应按照从接受劳务方已收或应收的合同或协议价款确定劳务收入总额，根据纳税期末提供劳务收入总额乘以完工进度扣除以前纳税年度累计已确认提供劳务收入后的金额，确认为当期劳务收入；同时，按照提供劳务估计总成本乘以完工进度扣除以前纳税期间累计已确认劳务成本后的金额，结转为当期劳务成本。

3. 转让财产收入。

转让财产收入是指企业转让固定资产、生物资产、无形资产、股权、债权等财产取得的收入。

（1）收入时间的确认。企业转让财产同时满足以下条件时，应当确认转让财产收入：

①企业获得已实现经济利益或潜在的经济利益的控制权。

②与交易相关的经济利益能够流入企业。

③相关的收入和成本能够合理地计量。

企业转让股权收入，应于转让协议生效且完成股权变更手续时，确认收入的实现。

企业（居民企业）以非货币性资产对外投资，应于投资协议生效并办理股权登记手续时，确认非货币性资产转让收入的实现。

（2）收入金额的确认。企业应当按照从财产受让方已收或应收的合同或协议价款确定转让财产收入金额。

企业转让股权的，转让股权收入扣除为取得该股权发生的成本后，为股权转让所得。企业在计算股权转让所得时，不得扣除被投资企业未分配利润等股东留存收益中按该项股权所可能分配的金额。

企业（居民企业）以非货币性资产对外投资确认的非货币性资产转让所得，可在不超过 5 年期限内，分期均匀计入相应年度的应纳税所得额，按规定计算缴纳企业所得税。

4. 股息、红利等权益性投资收益。

股息、红利等权益性投资收益是指企业因权益性投资从被投资方取得的收入。

(1) 收入时间的确认。股息、红利等权益性投资收益，除国务院财政、税务主管部门另有规定外，应当按照被投资企业做出利润分配决定的日期确认收入实现，而不论企业是否实际收到股息、红利等收益款项。

(2) 收入金额的确认。企业应当按照从被投资企业分配的股息、红利和其他利润分配收益全额确认收入；企业如用其他方式变相进行利润分配的，应将权益性投资的全部收益款项作为股息、红利收益。

5. 利息收入。

利息收入是指企业将资金提供他人使用但不构成权益性投资，或者因他人占用本企业资金取得的收入，包括存款利息、贷款利息、债券利息、欠款利息等收入。

利息收入应当按照合同约定的债务人应付利息的日期确认收入的实现。

利息收入金额应当按照有关借款合同或协议约定的金额确定。对于企业持有到期的长期债券或发放长期贷款取得的利息收入，可按照实际利率法确认收入的实现。

6. 租金收入。

租金收入是指企业提供固定资产、包装物或者其他有形资产的使用权取得的收入。

租金收入按照合同约定的承租人应付租金的日期确认收入的实现；企业租金收入金额，应当按照有关租赁合同或协议约定的金额全额确定。

如果交易合同或协议中规定租赁期限跨年度，且租金提前一次性支付的，根据《中华人民共和国企业所得税法实施条例》第九条规定的收入与费用配比原则，出租人可对上述已确认的收入，在租赁期内，分期均匀计入相关年度收入。

7. 特许权使用费收入。

特许权使用费收入是指企业提供专利权、非专利技术、商标权、著作权以及其他特许权的使用权取得的收入。

特许权使用费收入按照合同约定的特许权使用人应付特许权使用费的日期确认收入的实现；企业特许权使用费收入金额，应当按照有关使用合同或协议约定的金额全额确定。

8. 接受捐赠收入。

接受捐赠收入是指企业接受的来自其他企业、组织或者个人无偿给予的货币性资产、非货币性资产。

接受捐赠收入按照实际收到捐赠资产的日期确认收入的实现；企业接受捐赠

收入金额按照捐赠资产的实际金额或公允价值确定。

9. 其他收入。

其他收入是指企业取得的除以上收入外的其他收入，包括企业资产溢余收入、逾期未退包装物押金收入、确实无法偿付的应付款项、已做坏账损失处理后又收回的应收款项、债务重组收入、补贴收入、违约金收入、汇兑收益等。

（1）收入时间的确认。企业的其他收入同时满足下列条件的，应当确认收入：

①相关的经济利益能够流入企业。

②收入的金额能够合理地计量。

（2）收入金额的确认。企业其他收入金额，按照实际收入额或相关资产的公允价值确定。

企业取得财产（包括各类资产、股权、债权等）转让收入、债务重组收入、接受捐赠收入、无法偿付的应付款收入等，无论是以货币形式还是非货币形式体现，除另有规定外，均应一次性计入确认收入的年度计算缴纳企业所得税。

10. 特殊收入的确认。

（1）以分期收款方式销售货物的，按照合同约定的收款日期确认收入的实现。

（2）企业受托加工制造大型机械设备、船舶、飞机以及从事建筑、安装、装配工程业务或者提供其他劳务等，持续时间超过 12 个月的，按照纳税年度内完工进度或者完成的工作量确认收入的实现。

（3）采取产品分成方式取得收入的，按照企业分得产品的日期确认收入的实现，其收入额按照产品的公允价值确定。

（4）企业发生非货币性资产交换以及将货物、财产、劳务用于捐赠、偿债、赞助、集资、广告、样品、职工福利或者利润分配等用途的，应当视同销售货物、转让财产或者提供劳务，但国务院财政、税务主管部门另有规定的除外。

《企业所得税法》采用的是法人所得税的模式，因而缩小了视同销售的范围，对于货物在统一法人实体内部之间转移，比如用于在建工程、管理部门、分公司等，不再作为销售处理。

11. 处置资产收入的确认。

根据《国家税务总局关于企业处置资产所得税处理问题的通知》（国税函〔2008〕828 号）规定，自 2008 年 1 月 1 日起，企业处置资产的所得税处理按以下规定执行：

企业发生下列情形的处置资产，除将资产转移至境外的以外，由于资产所有权属在形式和实质上均不发生改变，可作为内部处置资产，不视同销售确认收入，相关资产的计税基础延续计算。

（1）将资产用于生产、制造、加工另一产品。

（2）改变资产形状、结构或性能。

（3）改变资产用途（如自建商品房转为自用或经营）。

（4）将资产在总机构及其分支机构之间转移。

（5）上述两种或两种以上情形的混合。

（6）其他不改变资产所有权属的用途。

企业将资产移送他人的下列情形，因资产所有权属已发生改变而不属于内部处置资产，应按规定视同销售确认收入。

（1）用于市场推广或销售。

（2）用于交际应酬。

（3）用于职工奖励或福利。

（4）用于股息分配。

（5）用于对外捐赠。

（6）其他改变资产所有权属的用途。

上述移送他人使用的资产，属于企业自制的，应按企业同类资产同期对外销售价格确定销售收入；属于外购的，可按购入时的价格确定销售收入。

（七）不征税收入

1. 财政拨款。

它是指各级人民政府对纳入预算管理的事业单位、社会团体等组织拨付的财政资金，但国务院和国务院财政、税务主管部门另有规定的除外。

2. 依法收取并纳入财政管理的行政事业性收费、政府性基金。

行政事业性收费是指企业依照法律、法规等有关规定，按照国务院规定程序批准，在实施社会公共管理以及在向公民、法人或者其他组织提供特定公共服务过程中，向特定对象收取并纳入财政管理的费用；政府性基金是指企业依照法律、行政法规等有关规定，代政府收取的具有专项用途的财政资金。具体规定如下：

（1）企业按照规定缴纳的、由国务院或财政部批准设立的政府性基金以及由国务院和省、自治区、直辖市人民政府及其财政、价格主管部门批准设立的行政事业性收费，准予在计算应纳税所得额时扣除。企业缴纳的不符合审批管理权限设立的基金、收费，不得在计算应纳税所得额时扣除。

（2）企业收取的各种基金、收费，应计入企业当年的收入总额。

（3）对企业依照法律、法规及国务院有关规定收取并上缴财政的政府性基金和行政事业性收费，准予作为不征税收入，于上缴财政的当年在计算应纳税所得额时从收入总额中减除；未上缴财政的部分，不得从收入总额中减除。

3. 国务院规定的其他不征税收入。

它是指企业取得的，由国务院财政、税务主管部门报国务院批准的有专门用途的财政性资金。

财政性资金是指企业取得的来源于政府及其有关部门的财政补助、补贴、贷款贴息以及其他各类财政专项资金，包括直接减免的增值税和即征即退、先征后退、先征后返的各种税收，但不包括企业按规定取得的出口退税款。

（1）企业取得的各类财政性资金，除属于国家投资和资金使用后要求归还本金的以外，均应计入企业当年收入总额。国家投资是指国家以投资者身份投入企业并按有关规定相应增加企业实收资本（股本）的直接投资。

（2）企业取得的由国务院财政、税务主管部门规定专项用途并经国务院批准的财政性资金，准予作为不征税收入，在计算应纳税所得额时从收入总额中减除。

（3）纳入预算管理的事业单位、社会团体等组织按照核定的预算和经费报领关系收到的由财政部门或上级单位拨入的财政补助收入，准予作为不征税收入，在计算应纳税所得额时从收入总额中减除，但国务院和国务院财政、税务主管部门另有规定的除外。

（八）免税收入

（1）国债利息收入是指企业持有国务院财政部门发行的国债取得的利息收入。

（2）符合条件的居民企业之间的股息、红利等权益性收益，是指居民企业直接投资于其他居民企业取得的投资收益。

（3）在中国境内设立机构、场所的非居民企业从居民企业取得与该机构、场所有实际联系的股息、红利等权益性投资收益。

上述收益都不包括连续持有居民企业公开发行并上市流通的股票不足 12 个月取得的投资收益。

（4）符合条件的非营利组织的收入，不包括非营利组织从事营利性活动取得的收入，但国务院财政、税务主管部门另有规定的除外。

符合条件的非营利组织是指：

①依法履行非营利组织登记手续。

②从事公益性或者非营利性活动。

③取得的收入除用于与该组织有关的、合理的支出外，全部用于登记核定或者章程规定的公益性或者非营利性事业。

④财产及其孳生息不用于分配。

⑤按照登记核定或者章程规定，该组织注销后的剩余财产用于公益性或者非营利性目的，或者由登记管理机关转赠给与该组织性质、宗旨相同的组织，并向社会公告。

⑥投入人对投入该组织的财产不保留或者享有任何财产权利。

⑦工作人员工资福利开支控制在规定的比例内，不变相分配该组织的财产。

⑧国务院财政、税务主管部门规定的其他条件。

非营利组织的下列收入为免税收入：

①接受其他单位或者个人捐赠的收入。

②除《企业所得税法》第七条规定的财政拨款以外的其他政府补助收入，但不包括因政府购买服务而取得的收入。

③按照省级以上民政、财政部门规定收取的会费。

④不征税收入和免税收入孳生的银行存款利息收入。

⑤财政部、国家税务总局规定的其他收入。

（九）税前扣除原则和范围

1. 税前扣除的一般原则。

《企业所得税法》明确规定，在计算企业所得税前准予扣除的项目和金额应真实、合法。所谓真实是指能够提供准许使用的有效证明，证明有关支出确属已经实际发生；合法是指符合国家税收法规，若其他法规与税收规定不一致的，以税收法规规定为准。除税收法规另有规定外，税前扣除一般应遵循以下原则：

（1）权责发生制原则。企业应在费用发生时而不是实际支付时确认扣除。

（2）配比原则。企业发生的费用应当与收入配比扣除。除特殊规定外，企业发生的费用不得提前或滞后申报扣除。

（3）相关性原则。企业可扣除的费用从性质和根源上必须与取得应税收入直接相关。

（4）确定性原则。企业可扣除的费用不论何时支付，其金额必须是确定的。

（5）合理性原则。企业可扣除费用的计算和分配方法应符合一般的经营常规和会计惯例。

（6）正确区分收益性支出和资本性支出原则。收益性支出在发生当期直接扣除；资本性支出应当分期扣除或者计入有关资产成本，不得在发生当期直接扣除。

2. 扣除项目的范围。

企业实际发生的与取得收入有关的、合理的支出，包括成本、费用、税金、损失和其他支出，准予在计算应纳税所得额时扣除。但是，除《企业所得税法》及其实施条例另有规定外，企业发生的成本、费用、税金、损失和其他支出，不得重复扣除；企业的不征税收入用于支出所形成的费用或者财产，不得扣除或者计算对应的折旧、摊销扣除。

（1）成本。它是指企业在生产经营活动中所发生的销售成本、销货成本、业务支出以及其他耗费。

企业发生的成本必须是企业销售商品、提供劳务、转让固定资产和无形资产等生产经营活动中发生的，在非生产经营活动中发生的支出或者耗费，不得作为企业生产经营成本予以认定。销售成本是生产性企业在生产产品过程中，耗费产品所需的原材料、直接人工以及耗费在产品的辅助材料、物料等；销货成本是商品流通企业销售货物的成本，由企业所销货物的购买价加上可直接归属于销售货物所发生的支出组成；业务支出是服务业企业提供服务过程中发生的支出，包括直接耗费的原材料、服务人员的工资薪金等直接可归属于服务的其他支出；其他耗费是指凡是企业在生产产品、销售商品、提供劳务等过程中耗费的其他直接相关支出，如果没有列入费用的范畴，都允许作为其他耗费列入成本的范围，在计算企业所得税前扣除。

(2) 费用。它是指企业在生产经营活动中发生的销售费用、管理费用和财务费用。已经计入成本的有关费用除外。

企业发生的费用必须是企业在生产产品、提供劳务、销售商品等经营活动中发生的支出或者耗费，在非生产经营活动中发生的支出，不得作为企业的生产经营费用予以认定。

销售费用是指应由企业负担的为销售商品而发生的费用，包括广告费、运输费、装卸费、包装费、展览费、保险费、销售佣金（能直接认定的进口佣金调整商品进价成本）、代销手续费、经营性租赁费及销售部门发生的差旅费、工资、福利费等费用。

管理费用是指企业的行政管理部门为管理组织经营活动提供各项支援性服务而发生的费用。

财务费用是指企业筹集经营性资金而发生的费用，包括利息净支出、汇兑净损失、金融机构手续费以及其他非资本化支出。

(3) 税金。它是指企业发生的除企业所得税和允许抵扣的增值税以外的企业缴纳的各项税金及其附加费。

企业发生的与取得收入有关的实际缴纳的税金及附加费包括消费税、关税、资源税、城市维护建设税、土地增值税、房产税、车船税、城镇土地使用税、车辆购置税、印花税、教育费附加等。

(4) 损失。它是指企业在生产经营活动中发生的固定资产和存货的盘亏、毁损、报废损失，转让财产损失，呆账损失，坏账损失，自然灾害等不可抗力因素造成的损失以及其他损失。

企业发生的损失，减除责任人赔偿和保险赔款后的余额，依照国务院财政、税务主管部门的规定扣除。

企业已经作为损失处理的资产，在以后纳税年度又全部收回或者部分收回时，应当计入当期收入。

(5) 其他支出。它是指除成本、费用、税金、损失外，企业在生产经营活动中发生的与生产经营活动有关的、合理的支出。

（十）扣除项目及其标准

企业在计算应纳税所得额时，下列项目可按照实际发生额或规定的标准扣除。

1. 工资、薪金支出。

企业发生的合理的工资、薪金支出，准予扣除。

工资、薪金支出是指企业每一纳税年度支付给本企业任职或者与其有雇佣关系的员工的所有现金或非现金形式的劳动报酬，包括基本工资、奖金、津贴、补贴、年终加薪、加班工资以及与任职或者是受雇有关的其他支出。

合理的工资、薪金是指企业按照股东大会、董事会、薪酬委员会或相关管理机构制定的工资薪金制度规定实际发放给员工的工资、薪金。税务机关在对工资、薪金进行合理性确认时，可按以下原则掌握：

（1）企业制定了较为规范的员工工资、薪金制度。

（2）企业所制定的工资、薪金制度符合行业及地区水平。

（3）企业在一定时期所发放的工资、薪金是相对固定的，工资、薪金的调整是有序进行的。

（4）企业对实际发放的工资、薪金，已依法履行了代扣代缴个人所得税义务。

（5）有关工资、薪金的安排，不以减少或逃避税款为目的。

2. 职工福利费、工会经费、职工教育经费。

企业实际发生的职工福利费、工会经费、职工教育经费，未超过标准的按实际数扣除，超过标准的只能按标准扣除。

（1）企业发生的职工福利费支出，不超过工资、薪金总额14%的部分准予扣除。

（2）企业拨缴的工会经费，不超过工资、薪金总额2%的部分准予扣除。

（3）除国务院财政、税务主管部门另有规定外，企业发生的职工教育经费支出，不超过工资、薪金总额8%的部分准予扣除，超过部分准予结转以后纳税年度扣除。

软件生产企业的职工培训费可以全额扣除，扣除职工培训费后的职工教育经费的余额应在工资、薪金总额8%以内扣除。

上述计算职工福利费、工会经费、职工教育经费的“工资、薪金总额”，是指企业按照税法规定实际发放的工资、薪金总和，不包括企业的职工福利费、职工教育经费、工会经费以及养老保险费、医疗保险费、失业保险费、工伤保险费、生育保险费等社会保险费和住房公积金。属于国有性质的企业，其工资、薪金，不得超过政府有关部门给予的限定数额；超过部分，不得计入企业工资、薪金总额，也不得在计算企业应纳税所得额时扣除。

3. 社会保险费。

(1) 企业依照国务院有关主管部门或者省级人民政府规定的范围和标准为职工缴纳的“五险一金”，即基本养老保险费、基本医疗保险费、失业保险费、工伤保险费、生育保险费等基本社会保险费和住房公积金，准予扣除。

(2) 企业为投资者或者职工支付的补充养老保险费、补充医疗保险费，在国务院财政、税务主管部门规定的范围和标准（分别不超过职工工资总额5%）内，准予扣除。

(3) 企业依照国家有关规定为特殊工种职工支付的人身安全保险费和符合国务院财政、税务主管部门规定可以扣除的商业保险费，准予扣除。

(4) 企业职工因公出差乘坐交通工具发生的人身意外保险费支出，准予企业在计算应纳税所得额时扣除。

(5) 企业为投资者或者职工支付的商业保险费，不得扣除。

4. 利息费用。

企业在生产、经营活动中发生的利息费用，按下列规定扣除：

(1) 非金融企业向金融企业借款的利息支出、金融企业的各项存款利息支出和同业拆借利息支出、企业经批准发行债券的利息支出可据实扣除。

(2) 非金融企业向非金融企业借款的利息支出，不超过按照金融企业同期同类贷款利率计算的数额的部分可据实扣除，超过部分不得扣除。

其中，金融机构是指各类银行、保险公司及经中国人民银行批准从事金融业务的非银行金融机构；非金融机构是指除上述金融机构以外的所有企业、事业单位以及社会团体等企业或组织。

鉴于目前我国对金融企业利率要求的具体情况，企业在按照合同要求首次支付利息并进行税前扣除时，应提供金融企业的同期同类贷款利率情况说明，以证明其利息支出的合理性。

(3) 企业从其关联方接受的债权性投资与权益性投资的比例超过规定标准而发生的利息支出，不得在计算应纳税所得额时扣除。

企业实际支付给关联方的利息支出，除特殊规定外，其接受关联方债权性投资与权益性投资比例为：金融企业5:1；其他企业2:1。

5. 借款费用。

(1) 企业在生产经营活动中发生的合理的不需要资本化的借款费用，准予扣除。

(2) 企业为购置、建造固定资产、无形资产和经过12个月以上的建造才能达到预定可销售状态的存货发生借款的，在有关资产购置、建造期间发生的合理的借款费用，应予以资本化，作为资本性支出计入有关资产的成本；有关资产交付使用后发生的借款费用，准予在企业所得税前据实扣除。

（3）企业通过发行债券、取得贷款、吸收保户储金等方式融资而发生的合理的费用支出，符合资本化条件的，应计入相关资产成本；不符合资本化条件的，应作为财务费用，准予在企业所得税前据实扣除。

6. 汇兑损失。

企业在货币交易中以及纳税年度终了时将人民币以外的货币性资产、负债按照期末即期人民币汇率中间价折算为人民币时产生的汇兑损失，除已经计入有关资产成本以及与向所有者进行利润分配相关的部分外，准予扣除。

7. 业务招待费。

企业发生的与生产经营活动有关的业务招待费支出，按照发生额的60%扣除，但最高不得超过当年销售（营业）收入的5‰。

对从事股权投资业务的企业（包括集团公司总部、创业投资企业等），其从被投资企业所分配的股息、红利以及股权转让收入，可以按规定的比例计算业务招待费扣除限额。

企业在筹建期间，发生的与筹办活动有关的业务招待费支出，可按实际发生额的60%计入企业筹办费，并按有关规定在税前扣除。

8. 广告费和业务宣传费。

企业发生的符合条件的广告费和业务宣传费支出，除国务院财政、税务主管部门另有规定外，不超过当年销售（营业）收入15%的部分，准予扣除；超过部分，准予结转以后纳税年度扣除。

企业在筹建期间，发生的广告费和业务宣传费，可按实际发生额计入企业筹办费，可按上述规定在税前扣除。

烟草企业的烟草广告费和业务宣传费支出，一律不得在计算应纳税所得额时扣除。

9. 环境保护专项资金。

企业依照法律、行政法规有关规定提取的用于环境保护、生态恢复等方面的专项资金，准予扣除。上述专项资金提取后改变用途的，不得扣除。

10. 保险费。

企业参加财产保险，按照规定缴纳的保险费，准予扣除。

11. 租赁费。

企业根据生产经营活动的需要租入固定资产支付的租赁费，按照以下方法扣除：

（1）以经营租赁方式租入固定资产发生的租赁费支出，按照租赁期限均匀扣除。

（2）以融资租赁方式租入固定资产发生的租赁费支出，按照规定构成融资租入固定资产价值的部分应当提取折旧费用，分期扣除。

12. 劳动保护费。

企业发生的合理的劳动保护支出，准予扣除。

劳动保护支出是指企业依据劳动保护法律法规的有关规定，确因工作需要为雇员配备的工作服、手套、安全保护用品等。非因工作需要和国家规定以外的，带有普遍福利性质的支出，除在福利费中支付的以外，一律视为工资、薪金支出。

自 2011 年 7 月 1 日起，企业根据其工作性质和特点，由企业统一制作并要求员工工作时统一着装所发生的工作服饰费用，根据《中华人民共和国企业所得税法实施条例》第二十七条的规定，可以作为企业合理的支出给予税前扣除。

13. 公益性捐赠支出。

公益性捐赠是指企业通过公益性社会团体或者县级（含县级）以上人民政府及其部门，用于《中华人民共和国公益事业捐赠法》规定的公益事业的捐赠。

企业发生的公益性捐赠支出，在年度利润总额 12% 以内的部分，准予扣除；超过年度利润总额 12% 的部分，准予以后 3 年内在计算应纳税所得额时结转扣除。

企业发生的公益性捐赠支出未在当年税前扣除的部分，准予向以后年度结转扣除，但结转年限自捐赠发生年度的次年起计算最长不得超过 3 年。企业在对公益性捐赠支出计算扣除时，应先扣除以前年度结转的捐赠支出，再扣除当年发生的捐赠支出。

（1）年度利润总额是指企业按照国家统一会计制度的规定计算的年度会计利润。

（2）公益性捐赠支出是指《中华人民共和国公益事业捐赠法》规定的向公益事业的捐赠支出，具体范围包括：

①救助灾害、救济贫困、扶助残疾人等困难的社会群体和个人的活动。

②教育、科学、文化、卫生、体育事业。

③环境保护、社会公共设施建设。

④促进社会发展和进步的其他社会公共和福利事业。

企事业单位、社会团体以及其他组织捐赠住房作为廉租住房的视同公益性捐赠，按上述规定执行。

（3）公益性社会团体是指同时符合下列条件的基金会、慈善组织等社会团体：

①依法登记，具有法人资格。

②以发展公益事业为宗旨，且不以营利为目的。

③全部资产及其增值为该法人所有。

④收益和营运结余主要用于符合该法人设立目的的事业。

⑤终止后的剩余财产不归任何个人或者营利组织。

⑥不经营与其设立目的无关的业务。

⑦有健全的财务会计制度。

⑧捐赠者不以任何形式参与社会团体财产的分配。

⑨国务院财政、税务主管部门会同国务院民政部门等登记管理部门规定的其他条件。

14. 有关资产的费用。

企业转让各类固定资产发生的费用以及企业按规定计算的固定资产折旧费、无形资产的摊销费等，准予扣除。

15. 总机构分摊的费用。

非居民企业在中国境内设立的机构、场所，就其中国境外总机构发生的与该机构、场所生产经营有关的费用，能够提供总机构出具的费用汇集范围、定额、分配依据和方法等证明文件，并合理分摊的，准予扣除。

16. 资产损失。

企业当期发生的固定资产和流动资产盘亏、毁损净损失，由其提供清查盘存资料经主管税务机关审核后，准予扣除。

企业因存货盘亏、毁损、报废等原因不得从销项税金中抵扣的进项税金，应视同企业财产损失，准予与存货损失一起在计算企业所得税前扣除。

17. 手续费及佣金支出。

企业发生与生产经营有关的手续费及佣金支出，不超过以下规定计算限额以内的部分，准予扣除；超过部分，不得扣除。

（1）保险企业。财产保险企业按当年全部保费收入扣除退保金等后余额的15%（含本数）计算限额；人身保险企业按当年全部保费收入扣除退保金等后余额的10%计算限额。

（2）其他企业。按与具有合法经营资格中介服务机构或个人（不含交易双方及其雇员、代理人和代表人等）所签订服务协议或合同确认的收入金额的5%计算限额。

18. 其他允许扣除的项目。

依照有关法律、行政法规和国家有关税法规定准予扣除的其他项目有会员费、合理的会议费、差旅费、违约金、诉讼费用等。

（十一）不得扣除的项目

在计算应纳税所得额时，下列支出不得扣除：

（1）向投资者支付的股息、红利等权益性投资收益款项。

（2）企业所得税税款。

（3）税收滞纳金是指纳税人违反税收法规，被税务机关处以的滞纳金。

（4）罚金、罚款和被没收财物的损失是指纳税人违反国家有关法律、法规规定，被有关部门处以的罚款以及被司法机关处以的罚金和被没收财物。

（5）超过规定标准的捐赠支出。

（6）赞助支出是指企业发生的与生产经营活动无关的各种非广告性质支出。

（7）未经核定的准备金支出，是指不符合国务院财政、税务主管部门规定的各项资产减值准备、风险准备等准备金支出。

（8）企业之间支付的管理费、企业内营业机构之间支付的租金和特许权使用费，以及非银行企业内营业机构之间支付的利息，不得扣除。

（9）与取得收入无关的其他支出。

（十二）亏损弥补

亏损是指企业依照《企业所得税法》及其实施条例的规定，将每一纳税年度的收入总额减除不征税收入、免税收入和各项扣除后小于零的数额。

企业发生的年度亏损，可以用下一纳税年度的所得弥补，下一纳税年度的所得不足以弥补的，可以逐年延续弥补，但最长期限不得超过 5 年。而且企业在汇总计算缴纳企业所得税时，其境外营业机构的亏损不得抵减境内营业机构的盈利。

企业自开始生产经营的年度，为开始计算企业损益的年度，企业筹办期间不计算为亏损年度。企业从事生产经营之前进行筹办活动期间发生筹办费用支出，不得计算为当期的亏损，企业可以在开始经营之日的当年一次性扣除，也可以按照企业所得税法有关长期待摊费用的处理规定处理，但一经选定，不得改变。

自 2018 年 1 月 1 日起，当年具备高新技术企业或科技型中小企业资格的企业，其具备资格年度之前 5 个年度发生的尚未弥补完的亏损，准予结转以后年度弥补，最长结转年限由 5 年延长至 10 年。

高新技术企业按照其取得的高新技术企业证书注明的有效期所属年度，确定其具备资格的年度；科技型中小企业按照其取得的科技型中小企业入库登记编号注明的年度，确定其具备资格的年度。

（十三）查账征收企业的计算

企业应缴纳所得税额等于应纳税所得额乘以适用税率，基本计算公式为：

应纳企业所得税额 = 应纳税所得额 × 适用税率 − 减免税额 − 抵免税额

公式中的减免税额和抵免税额，是指依照企业所得税法和国务院的税收优惠规定减征、免征和抵免的应纳税额。

应纳税所得额的计算一般有两种方法：

1. 直接计算法。

在直接计算法下，企业每一纳税年度的收入总额减除不征税收入、免税收入、各项扣除以及允许弥补的以前年度亏损后的余额为应纳税所得额。计算公式为：

$$\text{应纳税所得额} = \text{收入总额} - \text{不征税收入} - \text{免税收入} - \text{各项扣除金额} - \text{允许弥补的以前年度亏损}$$

2. 间接计算法。

在间接计算法下，是在会计利润总额的基础上加或减按照税法规定调整的项目金额后，即为应纳税所得额。计算公式为：

$$\text{应纳税所得额} = \text{会计利润总额} \pm \text{纳税调整项目金额}$$

公式中的“纳税调整项目金额”包括两方面的内容：一是企业的财务会计处理和税法规定不一致的应予以调整的金额；二是企业按税法规定准予扣除的税收金额。

（十四）核定征收企业的计算

按税法规定，居民企业具有下列情形之一的，核定征收企业所得税：

1. 依照法律、行政法规的规定可以不设置账簿的。

2. 依照法律、行政法规的规定应当设置但未设置账簿的。

3. 擅自销毁账簿或者拒不提供纳税资料的。

4. 虽设置账簿，但账目混乱或成本资料、收入凭证、费用凭证残缺不全，难以查账的。

5. 发生纳税义务，未按照规定的期限办理纳税申报，经税务机关责令限期申报，逾期仍不申报的。

6. 申报的计税依据明显偏低，又无正当理由的。

特殊行业、特殊类型的纳税人和一定规模以上的纳税人不适用核定征收办法。上述特定纳税人由国家税务总局另行规定。

根据国家税务总局公告 2012 年第 27 号规定，自 2012 年 1 月 1 日起，专门从事股权（股票）投资业务的企业，不得核定征收企业所得税。

税务机关应根据纳税人的具体情况，对核定征收企业所得税的纳税人，核定应税所得率或者核定应纳所得税额。

1. 核定应税所得率。

（1）核定应税所得率的情形。具有下列情形之一的，应核定应税所得率：

①能正确核算（查实）收入总额，但不能正确核算（查实）成本费用总额的。

②能正确核算（查实）成本费用总额，但不能正确核算（查实）收入总额的。

③通过合理方法，能计算和推定纳税人收入总额或成本费用总额的。

（2）应纳税所得额和应纳所得税额的计算。采用应税所得率方式核定征收企业所得税的，应纳所得税额的计算公式如下：

①应纳税所得额 = 应税收入额 × 应税所得率

②应纳税所得额 = 成本（费用）支出额 ÷（1 - 应税所得率）× 应税所得率

应纳所得税额 = 应纳税所得额 × 适用税率

税法规定，实行应税所得率方式核定征收企业所得税的纳税人，经营多业的，无论其经营项目是否单独核算，均由税务机关根据其主营项目确定适用的应税所得率。

主营项目应为纳税人所有经营项目中，收入总额或者成本（费用）支出额或者耗用原材料、燃料、动力数量所占比重最大的项目。

（3）应税所得率的确定。应税所得率按表 4 - 1 规定的幅度标准确定。

表 4 - 1　应税所得率幅度标准

行业	应税所得率（%）
农、林、牧、渔业	3 ~ 10
制造业	5 ~ 15
批发和零售贸易业	4 ~ 15
交通运输业	7 ~ 15
建筑业	8 ~ 20
饮食业	8 ~ 25
娱乐业	15 ~ 30
其他行业	10 ~ 30

纳税人的生产经营范围、主营业务发生重大变化，或者应纳税所得额或应纳税额增减变化达到 20% 的，应及时向税务机关申报调整已确定的应纳税额或应税所得率。

2. 核定应纳所得税额。

不符合核定应税所得率的纳税人，由税务机关采用以下方法核定其应纳所得税额：

（1）参照当地同类行业或者类似行业中经营规模和收入水平相近的纳税人的税负水平核定。

（2）按照应税收入额或成本费用支出额定率核定。

（3）按照耗用的原材料、燃料、动力等推算或测算核定。

（4）按照其他合理方法核定。

采用上述所列一种方法不足以正确核定应纳税所得额或应纳税额的，可以同时采用两种以上的方法核定。采用两种以上方法测算的应纳税额不一致的，应纳税额从高核定。

核定征收企业所得税的管理：

（1）主管税务机关应及时向纳税人送达企业所得税核定征收鉴定表，及时完成对其核定征收企业所得税的鉴定工作。

（2）税务机关应在每年6月底前对上年度实行核定征收企业所得税的纳税人进行重新鉴定。重新鉴定工作完成前，纳税人可暂按上年度的核定征收方式预缴企业所得税；重新鉴定工作完成后，按重新鉴定的结果进行调整。

（3）主管税务机关应当分类逐户公示核定的应纳所得税额或应税所得率。纳税人对税务机关确定的企业所得税征收方式、核定的应纳所得税额或应税所得率有异议的，应当提供合法、有效的相关证据，税务机关经核实认定后调整有异议的事项。

（4）纳税人实行核定方式征收企业所得税的，其纳税申报办法按国家税务总局有关规定执行。

（十五）征收管理

1. 纳税申报。

企业所得税按年计征，分月或者分季度预缴，年终汇算清缴，多退少补。

企业所得税的纳税年度，自公历1月1日起至12月31日止。企业在一个纳税年度中间开业，或者由于合并、关闭等原因，使该纳税年度的实际经营期不足12个月的，应当以其实际经营期为一个纳税年度。企业清算时，应当以清算期间作为一个纳税年度。

企业所得税以人民币计算，所得以人民币以外的货币计算的，应当折合成人民币计算并缴纳税款。

（1）预缴企业所得税。企业分月或者分季度预缴企业所得税的，应当自月份或季度终了后15日内，向税务机关报送预缴企业所得税纳税申报表、财务会计报告和其他有关资料，并预缴税款。

企业预缴所得税时，可以按照月度或者季度的实际利润额预缴，或者按照上一纳税年度应纳税所得额的月度或者季度平均额预缴，或者经税务机关认可的其他方法预缴。预缴方法一经确定，该纳税年度内不得随意变更。

（2）年终汇算清缴企业所得税。企业年终汇算清缴企业所得税的，应当自年度终了后5个月内，向税务机关报送年度企业所得税纳税申报表，并汇算清缴，结清应补应退税款。

企业在年度中间终止经营活动的，应当自实际经营终止之日起60日内，向税务机关办理当期企业所得税汇算清缴。

企业应当在办理注销登记前，就其清算所得向税务机关申报并依法缴纳企业所得税。

企业在纳税年度内无论盈利或亏损，都应当按照规定的期限，向当地主管税务机关报送预缴企业所得税纳税申报表、年度企业所得税纳税申报表、财务会计报告和税务机关规定应当报送的其他有关资料。

2. 纳税地点。

（1）除税收法律、行政法规另有规定外，居民企业以企业登记注册地为纳税地点；但登记注册地在境外的，以实际管理机构所在地为纳税地点。

（2）居民企业在中国境内设立不具有法人资格的营业机构的，应当汇总计算并缴纳企业所得税。企业汇总计算并缴纳企业所得税时，应当统一核算应纳税所得额，具体办法由国务院财政、税务主管部门另行制定。

（3）非居民企业在中国境内设立机构、场所的，应当就其所设机构、场所取得的来源于中国境内的所得以及发生在中国境外但与其所设机构、场所有实际联系的所得，以机构、场所所在地为纳税地点。

（4）非居民企业在中国境内未设立机构、场所的，或者虽设立机构、场所但取得的所得与其所设机构、场所没有实际联系的所得，以扣缴义务人所在地为纳税地点。

（5）除国务院另有规定外，企业之间不得合并缴纳企业所得税。

三、跨地区经营汇总纳税企业所得税征收管理

（一）基本原则与适用范围

为加强跨地区经营汇总纳税企业所得税的征收管理，根据《企业所得税法》及其实施条例、《税收征收管理法》及其实施细则和《财政部　国家税务总局　中国人民银行关于印发〈跨省市总分机构企业所得税分配及预算管理办法〉的通知》（财预〔2012〕40号）等的有关规定，国家税务总局制定了《跨地区经营汇总纳税企业所得税征收管理办法》（国家税务总局2012年第57号公告）。

（1）居民企业在中国境内跨地区（指跨省、自治区、直辖市和计划单列市，下同）设立不具有法人资格的营业机构、场所（以下称分支机构）的，该居民企业为汇总纳税企业（以下称企业），除另有规定外，适用本办法。

（2）企业实行“统一计算、分级管理、就地预缴、汇总清算、财政调库”的企业所得税征收管理办法。

（3）总机构和具有主体生产经营职能的二级分支机构，就地分期预缴企业所得税。二级分支机构及其下属机构均由二级分支机构集中就地预缴企业所得税；三级及以下分支机构不就地预缴企业所得税，其经营收入、职工工资和资产总额统一计入二级分支机构。

（4）企业计算分期预缴的所得税时，其实际利润额、应纳税额及分摊因素数额，均不包括其在中国境外设立的营业机构。

（5）总机构和分支机构处于不同税率地区的，先由总机构统一计算全部应

纳税所得额，然后依照本办法规定的比例和三因素及其权重，计算划分不同税率地区机构的应纳税所得额后，再分别按总机构和分支机构所在地的适用税率计算应纳税额。

（二）税款预缴和汇算清缴

企业应根据当期实际利润额，按照本办法规定的预缴分摊方法计算总机构和分支机构的企业所得税预缴额，分别由总机构和分支机构分月或者分季就地预缴。

在规定期限内按实际利润额预缴有困难的，经总机构所在地主管税务机关认可，可以按照上一年度应纳税所得额的1/12或1/4，由总机构、分支机构就地预缴企业所得税。

总机构和分支机构应分期预缴的企业所得税，50%在各分支机构间分摊预缴，50%由总机构预缴。总机构预缴的部分，其中25%就地入库，25%预缴入中央国库，按照财预〔2008〕10号文件的有关规定进行分配。

总机构在年度终了后5个月内，应依照法律、法规和其他有关规定进行汇总纳税企业的所得税年度汇算清缴。各分支机构不进行企业所得税汇算清缴。

当年应补缴的所得税款，由总机构缴入中央国库。当年多缴的所得税款，由总机构所在地主管税务机关开具“税收收入退还书”等凭证，按规定程序从中央国库办理退库。

（三）分支机构分摊税款比例

总机构应按照以前年度（1～6月按上上年度，7～12月按上年度）分支机构的经营收入、职工工资和资产总额三个因素计算各分支机构应分摊所得税款的比例，三因素的权重依次为0.35、0.35、0.30，计算公式如下：

$$\text{某分支机构分摊比例}=0.35\times\left(\begin{matrix}\text{该分支机构}\\\text{营业收入}\end{matrix}\div\begin{matrix}\text{各分支机构}\\\text{营业收入之和}\end{matrix}\right)+0.35\times\left(\begin{matrix}\text{该分支机构}\\\text{工资总额}\end{matrix}\div\begin{matrix}\text{各分支机构}\\\text{工资总额之和}\end{matrix}\right)+0.30\times\left(\begin{matrix}\text{该分支机}\\\text{构资产总额}\end{matrix}\div\begin{matrix}\text{各分支机构}\\\text{资产总额之和}\end{matrix}\right)$$

（四）征收管理

总机构和分支机构均应依法办理税务登记，接受所在地税务机关的监督和管理。

分支机构应将其总机构、上级分支机构、下属分支机构信息报主管税务机关备案。

总机构及其分支机构除按纳税申报规定向主管税务机关报送相关资料外，还应报送《中华人民共和国企业所得税汇总纳税分支机构分配表》、财务会计决算报告和职工工资总额情况表。

分支机构的各项财产损失，应由分支机构所在地主管税务机关审核并出具证明后，再由总机构向所在地主管税务机关申报扣除。

各分支机构主管税务机关应根据总机构主管税务机关反馈的《中华人民共和国企业所得税汇总纳税分支机构分配表》，对其主管分支机构应分摊入库的所得税税款和计算分摊税款比例的三项指标进行查验核对。发现计算分摊税款比例的三项指标有问题的，应及时将相关情况通报总机构主管税务机关。分支机构未按税款分配数额预缴所得税造成少缴税款的，主管税务机关应按照《税收征收管理法》及其实施细则的有关规定对其处罚，并将处罚结果通知总机构主管税务机关。

四、实验内容与资料

某投资公司股权转让纳税评估案例

【学习指引】

本案例通过对A投资公司企业所得税申报表的审核分析，发现企业长期零申报存在问题，税务机关通过对其股权转让风险评估分析，发现企业错误定性股权转让收益，少缴企业所得税情况。

【案情场景】

（一）基本情况

2015年6月，税务机关在对2014年度企业所得税汇算清缴审核风险评估中，发现A投资有限公司有股权投资收益免税备案，进一步审核发现A投资有限公司2011~2014年连续4年企业所得税零申报，于是决定以股权转让为线索，对其进行全面系统的企业所得税风险评估。

A投资有限公司（以下简称A公司），为某集团总公司下属的全资子公司，2004年12月设立，注册资本为3 000万元，所属行业：货币金融服务业。经营范围：房地产业、能源开发业、碳素加工业、铝产品加工业的投资。该公司2011~2014年连续4年企业所得税零申报，累计亏损2.07亿元。

（二）案头分析

为了解情况，风险应对人员实地采集了A公司的合同、财务报表、现金、银行存款等相关账簿、现金流量情况及2011~2014年以于股权变更情况的信息，并进行了仔细的审查。经过深入了解，风险应对人员发现A公司股权投资相当频繁，股权结构极其复杂，涉及交易方较多，且存在关联交易，给评估工作造成较大的困难。

针对A公司的实际情况，风险应对人员细化评估方案，通过逐笔审核A公司的相关原始凭证、记账凭证、账簿及报表，反复梳理A公司股权投资及转让的相关涉税信息，经过仔细排查，深入研究，终于从中找到突破口，使其存在的有关涉税问题浮出水面。

2011年A公司股权投资相关业务明细情况：

2011年3月转让E公司35%股份，转让价格为13 847万元，确认成本为5 810万元，投资收益为8 037万元；

2011年5月投资Y公司800万元，占20%股份，同年7月受让K公司持有的Y公司80%股份17 489.71万元，合计投资Y公司18 289.71万元；

2011年9月投资G公司5 000万元；

2011年11月投资L公司3 400万元。

2012年A公司股权投资相关业务明细情况：

2012年度E公司分配股利31 947.94万元，S公司分配股利24 968.28万元；

2012年6月投资M公司10亿元。

2014年A公司股权投资相关业务明细情况：

2014年3月将M公司以10亿元转让给N公司；

2014年5月确认委贷利息收入为921.73万元；

2014年6月转让E公司40%股份给N公司收入为11 604.38万元，该单位确认成本为6 640万元，投资收益为4 964.38万元。

（三）税务约谈

为进一步核实A公司情况，在对其基本财务情况进行查询、了解后，根据风险评估需要，风险评估小组约谈了纳税人，就A公司的关联关系、关联交易、频繁的股权交易、长期零申报等情况进行约谈。约谈中，纳税人解释A公司长期零申报是由于A公司认为其股权投资收益是免税的，而其他投资业务收入少、费用较大因而造成亏损。

针对纳税人的错误认识，风险应对人员指出依据《企业所得税法》第二十六条第二款规定，免税收入为符合条件的居民企业之间的股息、红利等权益性投资收益；《企业所得税法实施条例》第八十三条规定，“企业所得税法第二十六条第（二）项所称符合条件的居民企业之间的股息、红利等权益性投资收益，是指居民企业直接投资于其他居民企业取得的投资收益。企业所得税法第二十六条第（二）项和第（三）项所称股息、红利等权益性投资收益，不包括连续持有居民企业公开发行并上市流通的股票不足12个月取得的投资收益”。《国家税务总局关于贯彻落实企业所得税法若干税收问题的通知》（国税函〔2010〕79号）规定，“三、关于股权转让所得确认和计算问题。企业转让股权收入，应于转让协议生效、且完成股权变更手续时，确认收入的实现。转让股权收入扣除为取得该股权所发生的成本后，为股权转让所得。企业在计算股权转让所得时，不得扣除被投资企业未分配利润等股东留存收益中按该项股权所可能分配的金额。”风险应对人员认为：

2011 年 3 月转让 E 公司 35% 股份，转让价格为 13 847 万元，A 公司投资成本为 5 810 万元（A 公司对 E 公司初始投资成本为 16 600 万元），应确认投资收益为 8 037 万元，不符合免税条件，应调增应纳税所得额。

2014 年 6 月转让 E 公司 40% 股份给 N 投资有限公司收入为 11 604. 38 万元，确认成本为 6 640 万元，确认投资收益为 4 964. 38 万元，不符合免税条件，应调增应纳税所得额。

2014 年 5 月确认委托贷款利息收入为 921. 73 万元，不符合免税条件，应调增应纳税所得额。

（四）评估延伸

对 N 投资有限公司延伸风险评估：在对 A 公司核查过程中，有笔业务为“2014 年 6 月转让 E 公司 40% 股份给 N 投资有限公司收入为 11 604 万元，确认成本为 6 640 万元，投资收益为 4 964 万元”。风险应对人员考虑同样是投资公司的 N 公司会不会与 A 公司存在同样的问题？因此，决定顺藤摸瓜对 N 投资有限公司进行调查核实。

N 投资有限公司（以下简称 N 公司）2013 年 1 月成立，注册资本为 2 000 万元，由 5 名自然人股东组成，所属行业为货币金融服务业。经营范围：对能源、矿业、碳素铝及铝加工行业的投资以及投资管理及服务。

延伸风险评估中发现 2014 年 7 月 N 公司转让 M 公司股权，确认股权转让收益为 30 397. 06 万元，同样也作为免税收入申报备案。

（五）评估处理

（1）A 公司认同风险应对人员对股权转让所得的定性，主动提出自查，并按年度对应纳税所得额进行了调整。2011 年风险评估调增应纳税所得额为 8 037 万元、2014 年风险评估调增应纳税所得额为 5 886. 11 万元。不足以弥补亏损，无须缴纳企业所得税。但依据《中华人民共和国税收征收管理法》（以下简称《税收征管法》）第六十四第一款规定，决定给予该公司 3 万元罚款。

（2）N 投资有限公司经过风险评估小组人员的政策辅导，认识到对股权转让所得按免税收入申报备案是不当的，最终补缴企业所得税税款为1 838. 49万元。

【案例点评】

本案例在免税资格备案过程中发现股权转让疑点，税务机关通过厘清企业股权投资的基本流向及变化和关联关系，查实股权转让收益作免税申报的问题。进而推而广之对同类型企业延伸风险评估取得了较好的效果。本案例对加强企业资本运作、收益的税收管理和风险评估具有很好的借鉴意义。

【知识链接】

知识点一：资本运作概念

资本运作就是利用资本市场，通过买卖（经营）企业、资产或者其他各种形式的证券、票据，而赚钱的经营活动。

知识点二：常见的资本运作方式

（1）发行股票、发行债券（包括可转换公司债券）、配股、增发新股、转让股权、派送红股、转增股本、股权回购（减少注册资本）等。

（2）企业的合并、托管、收购、兼并、分立以及风险投资等。

（3）资产重组，对企业的资产进行剥离、置换、出售、转让。

（4）以改善资本结构或债务结构为目标，进行企业合并、托管、收购、兼并、分立等。

五、实验步骤

（一）税收风险点判断和结论

分组开展案例讨论，通过案头分析，列出案例企业可能存在哪些企业所得税税收风险点。

（二）税收风险点风险特征分析计算

分组开展案例讨论，开展企业所得税风险点特征分析，列出纳税评估采用的评估方法，列出模型、计算公式、指标源和特殊信息

（三）税收风险点风险信息排除确认

通过实验内容和资料进行企业所得税税收风险点风险信息的判断、验证、排除、确认。

六、实验总结与报告

通过本次实验，我们理解和掌握了企业所得税的计税原理，掌握企业所得税纳税评估对象的确定、案头审核分析方法、约谈举证及实地核查方法等内容，研究分析现行企业所得税税制存在的税收风险，探索建立企业所得税纳税评估指标及评估模型，提高了企业所得税纳税评估的技巧和水平。应该总结回顾本次实验的过程，检查实验的结果，按实验步骤要求写出本次实验的纳税评估工作报告。

纳税评估工作报告

纳税评估序号：

评估所属时期：

评估实施时间：

纳税人名称（全称）			
税务登记号		评估所属项目	
风险点判断和结论： 风险点特征分析计算： 风险点信息排除确认：			
纳税评估整体总结 工作建议 评估人员： 日期：			

实验五

个人所得税纳税评估

一、实验目的与要求

（一）实验目的

通过本实验，使学生深入理解个人所得税的计税原理，掌握个人所得税纳税评估对象的确定、案头审核分析方法、约谈举证及实地核查方法等内容，帮助学生掌握个人所得税纳税评估的流程，研究分析现行个人所得税税制存在的税收风险，探索学习建立个人所得税纳税评估指标，提高个人所得税纳税评估的技巧和水平。

（二）实验要求

1. 学习实验知识准备，熟练掌握个人所得税法的计税原理及相关制度。
2. 学习实验方法准备，熟练掌握个人所得税纳税评估的指标、模型及方法。
3. 学习实验评估案例，分组讨论现行个人所得税税制存在的税收风险。
4. 借鉴实验案例，针对现行个人所得税税制存在的税收风险，分组探索研究个人所得税纳税评估指标设计及模型的优化。
5. 进行本次实验总结，填写个人所得税纳税评估工作报告。

二、实验知识准备

（一）个人所得税的概念

个人所得税是以个人（自然人）取得的各项所得为征税对象所征收的一种税。

个人所得税税制模式可分为：分类所得税制、综合所得税制和分类综合所得税制三种类型。

1. 分类所得税制。

分类所得税制亦称个别所得税制，是将个人各种来源不同、性质各异的所得进行分类，只对税法规定的几种所得（如薪金、股息、营业利润或偶然所得），分别扣除不同的费用，以不同的税率课税，不将个人在特定时期的不同类别的所得合并计算征税。换言之，纳税人的所得以各自独立的方式计算纳税，互不干扰。

2. 综合所得税制。

综合所得税制亦称一般所得税制，是将纳税人一定时期内的各种所得（包括以现金、财产或劳务等各种形式取得的收入），不管其所得来源如何，综合起来作为一个所得总体来对待，再减去最低生活费用及抚养费，对其余额以累进税率课征。

3. 分类综合所得税制。

分类综合所得税制是将个人不同来源的所得，首先按性质分为不同项目，对不同项目的所得先进行费用扣除，并对其余额从源扣缴，然后再将全部或部分所得项目加总，扣除宽免额，运用累进税率征税。这种税制是由分类所得税制和综合所得税制合并应用而成的，故亦称为混合所得税制。它兼有分类所得税制和综合所得税制的优点和缺点。

（二）纳税人

根据《中华人民共和国个人所得税法》，个人所得税以所得人为纳税人，以支付所得的单位或者个人为扣缴义务人。依据国际惯例，个人所得税的纳税人按照住所和居住时间两个标准划分为居民纳税人和非居民纳税人。

1. 居民纳税人。

根据《中华人民共和国个人所得税法》，在中国境内有住所，或者无住所而一个纳税年度内在中国境内居住累计满 183 天的个人，为居民个人。居民个人从中国境内和境外取得的所得，依照本法规定缴纳个人所得税。

根据《中华人民共和国个人所得税法实施条例》，在中国境内有住所，是指因户籍、家庭、经济利益关系而在中国境内习惯性居住；所称从中国境内和境外取得的所得，分别是指来源于中国境内的所得和来源于中国境外的所得。

“习惯性住所”是指因户籍、家庭、经济利益关系而在中国境内习惯性居住，不是指实际居住地或在某一特定时期内的居住地。

2. 非居民纳税人。

根据《中华人民共和国个人所得税法》，在中国境内无住所又不居住，或者无住所而一个纳税年度内在中国境内居住累计不满 183 天的个人，为非居民个人。非居民个人从中国境内取得的所得，依照本法规定缴纳个人所得税。

住所和居住时间标准是两个并列标准，个人只要符合或达到其中任何一个标准即为居民纳税人，两个标准都不符合的即为个人所得税的非居民纳税人。

（三）征税对象

根据《中华人民共和国个人所得税法》（以下简称《个人所得税法》）和《中华人民共和国个人所得税法实施条例》（以下简称《个人所得税法实施条例》），个人所得税的征税对象是个人取得的应税所得，税法列举了 9 项：

1. 工资、薪金所得。工资、薪金所得是指个人因任职或者受雇取得的工资、薪金、奖金、年终加薪、劳动分红、津贴、补贴以及与任职或者受雇有关的其他所得。

2. 劳务报酬所得。劳务报酬所得是指个人从事劳务取得的所得，包括从事设计、装潢、安装、制图、化验、测试、医疗、法律、会计、咨询、讲学、翻译、审稿、书画、雕刻、影视、录音、录像、演出、表演、广告、展览、技术服务、介绍服务、经纪服务、代办服务以及其他劳务取得的所得。

3. 稿酬所得。稿酬所得是指个人因其作品以图书、报刊等形式出版、发表而取得的所得。

4. 特许权使用费所得。特许权使用费所得是指个人提供专利权、商标权、著作权、非专利技术以及其他特许权的使用权取得的所得；提供著作权的使用权取得的所得，不包括稿酬所得。

居民个人取得前述四项所得（以下称综合所得），按纳税年度合并计算个人所得税；非居民个人取得前述四项所得，按月或者按次分项计算个人所得税。

5. 经营所得。经营所得是指：

（1）个体工商户从事生产、经营活动取得的所得，个人独资企业投资人、合伙企业的个人合伙人来源于境内注册的个人独资企业、合伙企业生产、经营的所得。

（2）个人依法从事办学、医疗、咨询以及其他有偿服务活动取得的所得。

（3）个人对企业、事业单位承包经营、承租经营以及转包、转租取得的所得。

（4）个人从事其他生产、经营活动取得的所得。

6. 利息、股息、红利所得。利息、股息、红利所得是指个人拥有债权、股权等而取得的利息、股息、红利所得。

7. 财产租赁所得。财产租赁所得是指个人出租不动产、机器设备、车船以及其他财产取得的所得。

8. 财产转让所得。财产转让所得是指个人转让有价证券、股权、合伙企业中的财产份额、不动产、机器设备、车船以及其他财产取得的所得。

9. 偶然所得。偶然所得是指个人得奖、中奖、中彩以及其他偶然性质的所得。

纳税人取得第 5 项至第 9 项所得，依法分项计算个人所得税。

个人取得的所得，难以界定应纳税所得项目的，由国务院税务主管部门确定。

个人所得的形式，包括现金、实物、有价证券和其他形式的经济利益；所得为实物的，应当按照取得的凭证上所注明的价格计算应纳税所得额，无凭证的实物或者凭证上所注明的价格明显偏低的，参照市场价格核定应纳税所得额；所得为有价证券的，根据票面价格和市场价格核定应纳税所得额；所得为其他形式的经济利益的，参照市场价格核定应纳税所得额。

各项所得的计算，以人民币为单位。所得为人民币以外的货币的，按照人民币汇率中间价折合成人民币缴纳税款。

居民纳税人承担无限纳税义务，就其来源于中国境内、境外的所得向我国申报纳税；非居民纳税人履行有限纳税义务，就其来源于中国境内的所得向我国申报纳税。确定个人收入的来源地，是确定纳税人要不要履行纳税义务的前提。下列所得不论支付地点是否在中国境内，均为来源于中国境内的所得：

（1）因任职、受雇、履约等而在中国境内提供劳务取得的所得；

（2）将财产出租给承租人在中国境内使用而取得的所得；

（3）许可各种特许权在中国境内使用而取得的所得；

（4）转让中国境内的不动产等财产或者在中国境内转让其他财产取得的所得；

（5）从中国境内企业、事业单位、其他组织以及居民个人取得的利息、股息、红利所得。

根据《个人所得税法实施条例》，在中国境内无住所的个人，在中国境内居住累计满 183 天的年度连续不满 6 年的，经向主管税务机关备案，其来源于中国境外且由境外单位或者个人支付的所得，免予缴纳个人所得税；在中国境内居住累计满 183 天的任一年度中有一次离境超过 30 天的，其在中国境内居住累计满 183 天的年度的连续年限重新起算。

（四）税率

1. 综合所得的税率。

综合所得适用 3% ~45% 的 7 级超额累进税率，见表 5－1。

表 5－1　　个人所得税税率表一（综合所得适用）

级数	全年应纳税所得额	税率（%）	速算扣除数（元）
1	不超过 36 000 元的	3	0
2	超过 36 000 元至 144 000 元的部分	10	2 520
3	超过 144 000 元至 300 000 元的部分	20	16 920
4	超过 300 000 元至 420 000 元的部分	25	31 920
5	超过 420 000 元至 660 000 元的部分	30	52 920
6	超过 660 000 元至 960 000 元的部分	35	85 920
7	超过 960 000 元的部分	45	181 920

注：（1）本表所称全年应纳税所得额，是指居民个人取得综合所得以每一纳税年度收入额减除费用 6 万元以及专项扣除、专项附加扣除和依法确定的其他扣除后的余额。

（2）非居民个人取得工资、薪金所得，劳务报酬所得，稿酬所得和特许权使用费所得，依照本表按月换算后计算应纳税额。

2. 经营所得的税率。

经营所得适用5% ~35%的5级的超额累进税率，见表5－2。

表5－2 个人所得税税率表二（经营所得适用）

级数	全年应纳税所得额	税率（%）	速算扣除数（元）
1	不超过30 000元的	5	0
2	超过30 000元至90 000元的部分	10	1 500
3	超过90 000元至300 000元的部分	20	10 500
4	超过300 000元至500 000元的部分	30	40 500
5	超过500 000元的部分	35	65 500

3. 其他所得的税率。

利息、股息、红利所得，财产租赁所得，财产转让所得和偶然所得，适用比例税率，税率为20%。

（五）税收优惠

下列各项个人所得，免征个人所得税：

1. 省级人民政府、国务院部委和中国人民解放军军级以上单位，以及外国组织、国际组织颁发的科学、教育、技术、文化、卫生、体育、环境保护等方面的奖金。

2. 国债和国家发行的金融债券利息。国债利息是指个人持有中华人民共和国财政部发行的债券而取得的利息；国家发行的金融债券利息是指个人持有经国务院批准发行的金融债券而取得的利息。

3. 按照国家统一规定发给的补贴、津贴。按照国家统一规定发给的补贴、津贴，是指按照国务院规定发给的政府特殊津贴、院士津贴，以及国务院规定免予缴纳个人所得税的其他补贴、津贴。

4. 福利费、抚恤金、救济金。福利费是指根据国家有关规定，从企业、事业单位、国家机关、社会组织提留的福利费或者工会经费中支付给个人的生活补助费；救济金是指各级人民政府民政部门支付给个人的生活困难补助费。

5. 保险赔款。

6. 军人的转业费、复员费、退役金。

7. 按照国家统一规定发给干部、职工的安家费、退职费、基本养老金或者退休费、离休费、离休生活补助费。

8. 依照有关法律规定应予免税的各国驻华使馆、领事馆的外交代表、领事官员和其他人员的所得。该项所得是指依照《中华人民共和国外交特权与豁免条例》和《中华人民共和国领事特权与豁免条例》规定免税的所得。

9. 中国政府参加的国际公约、签订的协议中规定免税的所得。

10. 国务院规定的其他免税所得。该项免税规定由国务院报全国人民代表大会常务委员会备案。

有下列情形之一的，可以减征个人所得税，具体幅度和期限，由省、自治区、直辖市人民政府规定，并报同级人民代表大会常务委员会备案：

1. 残疾、孤老人员和烈属的所得；

2. 因自然灾害遭受重大损失的。

国务院可以规定其他减税情形，报全国人民代表大会常务委员会备案。

（六）综合所得应纳税所得额的计算

依据《个人所得税法》规定，居民个人的综合所得，以每一纳税年度的收入额减除费用6万元以及专项扣除、专项附加扣除和依法确定的其他扣除后的余额，为应纳税所得额。

1. 收入额的确定。

劳务报酬所得、稿酬所得、特许权使用费所得以收入减除20%的费用后的余额为收入额。稿酬所得的收入额减按70%计算。

2. 专项扣除。

专项扣除包括居民个人按照国家规定的范围和标准缴纳的基本养老保险、基本医疗保险、失业保险等社会保险费和住房公积金等。

3. 专项附加扣除。

专项附加扣除是指个人所得税法规定的子女教育、继续教育、大病医疗、住房贷款利息或者住房租金、赡养老人等6项专项附加扣除。

4. 应纳税额的计算。

在应纳税所得额计算出来之后，个人所得税应纳税额的计算公式为：

应纳税额 = 应纳税所得额 × 适用税率 − 速算扣除数

（七）经营所得应纳税额的计算

1. 应纳税所得额的计算。

经营所得以每一纳税年度的收入总额减除成本、费用以及损失后的余额，为应纳税所得额。

可减除的成本、费用是指生产、经营活动中发生的各项直接支出和分配计入成本的间接费用以及销售费用、管理费用、财务费用；可减除的损失是指生产、经营活动中发生的固定资产和存货的盘亏、毁损、报废损失，转让财产损失，坏账损失，自然灾害等不可抗力因素造成的损失以及其他损失。

取得经营所得的个人，没有综合所得的，计算其每一纳税年度的应纳税所得额时，应当减除费用6万元、专项扣除、专项附加扣除以及依法确定的其他扣除。专项附加扣除在办理汇算清缴时减除。

从事生产、经营活动，未提供完整、准确的纳税资料，不能正确计算应纳税所得额的，由主管税务机关核定应纳税所得额或者应纳税额。

2. 应纳税额的计算。

在应纳税所得额计算出来之后，个人所得税应纳税额的计算公式为：

应纳税额 = 应纳税所得额 × 适用税率 − 速算扣除数

（八）财产租赁所得应纳税额的计算

1. 应纳税所得额的计算。

财产租赁所得，每次收入不超过 4 000 元的，减除费用 800 元；4 000 元以上的，减除 20% 的费用，其余额为应纳税所得额。

财产租赁所得，以一个月内取得的收入为一次。对一次取得数月、数年的租金收入，也可根据合同和实际所得所属月份分别计算。个人将承租房屋转租取得的租金收入，属于个人所得税应税所得，应按“财产租赁所得”项目计算缴纳个人所得税。取得转租收入的个人向房屋出租方支付的租金，凭房屋租赁合同和合法支付凭据允许在计算个人所得税时，从该项转租收入中扣除。

个人出租财产取得的财产租赁收入，在计算缴纳个人所得税时，应依次扣除以下费用：

（1）财产租赁过程中缴纳的税费。个人出租房屋的个人所得税应税收入不含增值税，计算房屋出租所得可扣除的税费不包括本次出租缴纳的增值税。免征增值税的，确定计税依据时，租金收入不扣减增值税额。

（2）向出租方支付的租金。个人转租房屋的，其向房屋出租方支付的租金及增值税额，在计算转租所得时予以扣除。

（3）由纳税人负担的租赁财产实际开支的修缮费用（允许扣除的修缮费用以每次 800 元为限，一次扣除不完的，准予在下一次继续扣除，直到扣完为止）。

税法规定的费用扣除标准为：

①每次（月）收入不超过 4 000 元的：

$$\text{应纳税所得额} = \text{每次（月）收入额} - \text{缴纳的税费} - \text{修缮费用（800 元为限）} - 800$$

②每次（月）收入超过 4 000 元的：

$$\text{应纳税所得额} = \left[\text{每次（月）收入额} - \text{缴纳的税费} - \text{修缮费用（800 元为限）}\right] \times (1 - 20\%)$$

2. 应纳税额的计算。

财产租赁所得依其应纳税所得额和 20% 的比例税率计算应纳税额。其计算公式为：

应纳税额 = 应纳税所得额 × 税率

根据《财政部　国家税务总局关于调整住房租赁市场税收政策的通知》（财税〔2000〕125 号）规定：“三、对个人出租房屋取得的所得暂减按 10% 的税率征收个人所得税。”

（九）财产转让所得应纳税额的计算

1. 应纳税所得额的计算。

财产转让所得以转让财产的收入额减除财产原值和合理费用后的余额为应纳税所得额。

此处的财产原值，按照下列方法确定：

（1）有价证券为买入价以及买入时按照规定缴纳的有关费用。

（2）建筑物为建造费或者购进价格以及其他有关费用。

（3）土地使用权为取得土地使用权所支付的金额、开发土地的费用以及其他有关费用。

（4）机器设备、车船为购进价格、运输费、安装费以及其他有关费用。

其他财产，参照前款规定的方法确定财产原值。

纳税人未提供完整、准确的财产原值凭证，不能按照上述（1）项至（4）项规定的方法确定财产原值的，由主管税务机关核定财产原值。

此处的合理费用是指卖出财产时按照规定支付的有关税费。

2. 应纳税额的计算。

应纳税额＝应纳税所得额×适用税率

（十）利息、股息、红利所得和偶然所得应纳税额的计算

应纳税所得额的计算：利息、股息、红利所得和偶然所得，以每次收入额为应纳税所得额。

利息、股息、红利所得，以支付利息、股息、红利时取得的收入为一次。偶然所得，以每次取得该项收入为一次。

自2015年9月8日起，个人从公开发行和转让市场取得的上市公司股票，持股期限超过1年的，股息红利所得暂免征收个人所得税。个人从公开发行和转让市场取得的上市公司股票，持股期限在1个月以内（含1个月）的，其股息红利所得全额计入应纳税所得额；持股期限在1个月以上至1年（含1年）的，暂减按50%计入应纳税所得额；上述所得统一适用20%的税率计征个人所得税。

前款所称上市公司是指在上海证券交易所、深圳证券交易所挂牌交易的上市公司；持股期限是指个人从公开发行和转让市场取得上市公司股票之日至转让交割该股票之日前一日的持有时间。

个人转让股票时，按照先进先出的原则计算持股期限，即证券账户中先取得的股票视为先转让。

应纳税所得额以个人投资者证券账户为单位计算，持股数量以每日日终结算后个人投资者证券账户的持有记录为准，证券账户取得或转让的股份数为每日日终结算后的净增（减）股份数。

外商投资企业在购买内资企业经营资产过程中向内资企业自然人股东支付的不竞争款项，属于个人因偶然因素取得的一次性所得，按照《个人所得税法》“偶然所得”项目计算缴纳个人所得税，税款由资产购买方企业在向资产出售方企业自然人股东支付不竞争款项时代扣代缴。

不竞争款项是指资产购买方企业与资产出售方企业自然人股东之间在资产购买交易中，通过签订保密和不竞争协议等方式，约定资产出售方企业自然人股东在交易完成后一定期限内，承诺不从事有市场竞争的相关业务，并负有相关技术资料的保密义务，资产购买方企业则在约定期限内，按一定方式向资产出售方企业自然人股东所支付的款项。应纳税额的计算：

应纳税额 = 应纳税所得额 × 适用税率

（十一）应纳税额计算的特殊规定

1. 公益性捐赠的扣除问题。

《个人所得税法》规定，个人将其所得对教育、扶贫、济困等公益慈善事业进行捐赠，捐赠额未超过纳税人申报的应纳税所得额 30% 的部分，可以从其应纳税所得额中扣除；国务院规定对公益慈善事业捐赠实行全额税前扣除的，从其规定。

个人将其所得对教育、扶贫、济困等公益慈善事业进行捐赠，是指个人将其所得通过中国境内的公益性社会组织、国家机关向教育、扶贫、济困等公益慈善事业的捐赠；此处的应纳税所得额，是指计算扣除捐赠额之前的应纳税所得额。

2. 两人以上共同取得同一项目收入的计税。

《个人所得税法实施条例》规定，两个以上的个人共同取得同一项目收入的，应当对每个人取得的收入分别按照个人所得税法的规定计算纳税。

两人或两人以上共同取得同一项目收入的，应当对每个人取得的收入分别按照税法规定减除费用后计算纳税，即实行“先分收入、后扣费用、再计算纳税”的办法。

3. 境外所得已纳税款的抵免。

《个人所得税法》规定，居民个人从中国境外取得的所得，可以从其应纳税额中抵免已在境外缴纳的个人所得税税额，但抵免额不得超过该纳税人境外所得依照本法规定计算的应纳税额。

《个人所得税法实施条例》规定，居民个人从中国境内和境外取得的综合所得、经营所得，应当分别合并计算应纳税额；从中国境内和境外取得的其他所得，应当分别单独计算应纳税额。

已在境外缴纳的个人所得税税额，是指居民个人来源于中国境外的所得，依照该所得来源国家（地区）的法律应当缴纳并且实际已经缴纳的所得税税额。

纳税人境外所得依照本法规定计算的应纳税额，是居民个人抵免已在境外缴纳的综合所得、经营所得以及其他所得的所得税税额的限额（以下简称抵免限额）。除国务院财政、税务主管部门另有规定外，来源于中国境外一个国家（地区）的综合所得抵免限额、经营所得抵免限额以及其他所得抵免限额之和，为来源于该国家（地区）所得的抵免限额。

居民个人在中国境外一个国家（地区）实际已经缴纳的个人所得税税额，低于依照前款规定计算出的来源于该国家（地区）所得的抵免限额的，应当在中国缴纳差额部分的税款；超过来源于该国家（地区）所得的抵免限额的，其超过部分不得在本纳税年度的应纳税额中抵免，但是可以在以后纳税年度来源于该国家（地区）所得的抵免限额的余额中补扣。补扣期限最长不得超过5年。

居民个人申请抵免已在境外缴纳的个人所得税税额，应当提供境外税务机关出具的税款所属年度的有关纳税凭证。

（十二）征收管理

我国个人所得税采取由支付单位源泉扣缴和纳税人自行申报纳税两种征收方法。

1. 支付单位源泉扣缴。

个人所得税以所得人为纳税人，以支付所得的单位或者个人为扣缴义务人。

纳税人有中国公民身份号码的，以中国公民身份号码为纳税人识别号；纳税人没有中国公民身份号码的，由税务机关赋予其纳税人识别号。扣缴义务人扣缴税款时，纳税人应当向扣缴义务人提供纳税人识别号。

扣缴义务人向个人支付应税款项时，应当依照《个人所得税法》规定预扣或者代扣税款，扣缴义务人每月或者每次预扣、代扣的税款，应当在次月15日内缴入国库，并向税务机关报送扣缴个人所得税申报表。

前款所称支付，包括现金支付、汇拨支付、转账支付和以有价证券、实物以及其他形式的支付。

扣缴义务人应当按照国家规定办理全员全额扣缴申报，并向纳税人提供其个人所得和已扣缴税款等信息。全员全额扣缴申报是指扣缴义务人在代扣税款的次月15日内，向主管税务机关报送其支付所得的所有个人的有关信息、支付所得数额、扣除事项和数额、扣缴税款的具体数额和总额以及其他相关涉税信息资料。

扣缴义务人应当按照纳税人提供的信息计算办理扣缴申报，不得擅自更改纳税人提供的信息。

纳税人发现扣缴义务人提供或者扣缴申报的个人信息、所得、扣缴税款等与实际情况不符的，有权要求扣缴义务人修改。扣缴义务人拒绝修改的，纳税人应当报告税务机关，税务机关应当及时处理。

纳税人、扣缴义务人应当按照规定保存与专项附加扣除相关的资料。税务机关可以对纳税人提供的专项附加扣除信息进行抽查，具体办法由国务院税务主管部门另行规定。税务机关发现纳税人提供虚假信息的，应当责令改正并通知扣缴义务人；情节严重的，有关部门应当依法予以处理，纳入信用信息系统并实施联合惩戒。

对扣缴义务人按照所扣缴的税款，付给2%的手续费。

2. 自行申报缴纳。

有下列情形之一的，纳税人应当依法办理纳税申报：

(1) 取得综合所得需要办理汇算清缴；

(2) 取得应税所得没有扣缴义务人；

(3) 取得应税所得，扣缴义务人未扣缴税款；

(4) 取得境外所得；

(5) 因移居境外注销中国户籍；

(6) 非居民个人在中国境内从两处以上取得工资、薪金所得；

(7) 国务院规定的其他情形。

3. 综合所得汇算清缴。

居民个人取得综合所得，按年计算个人所得税；有扣缴义务人的，由扣缴义务人按月或者按次预扣预缴税款；需要办理汇算清缴的，应当在取得所得的次年3月1日至6月30日内办理汇算清缴。

居民个人向扣缴义务人提供专项附加扣除信息的，扣缴义务人按月预扣预缴税款时应当按照规定予以扣除，不得拒绝。

取得综合所得需要办理汇算清缴的情形包括：

(1) 从两处以上取得综合所得，且综合所得年收入额减除专项扣除的余额超过6万元；

(2) 取得劳务报酬所得、稿酬所得、特许权使用费所得中一项或者多项所得，且综合所得年收入额减除专项扣除的余额超过6万元；

(3) 纳税年度内预缴税额低于应纳税额；

(4) 纳税人申请退税。

纳税人可以委托扣缴义务人或者其他单位和个人办理汇算清缴。

非居民个人取得工资、薪金所得，劳务报酬所得，稿酬所得和特许权使用费所得，有扣缴义务人的，由扣缴义务人按月或者按次代扣代缴税款，不办理汇算清缴。

4. 其他所得及情形的申报纳税。

(1) 纳税人取得经营所得。纳税人取得经营所得，按年计算个人所得税，由纳税人在月度或季度终了后15日内，向经营管理所在地主管税务机关办理预缴纳税申报，并报送个人所得税经营所得纳税申报表（A表）。在取得所得的次年3月31日前，向经营管理所在地主管税务机关办理汇算清缴，并报送个人所得税经营所得纳税申报表（B表）；从两处以上取得经营所得的，选择向其中一处经营管理所在地主管税务机关办理年度汇总申报，并报送个人所得税经营所得纳税申报表（C表）。

（2）纳税人取得应税所得没有扣缴义务人的。纳税人取得利息、股息、红利所得，财产租赁所得，财产转让所得和偶然所得，按月或者按次计算个人所得税，有扣缴义务人的，由扣缴义务人按月或者按次代扣代缴税款。

纳税人取得应税所得没有扣缴义务人的，应当在取得所得的次月15日内向税务机关报送纳税申报表，并缴纳税款。

纳税人取得应税所得，扣缴义务人未扣缴税款的，纳税人应当在取得所得的次年6月30日前，缴纳税款；按相关规定向主管税务机关办理纳税申报，并报送个人所得税自行纳税申报表（A表）。税务机关通知限期缴纳的，纳税人应当按照期限缴纳税款。

（3）居民个人从中国境外取得所得的。居民个人从中国境外取得所得的，应当在取得所得的次年3月1日至6月30日，向中国境内任职、受雇单位所在地主管税务机关办理纳税申报；在中国境内没有任职、受雇单位的，向户籍所在地或中国境内经常居住地主管税务机关办理纳税申报；户籍所在地与中国境内经常居住地不一致的，选择其中一地主管税务机关办理纳税申报；在中国境内没有户籍的，向中国境内经常居住地主管税务机关办理纳税申报。

（4）非居民个人。非居民个人取得工资、薪金所得，劳务报酬所得，稿酬所得，特许权使用费所得的，扣缴义务人未扣缴税款的，应当在取得所得的次年6月30日前，向扣缴义务人所在地主管税务机关办理纳税申报，并报送个人所得税自行纳税申报表（A表）。有两个以上扣缴义务人均未扣缴税款的，选择向其中一处扣缴义务人所在地主管税务机关办理纳税申报。非居民个人在次年6月30日前离境（临时离境除外）的，应当在离境前办理纳税申报。

非居民个人在中国境内从两处以上取得工资、薪金所得的，应当在取得所得的次月15日内，向其中一处任职、受雇单位所在地主管税务机关办理纳税申报，并报送个人所得税自行纳税申报表（A表）。

（5）纳税人因移居境外注销中国户籍的。纳税人因移居境外注销中国户籍的，应当在申请注销中国户籍前，向户籍所在地主管税务机关办理纳税申报，进行税款清算。

①纳税人在注销户籍年度取得综合所得的，应当在注销户籍前，办理当年综合所得的汇算清缴，并报送个人所得税年度自行纳税申报表。尚未办理上一年度综合所得汇算清缴的，应当在办理注销户籍纳税申报时一并办理。

②纳税人在注销户籍年度取得经营所得的，应当在注销户籍前，办理当年经

营所得的汇算清缴，并报送个人所得税经营所得纳税申报表（B表）。从两处以上取得经营所得的，还应当一并报送个人所得税经营所得纳税申报表（C表）。尚未办理上一年度经营所得汇算清缴的，应当在办理注销户籍纳税申报时一并办理。

③纳税人在注销户籍当年取得利息、股息、红利所得，财产租赁所得，财产转让所得和偶然所得的，应当在注销户籍前，申报当年上述所得的完税情况，并报送个人所得税自行纳税申报表（A表）。

④纳税人有未缴或者少缴税款的，应当在注销户籍前，结清欠缴或未缴的税款。纳税人存在分期缴税且未缴纳完毕的，应当在注销户籍前，结清尚未缴纳的税款。

⑤纳税人办理注销户籍纳税申报时，需要办理专项附加扣除、依法确定的其他扣除的，应当向税务机关报送个人所得税专项附加扣除信息表、商业健康保险税前扣除情况明细表、个人税收递延型商业养老保险税前扣除情况明细表等。

5. 纳税申报方式。

纳税人可以采用远程办税端、邮寄等方式申报，也可以直接到主管税务机关申报。

6. 其他有关问题。

（1）纳税人办理自行纳税申报时，应当一并报送税务机关要求报送的其他有关资料。首次申报或者个人基础信息发生变化的，还应报送个人所得税基础信息表（B表）。

（2）纳税人在办理纳税申报时需要享受税收协定待遇的，按照享受税收协定待遇有关办法办理。

7. 退税。

纳税人办理汇算清缴退税或者扣缴义务人为纳税人办理汇算清缴退税的，税务机关审核后，按照国库管理的有关规定办理退税。

纳税人申请退税，应当提供其在中国境内开设的银行账户，并在汇算清缴地就地办理税款退库。

纳税人申请退税时提供的汇算清缴信息有错误的，税务机关应当告知其更正；纳税人更正的，税务机关应当及时办理退税。

扣缴义务人未将扣缴的税款解缴入库的，不影响纳税人按照规定申请退税，税务机关应当凭纳税人提供的有关资料办理退税。

8. 社会协助办税。

（1）公安、中国人民银行、金融监督管理等相关部门应当协助税务机关确认纳税人的身份、金融账户信息。教育、卫生、医疗保障、民政、人力资源和社会保障、住房和城乡建设、公安、中国人民银行、金融监督管理等相关部门应当向税务机关提供纳税人子女教育、继续教育、大病医疗、住房贷款利息、住房租金、赡养老人等专项附加扣除信息。

(2) 个人转让不动产的，税务机关应当根据不动产登记等相关信息核验应缴的个人所得税，登记机构办理转移登记时，应当查验与该不动产转让相关的个人所得税的完税凭证。个人转让股权办理变更登记的，市场主体登记机关应当查验与该股权交易相关的个人所得税的完税凭证。

(3) 有关部门依法将纳税人、扣缴义务人遵守本法的情况纳入信用信息系统，并实施联合激励或者惩戒。

三、实验内容与资料

某股份有限公司股权转让纳税评估案例

【学习指引】

股权转让是目前个人所得税风险管理的重要内容，本案例通过剖解1美元股权转让疑团，税务机关层层深入，分析"财产转让所得"个人所得税风险应对方法，按照"案头分析—初次约谈—实地核查—政策研究—再次约谈"的科学流程，成功实施了股权转让所得个人所得税的纳税评估，取得了较好的个人所得税风险管理成果。

【案情场景】

(一) 评估对象

2015年8月，税务机关收到A股份有限公司税务登记变更申请，要求变更股东结构，附列资料为该公司董事会决议，同意自然人股东董先生（中国香港永久性居民）将其拥有的公司743.331 5万美元出资额对应的股权以1美元转让给B公司（中国香港居民企业）、将21.052 6万美元出资额对应的股权以1 000万元人民币的价格转让给C公司、将31.579 0万美元出资额对应的股权以1 500万元人民币的价格转让给D公司、将52.631 6万美元出资额对应的股权以2 500万元人民币的价格转让给E公司，同时由F公司对A股份有限公司增加注册资本52.631 6万美元。

在同一时点董先生进行了4次股权转让行为，其中3次均以远远高于原值的价格转让，而转让给B公司的股权价格仅为1美元，明显不符合交易常规，税务机关决定将A股份有限公司确定为评估对象，成立评估小组，进行专项评估。

(二) 信息采集

风险应对人员通过查询（税收）征管信息系统了解到，A股份有限公司成立于2006年12月，登记注册类型为合资经营企业，原注册资本为1 000万美元，其中董先生出资890.70万美元、某贸易有限公司出资109.30万美元。2015年5

月在董先生转让股权的同时，F 公司投入资本 52.631 6 万美元，使公司总注册资本由原来的 1 000 万美元增加为 1 052.631 6 万美元。A 股份有限公司股权变更情况，如表 5－3 所示。

表 5－3　　公司股权变更情况统计

原股本结构			现股本结构			
股东	股权金额（万美元）	比例（%）	股东	股权金额（万美元）	比例（%）	转让价格
董先生	890.70	89.07	董先生	42.105 3	4.00	
			B 公司	743.331 5	70.62	1 美元
			C 公司	21.052 6	2.00	1 000 万元人民币
			D 公司	31.579 0	3.00	1 500 万元人民币
			E 公司	52.631 6	5.00	2 500 万元人民币
某贸易公司	109.30	10.93	某贸易公司	109.30	10.38	
			F 公司	52.631 6	5.00	增资
合计	1 000.00	100.00	合计	1 052.631 6	100.00	

公司近年来经营业绩日趋上升，2014 年度该公司销售收入为 75 996.31 万元人民币，销售利润为 1 587.08 万元人民币。

（三）案头分析

对 A 股份有限公司股权变更情况分析，风险应对人员发现有 3 个疑点。

疑点一：董先生股权转让个人所得税的管辖权问题。

依据《个人所得税法》第一条第二款规定，在中国境内无住所又不居住或者无住所而在境内居住不满 1 年的个人，从中国境内取得的所得，依照本法规定缴纳个人所得税。《个人所得税法实施条例》第五条第三款规定，转让中国境内的建筑物、土地使用权等财产或者在中国境内转让其他财产取得的所得不论支付地点是否在中国境内，均为来源于中国境内的所得。第八条第九款规定，财产转让所得是指个人转让有价证券、股权、建筑物、土地使用权、机器设备、车船以及其他财产取得的所得。董先生虽为外籍个人，但其股权转让所得有向我国申报缴纳个人所得税的义务，而征管系统无（相关）申报入库记录。

疑点二：远高于原值向境内 3 家企业转让股权问题。

从经营业绩看，公司呈现良好上升态势，董先生在同一时点进行了 4 次股权转让行为，其中 3 次远高于原值的价格是如何确定的，是否公允。

疑点三：以 1 美元价格转让股权问题。

董先生转让给 B 公司的股权价格为 1 美元，明显不符合交易常规，有无正当理由，是否应缴纳个人所得税。

（四）初次约谈

针对上述疑点，风险应对人员约谈了纳税人，公司财务负责人员进行了举证。

1. 针对疑点一、疑点二。

财务负责人解释：董先生为中国香港永久性居民，B公司为中国香港居民企业，双方交易地在中国香港，即使要征税也在中国香港征，内地税务机关无税收管辖权。对董先生远高于原值向境内3家企业转让股权所得，是按市场价进行的交易，未申报缴纳个人所得税。

2. 针对疑点三。

财务负责人解释：对于董先生以1美元价格转让股份给B公司事项，因为当初A股份有限公司成立时，实际出资人为Bund（注册地在维京群岛，为B公司的全资母公司），出于手续及时间等因素考虑，Bund与董先生签订了《委托持股协议》，由董先生代Bund持有A股份有限公司股本。现双方终止协议，董先生是将原先代持有的股份部分归还给B公司，之所以确定为1美元而不是以捐赠方式或平价交易，是想回避中国香港法律对捐赠征税和资金流向的监管，因此，双方不存在股权转让交易行为。此次股权归还过程中，董先生平价转让了部分股权，同时对外转让了部分股权。

（五）实地核查

对于公司财务人员的解释，风险应对人员认为疑点不能消除，对企业进行了实地核查。

1. 股权转让所得管辖权的核查。

A股份有限公司的法人代表为杨××（中国公民），B公司董事会主席为杨××，Bund的股东为杨××一人，董先生和杨××为朋友关系。当初对A股份有限公司的出资系杨××个人在境外筹资后打到董先生账上，再由董先生汇入A股份有限公司指定账户验资。董先生不承担A股份有限公司的任何权利和义务，也从未在A股份有限公司担任过任何职务。

2. 股权转让程序合规性的核查。

本次股权转让事项，A股份有限公司按法定程序专门召开了董事会，并报经市对外经济贸易委员会批准，现已经按规定办理了工商变更登记。风险应对人员现场核实了公司提供的董事会决议、委托持股协议、委托持股协议之终止协议、新的公司章程等相关资料及财务处理情况。

3. 股权转让价格公允性的核查。

风险应对人员对远高于原值向境内3家公司转让权交易的公允性进行了核实。交易发生前，受让方在充分评估了A股份有限公司的净资产、盈利能力，兼顾到A股份有限公司正在积极筹划准备上市等多方因素情况下，以1:6的价格购买了股权，符合公平成交价格和营业常规。董先生应按股权转让所得申报缴纳个人所得税。对于1美元股权转让交易，由于案情复杂，风险应对人员决定回去进一步研究。

（六）政策研究

风险应对人员针对税务约谈和实地核查的情况，重新梳理了问题，重新学习了政策，查找到政策支持。

1. 我国税务机关拥有对董先生股权转让所得的管辖权。

从实地调查情况看，当初成立A股份有限公司时，实际出资人为杨××，委托持股协议使董先生成为A股份有限公司的法定股东，使该公司成为合法的合资企业，享受了外资企业“两免三减半”的税收优惠。现董先生以1美元进行股权交易，表面上看貌似正常合理归还，但从现有的证据看，在法律角度上已经发生了股权转让行为，且交易价格明显偏低，公司的解释不能认定为正当理由。董先生仍保留的股份在法律上，只能认定为其原有股份的继续持有，无须缴纳个人所得税。

依据《国家税务总局关于〈内地和香港特别行政区关于对所得避免双重征税和防止偷漏税的安排〉有关条文解释和执行问题的通知》（国税函〔2007〕403号）第七条第二款规定，“香港居民曾经拥有内地公司25%以上的股权，当其将该项股份全部或部分转让并取得收益时，内地拥有征税权”，1美元转让股权的交易尽管发生在中国香港，但内地税务机关拥有税收管辖权。

2. 以1美元转让股权价格明显偏低。

针对1美元转让股权价格明显偏低，如何进行核定转让所得问题？

依据《国家税务总局关于发布《股权转让所得个人所得税管理办法（试行）的公告》（国家税务总局公告2014年第67号）第十九条规定：“个人股权转让所得个人所得税以被投资企业所在地地税机关为主管税务机关。”第十一条：“符合下列情形之一的，主管税务机关可以核定股权转让收入：（一）申报的股权转让收入明显偏低且无正当理由的”。第十二条：“符合下列情形之，视为股权转让收入明显偏低：……（二）申报的股权转让收入低于初始投资成本或低于取得该股权所支付的价款及相关税费的；（三）申报的股权转让收入低于相同或类似条件条件下同一企业同一股东或其他股东股权转让收入的”。第十四条规定：“主管税务机关应依次按照下列方法核定股权转让收入（一）净资产核定法：股权转让收入按照每股净资产或股权对应的净资产份额核定……（二）类比法：1. 参照相同或类似条件下同类行件下同一企业同一股东或其他股东股权转让收入核定；2. 参照相同或类似条件下同类行业企业股权转让收入核定。（三）其他合理方法”。董先生以1美元价格转让股权给B公司属于价格明显偏低，应由主管税务机关核定股权转让收入。

评估小组确定“以股权对应的净资产份额”核定股权转让所得，计算个人所得税。应如何确定“股权对应的净资产份额”呢？公司董事会决议为2015年

6月5日，公司账务处理时间为2015年6月26日，工商变更登记为2015年7月28日。2015年5月31日公司股本为1 000万美元，净资产为100 358 309.21元，2015年6月30日公司股本为1 052.631 6万美元，净资产为126 418 812.02元，2015年6月5日公司未出审计报告。因交易发生当日（2015年6月5日）无法准确计算净资产，根据上一期即2015年5月31日的会计资料进行核定。

（七）再次约谈

综合初次约谈和实地核查情况，风险应对人员再次约谈公司财务负责人，并经多方联系，董先生也如期参加约谈。风险应对人员宣传了上述相关税收政策，其他3次股转让交易应按规定申报个人所得税，1美元转让股权部分以2015年5月31日的会计资料计算“股权对应的净资产”，核定转让所得、计算个人所得税，政策依据充分，公司财务负责人和董先生对评估意见没有提出异议，表示愿意纠错。

（八）评估处理

依据《个人所得税法》规定，“个人所得税，以所得人为纳税义务人，以支付所得的单位或者个人为扣缴义务人”。《股权转让所得个人所得税管理办法（试行）》第五条规定，个人股权转让所得个人所得税，以股权转让方为纳税人，以受让方为扣缴义务人。第六条规定，扣缴义务人应于股份转让相关协议签订后5个工作日内，将股权转让的有关情况报告主管税务机关。被投资企业应当详细记录股东持有本企业股权的相关成本，如实向税务机关提供与股权转让有关的信息，协助税务机关依法执行公务。

本案例中股权转让方为董先生，受让方为B公司、C公司、D公司、E公司4个公司。A股份有限公司是被投资企业，属于第三方。因此，税款应由董先生缴纳。

向C公司、D公司、E公司3家公司股权转让所得，董先生应申报缴纳个人所得税8 667 241.58元。具体计算过程，如表5-4所示。

表5-4 个人所得税计算表 单位：元

受让方	转让价格	账面原本及合理费用	转让所得	个人所得税
C公司	10 000 000	1 332 755.90	8 667 244.10	1 733 448.82
D公司	15 000 000	1 999 140.17	13 000 859.83	2 600 171.97
E公司	25 000 000	3 331 896.07	21 668 103.93	4 333 620.79
合计	50 000 000	6 663 792.14	43 336 207.86	8 667 241.58

注：账面原本及合理费用：是指股权原值和合理费用，资料来源于A公司。

以1美元转让价格转让给B公司的股本的出资额为743.331 5万美元（计人民币47 057 343.94元），占全部股权的比例为74.331 5%，2015年5月31日公司净资产为100 358 309.21元。

对应的净资产 =100 358 309.21 ×74.333 15% =74 599 492.52（元）

转让所得 =74 599 492.52 -47 057 343.94 =27 542 148.58（元）

应申报个人所得税 =27 542 148.58 ×20% =5 508 429.72（元）

对于以上个人所得税款的计算，董先生表示接受，愿意主动补缴股权转让所得个人所得税税款，并按规定缴纳了滞纳金，《股权转让所得个人所得税管理办法（试行）》第六条规定，被投资企业应当详细记录股东持有本企业股权的相关成本，如实向税务机关提供与股权转让有关的信息，协助税务机关依法执行公务。本案例中A股份有限公司负有协助执行义务，以上税款和滞纳金在规定期限内已由A股份有限公司从董先生应得的股息、红利中代为缴纳入库。

【案例点评】

随着企业改制改组、产权重组、转型升级，股权转让成为企业筹集资金、优化资源配置的重要形式。由于自然人股权转让为个人民事行为，具有一定的隐蔽性，给股权转让所得个人所得税的征收管理带来了困难。税务机关应出台和完善相应税收政策和征收管理措施，加强日常管理，加强与工商、外经贸等部门的协作，实施源头控管。风险应对人员应熟练掌握税收政策，积极应对新情况，确保股权转让个人所得税及时足额征收，堵塞征管漏洞，降低税收执法风险。

（一）强化管理

税收管理员应加强日常核查，及时掌握自然人股东股权变更信息，通过建立股权转让所得个人所得税电子台账等方式，对辖区内企业个人股东逐户登记，将个人股东的相关信息录入计算机系统，实施动态管理，提高风险管理的主动性。

（二）加强协作

税收风险管理涉及多个部门、多种信息，所以，应加强税务机关内部各管理部门之间以及税务同工商、外经贸等部门的协作，实施源头控管。税务机关应定期从上商部门取得股权变更登记信息，同时，建议上级税务机关于工商部门畅通信息沟通渠道，从源头上对股权转让行为进行控管。

（三）落实政策

股权转让以转让方为纳税人，受让方为扣缴义务人，当纳税人为自然人、扣缴义务人不在发生股权变更企业所在地且未履行法定义务时，股权变更企业所在地主管税务机关追征税款有一定的难度。《股权转让所得个人所得税管理办法（试行）》第六条规定，扣缴义务人应于股权转让相关协议签订后5个工作日内，将股权转让的有关情况报告主管税务机关。被投资企业应当详细记录股东持有本企业股权的相关成本，如实向税务机关提供与股权转让有关的信息，协助税务机关依法执行公务。各级税务机关应贯彻落实政策规定，加强政策宣传，促进纳税遵从度的提高，促进税收风险管理质量的提升。

【知识链接】

知识点一：股权转让所得

股权转让所得是指股权转让价减除股权成本价后的差额。股权转让价是指股权转让人就转让的股权所收取的包括现金、非货币资产或者权益等形式的金额。如被持股企业有未分配利润或税后提存的各项基金等，股权转让人随股权一并转让该股东留存收益权的金额，不得从股权转让价中扣除。股权成本价是指股权转让人投资入股时向中国居民企业实际交付的出资金额，或购买该项股权时向该股权的原转让人实际支付的股权转让金额。

知识点二：股权转让所得税个人所得税政策规定

依据《个人所得税法》第二条规定："下列各项个人所得，应纳个人所得税：一、工资、薪金所得；二、个体工商户的生产、经营所得；三、对企事业单位的承包经营、承租经营所得；四、劳务报酬所得；五、稿酬所得；六、特许权使用费所得；七、利息、股息、红利所得；八、财产租赁所得；九、财产转让所得；十、偶然所得；十一、经国务院财政部门确定征税的其他所得"。个人转让股权以转让财产的收入额减除财产原值和合理费用后的余额，为应纳税所得额，按照"财产转让所得"，依照20%比例税率计算缴纳个人所得税。

四、实验步骤

（一）税收风险点判断和结论

分组开展案例讨论，通过案头分析，列出案例企业可能存在哪些个人所得税税收风险点。

（二）税收风险点风险特征分析计算

分组开展案例讨论，开展个人所得税风险点特征分析，列出纳税评估采用的评估方法，列出模型、计算公式、指标源和特殊信息。

（三）税收风险点风险信息排除确认

通过实验内容和资料进行个人所得税税收风险点风险信息的判断、验证、排除、确认。

五、实验总结与报告

通过本次实验，我们理解和掌握了个人所得税的计税原理，掌握个人所得税纳税评估对象的确定、案头审核分析方法、约谈举证及实地核查方法等内容，研究分析现行个人所得税税制存在的税收风险，探索建立个人所得税纳税评估指标及评估模型，提高了个人所得税纳税评估的技巧和水平。应该总结回顾本次实验的过程，检查实验的结果，按实验步骤要求写出本次实验的纳税评估工作报告。

纳税评估工作报告

纳税评估序号：

评估所属时期：

评估实施时间：

<table>
<tr><td>纳税人名称（全称）</td><td colspan="3"></td></tr>
<tr><td>税务登记号</td><td></td><td>评估所属项目</td><td></td></tr>
<tr><td colspan="4">风险点判断和结论：

风险点特征分析计算：

风险点信息排除确认：</td></tr>
<tr><td colspan="4">纳税评估整体总结

工作建议

评估人员：
日期：</td></tr>
</table>

实验六

印花税纳税评估

一、实验目的与要求

（一）实验目的

通过本实验，使学生深入理解印花税的计税原理，掌握印花税纳税评估对象的确定、案头审核分析方法、约谈举证及实地核查方法等内容，帮助学生掌握印花税纳税评估的流程，研究分析现行印花税税制存在的税收风险，探索学习建立印花税纳税评估指标，提高印花税纳税评估的技巧和水平。

（二）实验要求

1. 学习实验知识准备，熟练掌握印花税法的计税原理及相关制度。

2. 学习实验方法准备，熟练掌握印花税纳税评估的指标、模型及方法。

3. 学习实验评估案例，分组讨论现行印花税税制存在的税收风险。

4. 借鉴实验案例，针对现行印花税税制存在的税收风险，分组探索研究印花税纳税评估指标设计及模型的优化。

5. 进行本次实验总结，填写印花税纳税评估工作报告。

二、实验知识准备

（一）纳税人

印花税的纳税人是在我国境内书立、领受、使用应税凭证的单位和个人。

所称单位和个人是指国内各类企业、事业、机关、团体、部队以及中外合资企业、合作企业、外资企业、外国公司及其在华机构等单位和个人。

按照应税凭证的不同，印花税的纳税人包括立合同人、立据人、立账簿人、领受人、使用人和各类电子应税凭证的签订人。

1. 立合同人。

各类合同的纳税人是立合同人。立合同人是指合同的当事人。所谓当事人，是指对合同有直接权利义务关系的单位和个人，不包括合同的担保人、证人、鉴定人。

2. 立据人。

产权转移书据的纳税人是立据人。立据人是指土地、房屋权属转移过程中买卖双方的当事人。

3. 立账簿人。

营业账簿的纳税人是立账簿人。所谓立账簿人，是指设立并使用营业账簿的单位和个人。

4. 领受人。

权利、许可证照的纳税人是领受人。所谓领受人，是指领取或接受并持有权利许可证照的单位和个人。

5. 使用人。

在国外书立、领受，但在国内使用的应税凭证，其纳税人是使用人。

6. 各类电子应税凭证的签订人。

它是指以电子形式签订的各类应税凭证的当事人。

对同一应税凭证，凡由两方或两方以上当事人共同书立的，其当事人各方都是印花税的纳税人，应各就其所持凭证的计税金额履行纳税义务。

（二）税目和税率

印花税共有13个税目，税率有两种形式，即比例税率和定额税率，具体见表6－1。

表6－1　　印花税税目、税率表

税目	范围	税率	纳税人	说明
1. 购销合同	包括供应、预购、采购、购销结合及协作、调剂、补偿、易货等合同	按购销金额0.3‰贴花	立合同人	
2. 加工承揽合同	包括加工、定做、修缮、修理、印刷、广告、测绘、测试等合同	按加工或承揽收入0.5‰贴花	立合同人	
3. 建设工程勘察设计合同	包括勘察、设计合同	按收取费用0.5‰贴花	立合同人	
4. 建筑安装工程承包合同	包括建筑、安装工程承包合同	按承包金额0.3‰贴花	立合同人	
5. 财产租赁合同	包括租赁房屋、船舶、飞机、机动车辆、机械、器具、设备等合同	按租赁金额1‰贴花；税额不足1元的，按1元贴花	立合同人	
6. 货物运输合同	包括民用航空运输、铁路运输、海上运输、内河运输、公路运输和联运合同	按运输费用0.5‰贴花	立合同人	单据作为合同使用的，按合同贴花
7. 仓储保管合同	包括仓储、保管合同	按仓储保管费用1‰贴花	立合同人	仓单或栈单作为合同使用的，按合同贴花

续表

税目	范围	税率	纳税人	说明
8. 借款合同	银行及其他金融组织和借款人（不包括银行同业拆借）所签订的借款合同	按借款金额0.05‰贴花	立合同人	单据作为合同使用的，按合同贴花
9. 财产保险合同	包括财产、责任、保证、信用等保险合同	按保险费收入1‰贴花	立合同人	单据作为合同使用的，按合同贴花
10. 技术合同	包括技术开发、转让、咨询、服务等合同	按所记载金额0.3‰贴花	立合同人	
11. 产权转移书据	包括财产所有权和版权、商标专用权、专利权、专有技术使用权等转移书据、土地使用权出让合同、土地使用权转让合同、商品房销售合同和股权转让书据	按所载金额0.5‰贴花；股权转让书据，按书立时实际成交金额1‰贴花	立据人	
12. 营业账簿	生产、经营账册，包括资金账簿和其他账簿	资金账簿，按实收资本和资本公积的合计金额0.5‰贴花；其他账簿按件贴花5元	立账簿人	自2018年5月1日起，资金账簿减半征税，其他账簿免税
13. 权利许可证照	包括房屋产权证、工商营业执照、商标注册证、专利证、土地使用证	按件贴花5元	领受人	

（三）计税依据的一般规定

印花税的计税依据为各种应税凭证上所记载的计税金额。具体规定为：

1. 购销合同的计税依据为合同记载的购销金额。

2. 加工承揽合同的计税依据是加工或承揽收入的金额。

3. 建设工程勘察设计合同的计税依据为收取的费用。

4. 建筑安装工程承包合同的计税依据为承包金额。

5. 财产租赁合同的计税依据为租赁金额，税额不足1元的，按1元贴花。

6. 货物运输合同的计税依据为取得的运输费金额，即运输费收入，不包括所运货物的金额、装卸费和保险费等。

7. 仓储保管合同的计税依据为收取的仓储保管费用。

8. 借款合同的计税依据为借款金额。

9. 财产保险合同的计税依据为支付（收取）的保险费，不包括所保财产的金额。

10. 技术合同的计税依据为合同所载的价款、报酬或使用费。为了鼓励技术研究开发，对技术开发合同，只就合同所载的报酬金额计税，研究开发经费不作为计税依据。单对合同约定按研究开发经费一定比例作为报酬的，应按一定比例的报酬金额贴花。

11. 产权转移书据的计税依据为所载金额。

12. 营业账簿中资金账簿的计税依据为“实收资本”与“资本公积”两项的合计金额。其他账簿的计税依据为应税凭证件数。

13. 权利、许可证照的计税依据为应税凭证件数。

（四）计税依据的特殊规定

1. 应税凭证以“金额”“收入”“费用”作为计税依据的，应当全额计税，不得作任何扣除。

2. 同一凭证，载有两个或两个以上经济事项而适用不同税目税率，如分别记载金额的，应分别计算应纳税额，相加后按合计税额贴花；如未分别记载金额的，按税率高的计税贴花。

3. 按金额比例贴花的应税凭证，未标明金额的，应按照凭证所载数量及国家牌价计算金额；没有国家牌价的，按市场价格计算金额，然后按规定税率计算应纳税额。

4. 应税凭证所载金额为外国货币的，应按照凭证书立当日国家外汇管理局公布的外汇牌价折合成人民币，然后计算应纳税额。

5. 应纳税额不足 1 角的，免纳印花税；1 角以上的，其税额尾数不满 5 分的不计，满 5 分的按 1 角计算。

6. 有些合同，在签订时无法确定计税金额，如技术转让合同中的转让收入，是按销售收入的一定比例收取或是按实现利润分成的；财产租赁合同，只是规定了月（天）租金标准而却无租赁期限的。对这类合同，可在签订时先按定额 5 元贴花，以后结算时再按实际金额计税，补贴印花。

7. 应税合同在签订时纳税义务即已产生，应计算应纳税额并贴花。所以，不论合同是否兑现或是否按期兑现，均应贴花。

8. 对有经营收入的事业单位，凡属由国家财政拨付事业经费，实行差额预算管理的单位，其记载经营业务的账簿，按其他账簿定额贴花，不记载经营业务的账簿不贴花；凡属经费来源实行自收自支的单位，其营业账簿，应对记载资金的账簿和其他账簿分别计算应纳税额。

跨地区经营的分支机构使用的营业账簿，应由各分支机构于其所在地计算贴花。对上级单位核拨资金的分支机构，其记载资金的账簿按核拨的账面资金额计税贴花，其他账簿按定额贴花；对上级单位不核拨资金的分支机构，只就其他账簿按件定额贴花。为避免对同一资金重复计税贴花，上级单位记载资金的账簿，应按扣除拨给下属机构资金数额后的其余部分计税贴花。

9. 商品购销活动中，采用以货换货方式进行商品交易签订的合同，应按合同所载的购、销合计金额计税贴花；合同未列明金额的，应按合同所载购、销数量依照国家牌价或者市场价格计税应纳税额。

10. 施工单位将自己承包的建设项目，分包或者转包给其他施工单位所签订的分包合同或者转包合同，应按新的分包合同或转包合同所载金额计算应纳税额。

11. 从2008年9月19日起，对证券交易印花税政策进行调整，由双边征收改为单边征收，即只对卖出方（或继承、赠与A股、B股股权的出让方）征收证券（股票）交易印花税，对买入方（受让方）不再征税。

12. 对国内各种形式的货运联运，凡在起运地统一结算全程运费的，应以全程运费作为计税依据，由起运地运费结算双方缴纳印花税；凡分程结算运费的，应以分程的运费作为计税依据，分别由办理运费结算的各方缴纳印花税。

对国际货运，凡由我国运输企业运输的，不论在我国境内、境外起运或中转分程运输，我国运输企业所持有的一份运费结算凭证，均按本程运费计算应纳税额；托运方所持的一份运费结算凭证，按全程运费计算应纳税额。由外国运输企业运输进出口货物的，外国运输企业所持的一份运费结算凭证免纳印花税；托运方所持的一份运费结算凭证应缴纳印花税。国际货运运费结算凭证在国外办理的，应在凭证转回我国境内时按规定缴纳印花税。

（五）应纳税额的计算

印花税的应纳税额，根据应纳税凭证的性质，分别按比例税率或者定额税率计算，其计算公式为：

应纳税额＝应税凭证计税金额（或应税凭证件数）×适用税率

（六）税收优惠

下列凭证，免征印花税：

1. 已缴纳印花税的凭证的副本或者抄本。

2. 无息、贴息贷款合同。

3. 房地产管理部门与个人签订的用于生活居住的房屋租赁合同。

4. 农牧业保险合同。

5. 与高校学生签订的高校学生公寓租赁合同。

6. 公租房租赁合同。

（七）征收管理

1. 税款缴纳方法。

印花税票为有价证券，票面金额以人民币为单位，分为1角、2角、5角、1元、2元、5元、10元、50元和100元9种。

印花税的纳税办法，按照应纳税额大小、贴花次数多少及征收管理的需要，分别采用自行贴花、汇贴或汇缴、委托代征三种纳税办法。

（1）自行贴花。这种办法，一般适用于应税凭证较少或者贴花次数较少的纳税人。

自行贴花是指纳税人在书立、领受或者使用应税凭证时，根据应税凭证的性质和适用税率，自行计算应纳税额，自行购买印花税票，自行一次贴足印花税票并加以注销或画销的一种方法。也就是通常所说的“三自”纳税办法。

对已贴花的凭证，修改后所载金额增加的，其增加部分应当补贴印花税票。凡多贴印花税票者，不得申请退税或者抵用。

（2）汇贴或汇缴。这种办法，一般适用于应纳税额较大或者贴花次数频繁的纳税人。

汇贴。一份凭证应纳税额超过 500 元的，应向当地税务机关申请填写缴款书或者完税证，将其中一联粘贴在凭证上或者由税务机关在凭证上加注完税标记代替贴花。

汇缴。同一种类应税凭证，需要频繁贴花的，纳税人可以根据实际情况自行决定是否采用按期汇总缴纳印花税的方式，汇总缴纳的期限为 1 个月。缴纳方式一经选定，1 年内不得改变。

采用按期汇总缴纳方式的纳税人应事先告知主管税务机关。主管税务机关接到纳税人要求按期汇总缴纳印花税的告知后，应及时登记，制定相应的管理办法，防止出现管理漏洞。对采用按期汇总缴纳方式缴纳印花税的纳税人，应加强日常监督、检查。

实行印花税按期汇总缴纳的单位，对征税凭证和免税凭证汇总时，凡分别汇总的，按本期征税凭证的汇总金额计算缴纳印花税；凡确属不能分别汇总的，应按本期全部凭证的实际汇总金额计算缴纳印花税。

经税务机关核准，持有代售许可证的代售户，代售印花税票取得的税款须专户存储，并按照规定的期限，向当地税务机关结报，或者填开专用缴款书直接向银行缴纳，不得逾期不缴或者挪作他用。代售户领存的印花税票及所售印花税票的税款，如有损失，应负责赔偿。

（3）委托代征。这一办法主要是通过税务机关的委托，经由发放或者办理应纳税凭证的单位代为征收印花税税款。税务机关应与代征单位签订代征委托书。如按照印花税有关规定，市场监督管理机关核发各类营业执照和商标注册证的同时，负责代售印花税票，征收印花税税款，并监督领受单位和个人贴花。税务机关委托市场监督管理机关代售印花税票，按代售金额 5% 的比例支付代售手续费。

2. 纳税义务发生时间。

纳税人在书立、领受或者使用应税凭证时，纳税义务即已产生，应当按规定计算粘贴印花税票。具体是指在合同签订时、账簿启用时和证照领受时贴花。如果合同是在国外签订，并且不便在国外贴花的，应在将合同带入境时办理贴花纳税手续。

3. 纳税地点。

按印花税法规定，纳税人应在合同签订时、书据立据时、账簿启用时和证照领用时贴花。因此，印花税一般实行就地纳税，应税行为发生时的地点即为印花税的纳税地点。

对于全国性商品物资订货会（包括展销会、交易会等）上所签订合同应纳的印花税，由纳税人回其所在地及时办理贴花完税手续；对地方主办、不涉及省际关系的订货会、展销会上所签合同的印花税，其纳税地点由省、自治区、直辖市人民政府自行确定。

（八）违章处罚

印花税纳税人有下列行为之一的，由税务机关根据情节轻重予以处罚：

1. 在应纳税凭证上未贴或者少贴印花税票的或者已粘贴在应税凭证上的印花税票未注销或者未画销的，由税务机关追缴其不缴或者少缴的税款、滞纳金，并处不缴或者少缴的税款50%以上5倍以下的罚款。

2. 已贴用的印花税票揭下重用造成未缴或少缴印花税的，由税务机关追缴其不缴或者少缴的税款、滞纳金，并处不缴或者少缴的税款50%以上5倍以下的罚款；构成犯罪的，依法追究刑事责任。

3. 伪造印花税票的，由税务机关责令改正，处以2 000元以上1万元以下的罚款；情节严重的，处以1万元以上5万元以下的罚款；构成犯罪的，依法追究刑事责任。

4. 按期汇总缴纳印花税的纳税人，超过税务机关核定的纳税期限，未缴或少缴印花税款的，由税务机关追缴其不缴或者少缴的税款、滞纳金，并处不缴或者少缴的税款50%以上5倍以下的罚款；情节严重的，同时撤销其汇缴许可证；构成犯罪的，依法追究刑事责任。

5. 纳税人违反以下规定的，由税务机关责令限期改正，可处以2 000元以下的罚款；情节严重的，处以2 000元以上1万元以下的罚款。

（1）凡汇总缴纳印花税的凭证，应加注税务机关指定的汇缴戳记、编号并装订成册后，将已贴印花或者缴款书的一联粘贴附册后，盖章注销，保存备查。

（2）纳税人对纳税凭证应妥善保存。凭证的保存期限，凡国家已有明确规定的，按规定办理；没有明确规定的其余凭证均应在履行完毕后保存1年。

6. 代售户对取得的税款逾期不缴或者挪作他用，或者违反合同将所领印花税票转托他人代售或者转至其他地区销售，或者未按规定详细提供领、售印花税票情况的，税务机关可视其情节轻重，给予警告或者取消其代售资格的处罚。

三、实验内容与资料

印花税纳税评估是税收风险管理的重要内容，税务机关应根据掌握的纳税人申报信息，对印花税纳税情况进行疑点分析和风险判断，进而采取针对性的风险应对措施，及时纠正纳税人纳税申报方面的错误行为，为加强税收风险管理提供经验借鉴。

某服饰公司纳税评估案例

【学习指引】

本案例税务机关通过对A服饰公司纳税申报表和财务报表进行案头分析，发现纳税人有少缴实收资本、建筑合同等印花税疑点，继而采取税务约谈和实地核查的方法，对该公司印花税纳税情况进行了有效的分析评估和风险应对，对教材使用人员了解和掌握印花税风险管理方法及纳税评估技巧具有一定的参考意义。

【案情场景】

（一）基本情况

A服饰公司成立于2015年3月，主要从事外贸服装的生产和销售，增值税和企业所得税由国家税务局管理。

（二）信息采集

2015年度A服饰公司销售额为419.67万元，利润为5.59万元，增值税税负在1.3%左右。资产总额为764.88万元，权益总额为500.8万元。该公司成立以来，生产经营情况正常，能及时申报缴纳各种税收及资金。

（三）案头分析

税务机关在审核该单位2015年的纳税申报表时发现，仅申报了购销合同和账册贴花的印花税，而新注册的实收资本和其他许可证照以及其他合同没有申报。从财务报表中可以看出，公司实收资本为500万元，“在建工程”科目也有数据，肯定有建筑合同，初步认定该公司存在少申报印花税的疑点。因此，该公司被确定为纳税评估对象。

（四）税务约谈

根据上述评估分析疑点，风险应对人员约谈了纳税人，该公司财会人员就印花以及其他税种是否存在纳税问题向主管税务机关进行了说明。

财务人员认为，自己对印花税政策了解不深，也没有主动向风险应对人员请教，可能存在少申报印花税问题，表示要对公司成立以来的印花税缴纳情况进行自查，认真审核申报情况。涉及少缴的税款定会立即补缴，并建议风险应对人员到该公司进行实地评估辅导，以规范自己的纳税行为。

（五）实地调查

为了进一步核实情况，风险应对人员进行了实地核查，对该公司印花税相关纳税资料进行了核对，通过核对相关的会计核算资料和纳税申报资料，发现该公司有运输合同3.37万元、实收资本500万元、建筑合同146.51万元、购买的房产95万元证照等都未申报印花税，最终确定该公司少申报印花税税额为3 434.7元，其他税种未发现少申报问题。

（六）评估处理

公司对税务部门发现的问题表示认可，愿意主动补缴税款并按照规定缴纳滞纳金。

【案例点评】

该案例是税务机关通过对纳税申报表和财务报表的案头分析发现纳税人少缴税款的疑点，继而通过税务约谈、实地核查的纳税评估方法解决纳税人少缴印花税问题。对于新办企业来说，有些纳税人的设立手续是通过税务代理办理的，开始经营后企业更换了财务人员和办税人员，由于更换后的财务人员和办税人员工作疏忽的原因，实收资本未申报印花税的情况时有发生，税务部门应重点关注。

日常税收征管工作中，税务机关要加强对新注册企业的税收政策宣传，督促帮助新办企业加强政策学习，及时足额履行纳税义务。印花税纳税申报金额虽小，但是纳税人普遍且涉及的内容复杂，所以应加强印花税风险管理，不断提高风险应对的质量和效果。

四、实验步骤

（一）税收风险点判断和结论

分组开展案例讨论，通过案头分析，列出案例企业可能存在哪些印花税税收风险点。

（二）税收风险点风险特征分析计算

分组开展案例讨论，开展印花税风险点特征分析，列出纳税评估采用的评估方法，列出模型、计算公式、指标源和特殊信息。

（三）税收风险点风险信息排除确认

通过实验内容和资料进行印花税税收风险点风险信息的判断、验证、排除、确认。

五、实验总结与报告

通过本次实验，我们理解和掌握了印花税的计税原理，掌握印花税纳税评估对象的确定、案头审核分析方法、约谈举证及实地核查方法等内容，研究分析现行印花税税制存在的税收风险，探索建立印花税纳税评估指标及评估模型，提高了印花税纳税评估的技巧和水平。应该总结回顾本次实验的过程，检查实验的结果，按实验步骤要求写出本次实验的纳税评估工作报告。

纳税评估工作报告

纳税评估序号：

评估所属时期：

评估实施时间：

<table>
<tr><td>纳税人名称（全称）</td><td colspan="3"></td></tr>
<tr><td>税务登记号</td><td></td><td>评估所属项目</td><td></td></tr>
<tr><td colspan="4">风险点判断和结论：

风险点特征分析计算：

风险点信息排除确认：</td></tr>
<tr><td colspan="4">纳税评估整体总结

工作建议

评估人员：
日期：</td></tr>
</table>

第二部分
制造业纳税评估实验

实验七

白酒制造业纳税评估

一、实验目的与要求

通过本实验，使学生了解白酒制造业生产流程和业务类别，掌握白酒制造业纳税评估对象的确定、案头审核分析方法、约谈举证及实地核查方法等内容，纵向掌握白酒制造业务流程，从采购环节、生产环节、销售环节、储运环节、资产管理等环节中查找容易产生税收风险的重要节点；横向掌握区分风险事项、分别按照重点税收风险和一般性税收风险分别进行识别和分析。帮助学生掌握白酒制造业纳税评估的流程，研究分析白酒制造业存在的税收风险，探索学习建立白酒制造业纳税评估指标，提高白酒制造业纳税评估的技巧和水平。

二、实验知识准备

（一）行业定义

白酒制造是指以高粱等粮谷为主要原料，以大曲、小曲或麸曲及酒母等为糖化发酵剂，经蒸煮、糖化、发酵、蒸馏、陈酿、勾兑而制成的，酒精度（体积分数）在18%—60%的蒸馏酒产品的生产。

白酒制造业是我国食品工业的重要组成部分，是国家的重要税收来源。从总体趋势来看，虽然最近几年白酒产量有所降低，规模相对有所缩小，已经由快速扩张时期发展到相对稳定期，产量主要集中在山东、四川、江苏、河南和安徽主要产区和骨干企业。

按照《国民经济行业代码》（GB/T 4754—2011）的规定，白酒制造的行业属性及编号为：制造业（门类行业行业代码：C）—酒、饮料和精制茶制造业（大类行业行业代码：15）—酒的制造（中类行业行业代码：151）—白酒制造（小类行业行业代码：1512）。

（二）工艺简介

目前，国内白酒产品大致可以分为纯粮固态发酵白酒和新工艺白酒。

1. 纯粮固态发酵白酒采用的是传统酿酒工艺。

以粮食为原料，经粉碎后加入曲药（大多用小麦或麸皮制作），在泥池或陶缸中自然发酵一定时间，经高温蒸馏后形成原酒，然后经过勾调、罐装，最终产出成品酒。

纯粮固态发酵白酒，是以高粱、玉米、大米、糯米、小麦五种粮食为原料，经蒸煮、糖化、发酵、蒸馏、贮存、勾兑而成。其生产工艺流程一般为：投料——发酵——出酒——存储——加浆（勾兑）——灌装（成品）。

2. 新工艺白酒主要包括串香白酒、调香白酒和固液勾兑白酒。

（1）串香白酒就是用液态法生产的食用酒精为酒基，利用固态法发酵的酒醅，即通常所说的“酒饭”进行串香而成的白酒。

（2）调香白酒是以食用酒精为酒基，加入呈香、呈味物质调配而成的白酒。

（3）固液勾兑白酒是以食用酒精为酒基，加入一定比例传统固态法生产的白酒进行勾调而成的白酒。现今，这种固液勾兑白酒占据了很大的市场份额，其工艺特点容易使消费者误以为是纯粮生产的白酒。

固液勾兑白酒，是以酒精、曲酒加纯净水进行勾兑，然后用含活性炭的净化机进行净化，并加香精搅拌，再通过化验、过滤，最后罐装、包装销售，其生产工艺流程如下：酒精（原酒）、纯净水勾兑——净化——（加香精）搅拌——化验——过滤——罐装——包装销售。

（三）企业类型划分

企业类型按不同标准可以划分为：

1. 按生产工艺不同分类。

（1）固态法白酒。以粮谷为原料，经酒醅固态发酵、贮存、勾兑而成，属我国传统的白酒酿造工艺，优质粮食酒一般均采用固态法酿制。

（2）液态法白酒。以薯类、谷物、糖蜜等为主要原料，经液态发酵蒸馏而得的食用酒精为酒基，再经串香、勾兑而成。生产方法与酒精生产类似，产量大，质量一般。

（3）固液结合法白酒。利用液态发酵法生产的酒精作为酒基，对采用固态发酵法制成的香醅进行串蒸或浸蒸，制得新工艺白酒。又可分为半固半液发酵法白酒、串香白酒、勾兑白酒等。

（4）调香白酒，以食用酒精为酒基，用食用香精及特制的调香白酒经调配而成。

2. 按所用糖化发酵菌种及原料的不同分类。

（1）大曲酒。以大曲为糖化发酵剂，以高粱、小麦为主要原料酿制，一般采用固态发酵，酒质较好，多数名优白酒均以大曲酿制。

（2）小曲酒。以小曲为糖化发酵剂，以稻米等为原料酿制而成，一般采用半固态发酵。

（3）麸曲酒。以纯培养的曲霉菌及纯培养的酒母作为糖化、发酵剂，以薯类为主要原料酿制，发酵时间短，生产成本低，出酒率高，为多数酒厂所采用，此类酒产量最大，以大众为消费对象。

3. 其他分类。

（1）按酒质分为：国家名酒、国家级优质酒、省部级名优酒、一般白酒。

其中：优质名酒主要采用固态法生产，产量较低，价格较高，部分名优酒已具有准奢侈品特征；一般白酒大多采用液态法生产，占酒产量的大多数，价格低廉。

（2）按是否包装分为：瓶装白酒、散白酒等。生产瓶装酒需要专门的灌装设备。

（3）按酒度的高低分为：高度白酒、低度白酒。

（四）行业生产经营规律

1. 原度酒的生产特点。

一般是以高粱、小麦、大米、糯米等农产品中的一种或几种为主要原料，以大曲、小曲或麸曲以及酒母为糖化发酵剂，主要经过蒸煮、糖化、发酵、蒸馏、陈酿、勾兑等工艺过程而制成的蒸馏酒，酒精度（体积分数）一般在60%左右。

2. 产成品的生产特点。

以原度酒或酒精加纯净水进行勾兑，然后用含活性炭的净化机进行净化，并加香精搅拌，再通过化验、过滤、最后罐装、包装销售。

3. 白酒产品使用不同曲药的特点。

大曲药酒发酵期长，出酒率低；小曲药酒发酵期短，出酒率相对相高。

4. 影响白酒产品出酒率的因素众多。

白酒产品的投入产出比例（即出酒率）受原材料质量、生产技术水平、人员设备能力、气候状况等多种因素的影响。

5. 白酒生产企业营销模式。

白酒生产企业设立销售公司现象比较普遍。生产环节将白酒全部销售给销售公司，销售公司再向市场销售。双方虽然在形式上实行独立核算，但在资金、人员和商品控制上存在关联关系。

近年来，生产厂家（销售公司）直接面向终端门店的销售模式也越来越多。白酒企业的市场销售基本流程为：生产厂家（销售公司）——代理商（地区总经销商）——分销商（小范围地域经销商）——终端门店（餐馆、酒店、商场、超市等）——消费者。

6. 白酒生产企业营销特点。

（1）市场竞争激烈。白酒生产企业数量众多，分布广泛，供大于需。

（2）季节性明显。白酒作为一种具有广大消费群体的特殊消费品，销售带有一定的季节性，尤其是非一线品牌白酒节日销售远大于平时销售。

（3）具有地域特色。名优白酒一般占领高端市场，地产一般白酒主要占据当地市场。

（4）促销措施多。白酒行业注重投资培养品牌经销商，为其提供资金、货物、宣传等多方面支持；为维护白酒市场价格，让利、折扣、促销、利润分成等措施较多。

（5）产品种类多样，价格水平参差不齐。白酒生产企业根据不同香型、不同度数、不同工艺推出不同品牌和系列产品。为适应不同市场环境、迎合各层次消费群体的需求，产品之间价格水平也有所差异。

7. 白酒生产行业财务核算特点。

（1）规模差别大，核算水平不一。白酒生产企业规模差别较大，既有大型、特大型的企业集团，又有数量众多的小酒厂、小作坊。规模较大企业财务核算健全、信息化程度高，多数中小规模企业使用通用财务软件或自行开发财务软件进行核算，有的仍处于手工管理、手工记账阶段，有的小酒作坊甚至未设立账簿。

（2）注重过程控制，实行半成品核算。白酒企业生产的原酒和酒精既可用于本企业连续生产成品酒，也可直接对外销售，一般需通过自制半成品账进行中间产品的核算。白酒企业的自制半成品是考核企业生产能力、出酒率等指标的重要参考。

（3）采用标准酒度，折算标准产量。由于受原料、气温、设备状况等各种因素的影响，酿酒企业每批次产品的酒精度均不一致。而原酒的出库入库、白酒的加浆降度、不同酒的勾兑等，都需进行酒度的相互折算。一般以温度20℃时的65度白酒的质量为标准，按照规定的折算系数，根据实际测量的酒精度，通过《酒度折算单》，将实际生产的白酒数量换算为标准白酒数量，以方便计量、统计和领用（需要说明的是折算后的标准白酒数量不得作为从量计征消费税的数量依据）。在实际生产中，有的小酒厂应用一种粗略的计算方式，以65度为标准，根据实测酒度，每高（或低）1度，每百公斤酒增（或减）1.8公斤65度白酒。

（4）涉税业务多，纳税核算复杂。工业企业的涉税问题在白酒生产行业一般均涉及。从适用税种看，既涉及增值税、消费税，也涉及所得税及其他各税；从计税方法看，既涉及从价定率，也涉及从量定额；从其生产情况看，既有主体产品，也有副产品；从其销售对象看，既面向经销单位，也直接面向消费者，既有自产自用，也有赠送、发放福利，既涉及用产品换取生产资料和消费资料业务，也涉及用产品投资入股、偿还债务等业务。

（五）涉税管理要点

1. 白酒生产企业原辅材料进货渠道多，增值税进项税额抵扣凭证来源广，特别是以农产品收购发票购进的高粱、大麦、豌豆、稻皮、小麦等农产品，大多是企业自行收购，自行开具收购发票，增值税管理难度加大。

2. 白酒生产工艺复杂、程序较多，受诸多因素限制，税务人员受专业知识等因素的限制，一直以来对白酒产品的原材料耗用、动力消耗、出酒率等投入产出指标是否准确难以确定。

3. 与关联企业间的业务往来，企业会刻意回避应税货物的移送时间、数量、交易价格等关键点，而且现金交易比较普遍，白酒销量真实性难以核实。

4. 同类企业之间、同一企业不同时期间税负不均衡。企业以原料产品的购销以及季节性因素为幌子，采取账外经营等方式隐匿销售收入或者人为调节销售时间，使销售业务的真实性和完整性难以监控。总之，虚抵进项，隐匿销售，申报不实是目前该行业偷税的主要手段。

5. 由于白酒生产企业从价计征消费税的计税依据和应征增值税的计税依据相同，部分生产企业为了规避消费税税基，以成本价甚至低于成本价销售白酒给其关联的独立核算的销售公司，由销售公司统一按照市场价对外销售，使生产环节应缴纳的增值税转移到了流通环节，导致商品流通企业增值税税负明显提高，利润增加，而生产企业增值税税负相对较低，且大都处于亏损状态。

6. 将产品无偿赠送他人是普遍存在的现象。在赠送的过程中，由于受赠方不需开具发票，管理差一点的企业不会主动将赠送产品按照视同销售进行相应的会计和税务处理，所以应缴的“税”也赠送了。还有很多企业对赊销的货物的核算不及时，延后计算销售收入，造成税款后移。

（六）评估方法

1. 投入产出分析法。

（1）原理描述。投入产出分析法，就是根据企业评估期实际投入原材料、辅助材料的数量，按照确定的投入产出比（定额）测算出企业评估期的酒类产品产量，结合库存产品数量及产品销售量、销售单价测算分析纳税人实际产销量、销售收入，并与纳税人申报信息进行对比分析的方法。

评估模型：

①原材料投入产出率。白酒制造主要原材料为高粱，以高粱投入量为基础，测算企业评估期的产量。

评估期测算产量 = 评估期原材料投入数量 × 投入产出率

投入产出率 = 基期产品产量/基期原材料投入数 × 100%

标准值参考范围：清香型白酒的投入产出率在35%至45%之间。

②辅助材料投入产出率。白酒制造的主要辅助材料为曲、酒母等，因此，以大曲与粮食的投入量配比率进行测算企业评估期的粮食投入量，进而对产品产量进行测算。

评估模型：

评估期测算粮食投入量 = 评估期辅助材料投入数量 ÷ 配比率

配比率 = 基期辅助材料投入量 ÷ 基期粮食投入量 ×100%

标准值参考范围：清香型白酒的配比率在12%至17%之间。

③数据获取途径。企业的投入产出分析的数据重点为原材料的实际投入量及产品的产出量，该数据主要依据企业提供的纳税申报资料以及企业财务报表中搜集。

④疑点判断。企业评估期的投入产出率超出标准值参考范围，就表明企业存在少计产出，隐瞒销售收入的疑点。

⑤应用要点。对于应用投入产出分析的方法，税务人员的难点和重点是准确掌握企业的各种原材料的投入量以及企业新工艺、新方法对各项投入产出率的影响。同时在进行纳税评估时，应综合利用各项指标统一分析。

2. 产品包装物分析法。

(1) 原理描述。白酒销售时，必须按要求加以包装。各种包装物可以较为准确的测算厂家销售产品的数量以及销售金额。

(2) 评估模型。

评估期产品销售金额差异率 = 评估期测算销售金额 ÷ 评估期实际申报金额 ×100%

评估期测算销售金额 = $\sum$（某产品包装物领用数 × 产品销售价额）

包装物领用数 =（1 - 包装物耗损率）× 包装物购入量

(3) 标准值参考范围。该指标的重点在于各种包装物的耗损率的测算，商标的耗损率为0，酒瓶、酒瓶盖的耗损率为4.5‰～8.5‰，而销售金额差异率为2%～3%。

(4) 数据获取途径。对于包装物数量的取得，主要来源于企业购进包装物的账目记载及实际核查中的实地盘点。

(5) 疑点判断。包装物分析法要求，如果包装物耗损率超过参考范围或销售金额差异率大于标准值，说明企业存在隐瞒销售收入或已销售未入账的疑点。

(6) 应用要点。对于利用包装物来分析企业销售情况的方法，前提条件是可以取得企业的包装物使用（购进）数量，虽然比较准确，但在评估选案阶段无法应用，只能够在进入实地核实阶段后加以运用。在对包装物数量的采集时务求真实、准确，才可最大限度地接近企业的真实情况。

3. 销售收入变动率分析法。

(1) 原理描述。主要用于评估分析白酒制造企业生产经营情况是否正常，是否按规定开具发票并计提销项税额。销售额受销售数量，销售价格及价外费用等因素的影响，应与购销率配合使用，同时，增加价格差异率等辅助指标，通过对销售额变动情况的分析，掌握其销售数量和销售价格的真实性。

（2）评估模型。

① $\text{评估期应税销售额变动率} = \left(\text{本期应税销售额} - \text{上年同期应税销售额}\right) \div \text{上年同期应税销售额} \times 100\%$

② $\text{评估期价格差异率} = \left(\text{本期平均销售价格} - \text{同类产品平均销售价格}\right) \div \text{同类产品平均销售价格} \times 100\%$

（3）标准值参考范围。评估期应税销售额变动率在 -30% ~30%之间，评估期价格差异率在 -10% ~10%之间。

（4）数据获取途径。评估期应税销售额、上年期应税销售额、评估期购进金额分别取值于综合征管系统、纳税人纳税申报表和财务会计报表。评估期平均销售价格取值于纳税人销售月报表；同类产品平均销售价格，从本地区同行业纳税人销售同类商品价格的市场调查中获取。

（5）疑点判断。在经营环境整体较好的情况下，企业销售额变动率低于正常值，表明销售额和销项税额递减，可能存在少计收入问题。

（6）应用要点。

①通过购销变动情况，分析掌握购进和销售情况。同时要结合税收负担率、购销率、价格差异率综合分析销售额变动情况，分析是否隐瞒或少计销售收入问题。

②在购进量确定的情况下，分析销售数量，看企业有无发出货物不记或迟记收入的情形。

③分析单位售价与同类产品市场价格的差异，看是否存在隐瞒收入或价外费用的情形。

④在经营环境整体较差的情况下，销售额变动率高于正常值，说明销售额呈递增，应通过购销变动率分析，看纳税人的购进与销售是否同步增长，有无虚开增值税发票和为他人提供账户、代开发票的行为。

4. 蒸馏用煤分析法。

（1）原理描述。该方法主要利用酿酒工艺中，蒸馏环节耗用原煤的多少来测算白酒的产量。该方法与投入产出法原理基本一致，差别在于由于煤质的不同，每吨酒所耗用的原煤也有所差别。

（2）评估模型。

$\text{评估期吨酒耗煤差异值} = \left(\text{评估期吨酒耗煤测算值} - \text{评估期吨酒耗煤实际值}\right) \div \text{评估期吨酒耗煤实际值} \times 100\%$

（3）标准值参考范围。吨酒耗煤标准值参考范围为：每吨酒大致耗煤为0.9—1.2 吨。

（4）数据获取途径。该方法的重点在于可以准确掌握企业的原煤消耗量或购进量，取得数据的主要途径是利用企业的各种报表及账务记载，提取所需数据。

（5）疑点判断。在经营环境整体较好，煤质大体一致的情况下，企业吨酒耗煤差异值高于20%，表明企业用煤增加而白酒产量减少，可能存在少计收入问题。

（6）应用要点。该方法的应用，必须基于同地区，同工艺、同煤质的前提条件，在不同酿酒工艺、不同煤质的企业中该参考值必然会不同。因此，必须对各个企业工艺及各项耗用指标进行具体分析。

三、实验内容和资料

（一）企业基本情况介绍

某酒业有限责任公司始建于2004年，公司注册资本为人民币1 000万元。现有员工149人，发酵窖池22口，是以当地所产的玉米、高粱等粮食为原料生产的清香型白酒。主要销往本地区。生产工艺主要是清蒸混入法，固态发酵。

（二）数据采集来源及内容

评估人员根据企业申报表数据采集2012～2013年收入及税负情况（见表7－1）。

表7－1　2012～2013年收入及税负情况

项目	应税销售额（元）	销售量（吨）	应纳增值税额（元）	税负率（%）
2012年	8 258 696.54	352	1 396 030.07	16.90
2013年	6 450 139.06	517	607 945.87	9.43
变动率	－21.90%	46.88%	－56.45%	－44.20

依据企业报送的白酒生产业户基本情况表，采集到评估期基础酒产量为400吨，相应计算出各种粮食耗用874吨。

（三）确定疑点列举

1. 变动率分析。

销售额变动率＝（6 450 139.06－8 258 696.54）÷8 258 696.54＝－21.90%

应纳增值税额变动率＝（607 945.87－1 396 030.07）÷1 396 030.07＝－56.45%

增值税税负变动＝（9.43%－16.90%）÷16.90%＝－44.20%

出酒率＝本期基础酒生产入库量÷本期粮食领用量＝400吨÷874吨＝45.77%

2. 确定疑点。

2013年增值税实际税负率为9.43%，远低于2012年16.90%的水平，增值税税负率下降了44.20%，出现异常。

出酒率为45.77%，略高于行业指标。

（四）实地核查情况

通过账证核实、实地核实采集企业2012年、2013年基础酒生产领用情况和粮食领用情况（见表 7－2、表 7－3）。

表 7－2　　基础酒生产情况统计表　　单位：吨

项目	本期基础酒生产入库量	本期粮食领用量	出酒率＝本期基础酒生产入库量/本期粮食领用量	期末基础酒库存量	本期基础酒领用量	期初基础酒库存量	基础酒产量＝期末基础酒库存量＋本期基础酒领用量－期初基础酒库存量
2012 年	400	874	45.77%	658	316	574	400
2013 年	129	295	43.73%	647	140	658	129

表 7－3　　税负率测算表　　单位：元

项目	2012 年（基期）	2013 年（当期）
销售收入	8 258 696.54	6 450 139.06
销项税额	1 403 978.47	1 096 523.64
进项税额	592 944.99	493 313.64
进项税转出额	743 337.87	5 142.68
应纳税额	1 396 030.07	607 945.87
税负率（%）	16.90	9.43

（五）测算税收差异情况

该企业 2013 年增值税实际税负率为 9.43%，2012 年增值税实际税负率为 16.90%，2013 年较 2012 年增值税税负率下降了 44.2%。进一步分析，影响税负率变动原因集中在进项税转出额这一项，2012 年进项税额转出 74.33 万元，2013 年进项税转出仅为 0.51 万元。

该企业出酒率水平略高于行业参考值，原因可能在于：一是行业标准适用于 65 度基础酒的出酒率，该企业基础酒为 60 度，出酒率相应会有所提高。二是影响出酒率的因素有很多，可能会由于企业的生产工艺或加工处理方式的不同导致出酒率较行业整体水平有所差异。

（六）评估约谈

针对该公司出现的异常情况，评估人员对上述指标异常对酒厂相关人员进行了约谈、举证。企业财务负责人解释：

进项税转出额差异巨大。主要是因为企业于 2012 年开始采用了农产品进项税核定扣除方法计算进项税，先后经历了两次测算和进项税转出，分别转出 69.06 万元和 2.17 万元，共计 71.23 万元。不考虑因为农产品进项税核定方法变化因素，企业 2012 年进项转出税额仅为 1.55 万元，与往年水平基本持平。

第二个疑点的原因有两方面，一个是企业生产的原酒，也就是基础酒为60度粮食白酒，与65度的原酒的出酒率相比要高1～2个百分点；另一个原因在于加工的工艺，企业所产原酒的发酵周期较短，仅为17天，另外温度和配料的影响，都有助于提高出酒率。

经企业进一步自查，存在赠送酒行为，补提销项税额20 174.65元。

（七）评定处理

该企业税负变动率过大的主要原因在于因2012年开始实行白酒生产行业的农产品进项税核定扣除而对产成品、半成品和原材料进行了大额进项税转出。该企业出酒率略高原因在于企业的基础酒度数与规范有所差异，企业生产工艺和加工处理也对出酒率也产生了一定影响。通过补充申报缴纳增值税20 174.65元及相应滞纳金。

四、实验步骤

（一）税收风险点判断和结论

分组开展案例讨论，通过案头分析，列出案例企业可能存在哪些税收风险点。

（二）税收风险点风险特征分析计算

分组开展案例讨论，开展风险点特征分析，列出纳税评估采用的评估方法，列出模型、计算公式、指标源和特殊信息。

（三）税收风险点风险信息排除确认

通过实验内容和资料进行税收风险点风险信息的判断、验证、排除、确认。

五、实验总结与实验报告

通过本次实验，我们理解和掌握了白酒制造业纳税评估，掌握白酒制造业纳税评估对象的确定、案头审核分析方法、约谈举证及实地核查方法等内容，研究分析现行白酒制造业纳税评估存在的税收风险，探索建立白酒制造业纳税评估指标及评估模型，提高了白酒制造业纳税评估的技巧和水平。应该总结回顾本次实验的过程，检查实验的结果，按实验步骤要求写出本次实验的纳税评估工作报告。

纳税评估工作报告

纳税评估序号：

评估所属时期：

评估实施时间：

纳税人名称（全称）			
税务登记号		评估所属项目	
风险点判断和结论： 风险点特征分析计算： 风险点信息排除确认：			
纳税评估整体总结 工作建议 评估人员： 日期：			

实验八

医药制造业纳税评估

一、实验目的与要求

通过本实验，使学生了解医药制造业生产经营特点，掌握医药制造业纳税评估对象的确定、案头审核分析方法、约谈举证及实地核查方法等内容，纵向掌握行业税收征管难点，查找容易产生税收风险的重要节点；横向掌握区分风险事项、分别按照重点税收风险和一般性税收风险分别进行识别和分析。帮助学生掌握医药制造业纳税评估的流程，研究分析医药制造业存在的税收风险，探索学习建立医药制造业纳税评估指标，提高医药制造业纳税评估的技巧和水平。

二、实验知识准备

（一）行业定义与分类

医药制造业（Pharmaceutical Manufacturing Industry）就是指原料经物理变化或化学变化后成为新的医药类产品。按照国民经济行业分类国标，医药制造业（国民经济行业代码 C27）是制造业的子行业，具体细分为以下七个明细行业：

（1）化学药品原药制造（2710）。指供进一步加工药品制剂所需的原药生产。包括制药用化学物质的制造，如抗菌素、内分泌品、基本维生素、磺胺类药物、水杨酸盐和水杨酸酯、葡萄糖和生物碱等原料药；化学纯糖。

（2）化学药品制剂制造（2720）。指直接用于人体疾病防治、诊断的化学药品制剂的制造，包括片剂、针剂、胶囊、药水、软膏、粉剂、溶剂等各种剂型的药品；放射性药物。

（3）中药饮片加工（2730）。指对采集的天然或人工种植、养殖的动物和植物及中草药进行加工、处理的活动，包括各种中药材经过加工、炮制后形成的中药饮片；其他提取中药的加工。

（4）中成药制造（2740）。指直接用于人体疾病防治的传统药的加工生产。包括用中药传统制作方法制作的各种蜜丸、水丸、冲剂、糖浆、膏药等中成药；用现代制药方法制作的中药片剂、针剂、胶囊、口服液等；专作治病的药酒。

（5）兽用药品制造（2750）。指用于动物疾病防治医药的制造，包括动物用化学药品、动物用抗生素、畜禽疫苗、中草药；饲料药物、水产养殖用药物等。不包括饲料添加剂（促生长剂）的生产。

（6）生物、生化制品的制造（2760）。指利用生物技术生产生物化学药品、基因工程药物的生产活动，包括基因、细胞、酶、发酵工程药物、基因工程疫苗、新疫苗、菌苗；药用氨基酸、抗生素、维生素、微生态制剂药物；血液制品及代用品；诊断试剂：血型试剂、X 光检查造影剂、用于病人的诊断试剂；用动物肝脏制成的生化药品。

（7）卫生材料及医药用品制造（2770）。指卫生材料、外科敷料、药用包装材料以及其他内、外科用医药制品的制造。包括外科敷料、药物填料如橡皮膏、药棉、绷带等；用于牙科医治的粘合剂、固化材料、生物材料、牙科用充填材料、正畸材料、印模材料、研磨材料等；外科及牙科用无菌吸收性止血材料；骨折用绷带、肠线和其他手术缝合线；明胶制装药用胶囊等；医用高分子材料及制品的制造。不包括医用纱布的制造；玻璃安瓿、药水瓶等医疗卫生用玻璃器皿的生产；药用铝箔的生产；药用包装复合膜的生产；牙医配的假牙、人工器官等制造；医用橡胶制品制造；医用塑料制品制造等。

（二）企业类型划分

医药制造行业按照化学反应方式主要可以分为有机化学医药制造、无机化学医药制造业，按照制药的方法和原料主要分为化学药品原药制造行业、化学药品制剂制造行业、中药饮片加工、中成药制造、生物生化制品制造、兽用药品制造、抗生素加工、放射性药品制造等。

（三）药品生产过程（如图 8－1 所示）

（四）工艺简介

医药制造行业产品品种繁多，生产工艺较复杂；各类制药生产工艺流程差异较大，简单讲，医药制造行业中的药品的生产根据不同的产品，主要是原辅料的粉碎筛选、配料、制粒压片、包装入库等流程进行生产，如图 8－2 所示。

原辅料→粗筛→粉碎→精筛→配料→混合制粒→干燥→整粒→总混→压片→包衣→泡罩包装→外包装→入库，现就其中的部分药类的工艺要求，在此做了一些收集、整理，提供给大家参考。

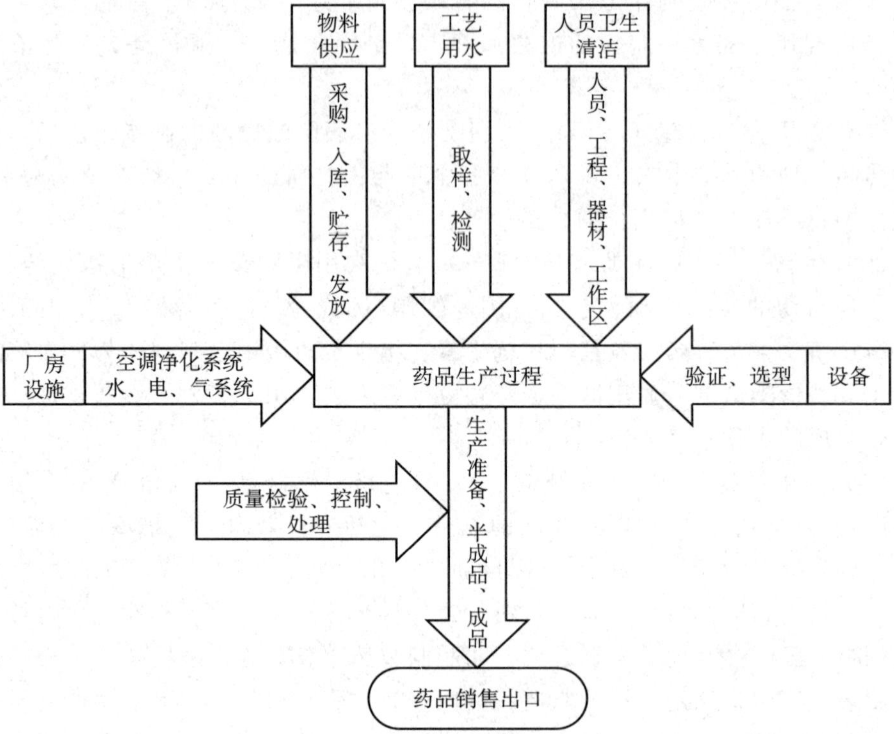

图 8-1 药品生产过程图

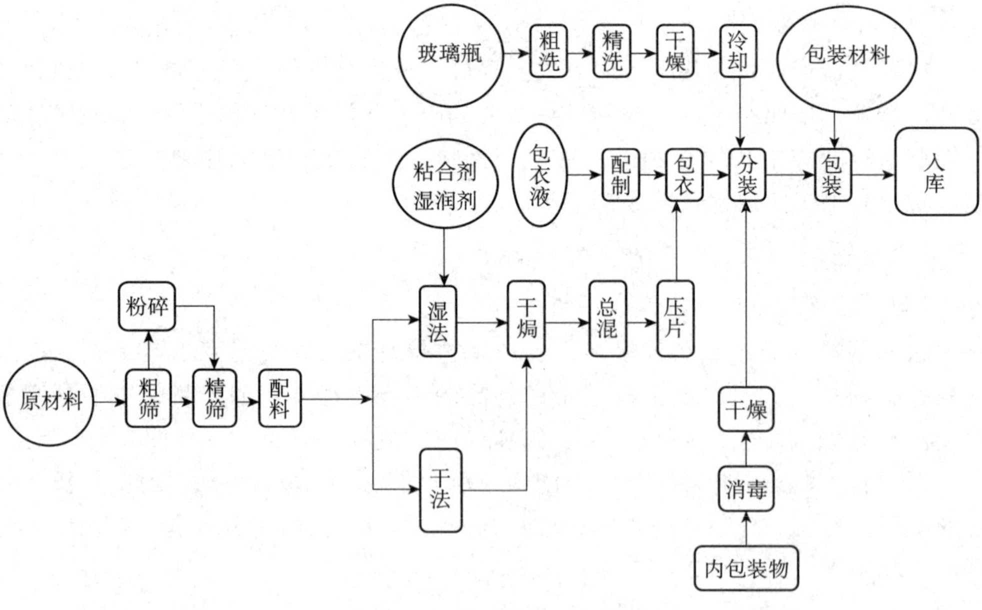

图 8-2 药品生产工艺图

1. 片剂的工艺流程。

分原料水煮→合并煎液→过滤浓缩→浸膏→混粉制粒→混粒压片→加包（糖、内、外）→成品。

2. 颗粒剂的工艺流程。

分原料水煮→合并煎液→过滤浓缩→浸膏→喷雾干燥→干粉制粒→总混颗粒→加包→成品。

3. 胶囊剂工艺流程。

分原料水煮→合并煎液→过滤沉淀→洗涤→加料混合→入囊抛光→加包→成品。

4. 口服液工艺流程。

分原料水煮→合并煎液→过滤浓缩→清膏→滤液加料搅匀静置→取上清液→灌封灭菌→成品。

5. 丸剂工艺流程。

分原料准备（干料粗碎灭菌、湿料处理等）→混合粉碎→湿丸→干丸→成丸分装→成品。

（五）行业生产经营规律

1. GMP 认证。

按照《药品管理法实施条例》的规定，医药制造行业必须经过省级以上药监局的 GMP 认证（GMP 是英文 Good Manufacturing Practice 的缩写，中文的意思是“药品生产质量管理规范”）方能进行生产销售。兽用生物制品生产企业的单位必须按照《兽药生产质量管理规范》经所在地省、自治区、直辖市农牧行政管理机关提出审查意见后报农业部审批。

2. 行业监管。

（1）药品属于特殊商品，行业监管严格。其医药制造行业监管部门主要是各地的药监、农业、卫生部门。

（2）医药制造行业属于流程型制造，药品生产必须严格遵循国家药品生产质量管理规范，质量管理严格规范，要求有完整的批生产记录，批次跟踪要求高。药监局按照 GMP 认证规程标准，定期不定期地对厂家进行检查，厂家的日常生产经营活动也必须按照 GMP 认证规程执行。GMP 认证中“生产计划规程”要求企业对每一药品生产都要制定计划并存储待查，“中药收购规程”中要求企业对收购中药材的品名、规格、数量、产地、来源和采收（加工）日期严格地进行记录备查。国务院兽医行政管理部门负责全国的兽药监督管理工作。县级以上地方人民政府兽医行政管理部门负责本行政区域内的兽药监督管理工作。

（3）全面质量管理体系与业务流程紧密结合，企业每年生产的所有产品，都要按照食品药品监督管理统计报表制度的要求，填报《药品、医疗器械、药包材企业基本情况表》和《药品品种情况表》。此表能够反应年度企业工业总产值（现价）、利润总额、年末单位从业人员、产量（数量和计量单位）和生产的批次号等信息。北京市的企业每月还需向统计局报送工业财务状况表、工业企业生产、销售总值表、工业企业能源购进、消费及库存表、科技活动及相关情况表、生产经营及财务状况表、主要工业产品生产、销售、库存、订货表和行业重点监测企业主要指标表。

3. 产品开发与生产特征。

（1）科技含量高。医药制造行业自主研发药品的科技含量高且知识产权密集，药品配方具有独特性和保密性，部分产品具有自主知识产权或发明专利。

（2）生产工艺较复杂。医药制造行业产品品种繁多，生产工艺较复杂；各类制药生产工艺流程差异较大，且需要购买专业的生产流水线和设备进行生产。

（3）中药类产品原辅料多来自于农业初级产品的收购。

（4）生产品种繁，产品存在有效期，一般情况生产批量小。

4. 销售与财务特征。

（1）价格定价多样。医药制造行业产品销售价格一是在市物价局核定最高零售价幅度内定价；二是政府招标价格定价；三是按照出厂价随行就市定价。

（2）费用比例高。管理、营业（销售）费用占总费用比例较高，其中广告费、业务宣传费、业务招待费、会议费、研发费用、工资所占比例大。

非处方药可在报纸、电视、广播等大众媒体进行广告宣传，但必须报送药监局审批后方能实施，处方药一律不得在报纸、电视、广播等大众媒体进行广告宣传。

（3）销售模式特殊。医药制造行业企业一般销售模式有买断制、代理制、直销制以及经销制，其中最经典五种模式有股份合作、连锁经营、区域买断、驻点直销、终端销售。销售模式的选择很大程度上取决于企业所处的发展阶段，成熟期、有很大品牌效应的企业一般是自身负责广告推广和销售，成长期的企业一般选择代理制和经销制来进行销售。

①股份合作。即在目标市场内，选择数个资金充足，信誉较好的大经销商，成立股份制销售公司，实现市场资源的整合，厂家、商家形成一个利益共同体，由“你”和“我”的关系变为“我们”的关系。但需要注意的是，经销商必须按厂家制订的政策进行销售，经销商的利润来源不再是经销的批发差价，而是按股份多少对整个公司税后利润的分红。

②连锁经营。以生产厂家为主体，联合当地有实力的商家，实行连锁经营，既可减轻目前形势下多数生产企业实行连锁经营资金之不足，同时通过连锁经营，实现销售渠道扁平化结构，销售重心下移终端市场，直接面对销售市场，及时沟通信息，更好地实现企业的销售政策。对生产厂家来说，通过连锁经营可以有效地占领终端市场，对商家来说，不需多大的投入，则可以和厂家一起分享连

锁经营的较高利润。

③区域买断。区域买断对厂家的好处是，由于经销商已将该产品销售权买断，厂家就可以不管销售，而把主要精力放在生产上，同时还可获得一笔额外的“买断费”。对经销商而言，由于已获得了产品的独家经销权，就可以全力开拓市场，加大该产品的销售力度，以使自己获得最大经济效益。

④驻点直销。所谓驻点直销，就是厂方在市场上选择好自己的合作对象后，把自己的销售员派到商家驻点，在商家所在地租用仓库，储存自己的产品，与商家共同定价，联手促销，未销产品产权属厂方，已销产品商家则需及时将货款回笼给厂方，厂方按实际的已回笼到厂方账户上的货款，给商家计付“联销利润”。例如老百姓大药房。

⑤终端促销。针对目前内地小城镇及农村消费水平不高的特点，生产企业可以制定销售政策，把中低档的药品推向这些地区，并通过产品推介调动消费者的购买热情，从而拉动经销商的销售，加快产品在各级经销渠道的周转，达到扩大销售的目的。终端促销的主要内容有：营造氛围，产品宣讲，柜台促销，有奖促销等。当产品销售达到一定数量后，三级经销商的积极性就会被调动起来，主动要求经销该产品，接着是二级经销商、总经销商的积极性被调动起来，争着要经销该产品，从而形成一个良性循环。

（4）促销手段。医药制造企业采用的促销手段有：

①现金返利。厂家直接以现金支付经销商应得的返利。这是最为原始、最为简单的返利形式。这种形式对厂家而言，容易操作、易于管理。但增加厂家现金压力，缺乏对渠道成员的后续控制能力。

②折扣返利。返利不以现金的形式支付给经销商，而是让经销商在下次提货时享受一个折扣。厂家主要是通过这种模式减少自身的现金压力。同时，在对经销商的返利上形成环环相扣的局面，不进下一批货就无法得到这笔返利。

③实物返利。厂家以等价值的实物支付经销商应得的返利。如向经销商赠送配送车辆、电脑，可以加大经销商配送推广能力、业务管理能力。

④推广形式。将返利的资金作为经销商的培训费用和当地经销商的广告宣传费用来使用。为经销商办一些实事，如市场活动、广告宣传，帮助经销商扩大影响快速销货；提升经销商的业务能力、经营管理水平，为扩大产品销量打下基础。可以说，这笔钱是用到了刀刃上。

⑤联谊活动。如观光、旅游、联欢等，缓解了厂商的工作压力，制造机会，增进沟通加深感情，有利于淡化利益，融洽厂商关系。

（六）行业税收征管难点

1. 税前扣除核实难。

该行业前期生产准备投入较大，且药品可替代性强，市场竞争激烈，企业为生存、发展需要，研发投入和市场投入费用较多，使税务机关对成本费用的归集、划分，以及发生的真实性、相关性、合理性的核实带来较大困难，直接影响研发费用加计扣除问题。

2. 引进技术费用的涉税问题。

企业为了在国际市场形成强有力的竞争，许多核心药品生产技术主要依靠国外技术的引进。由于大量使用国外的专利技术生产药品，必然涉及向国外企业支付特许权使用费的问题。在向境外企业支付特许权使用费时应实行源泉扣缴制度，扣缴外国企业应缴的所得税，具体税率由双方的税收协定约定。一般情况下，特许权使用费的支付金额都是经过公允的合同条款约定的。然而，现实当中存在境外企业与国内药品生产企业属于关联关系的情况，这时就要注意存在的涉税风险：（1）特许权使用费扣缴税款时间；（2）转让定价问题。

3. 涉农产品进项税额核实难。

医药制造业中的中药饮片加工、中成药制造和生物、生化制品的制造，都涉及农产品的采购，但由于农业产品收购发票缺少“金税工程”这样的辅助监控系统，管理不像增值税专用发票那样到位，一些企业便钻政策的空子，其主要手段有：一是擅自扩大收购发票的使用范围，将非初级农产品编造成初级农产品入账；二是虚构收购业务，凭空开具收购发票入账，虚增进项税额；三是在实物交易的基础上采取虚增数量、虚抬收购价格等手段，将一些运输费、手续费等费用摊入成本，虚增进项税额，使税务机关对增值税进项税额核实较难。

4. 产量测算难。

该行业企业的生产规模、生产设备配置、生产工艺流程差异较大，产品品种、规格较多，原材料、电量耗用相差悬殊，即使是同一产种产品，不同规模企业，其设备状况、工艺流程、原材料的种类和耗用情况等也存在较大差异，没有统一的行业技术指标标准，税务机关难以准确掌握共性的规律和指标，给税务机关测算产量带来了困难。

5. 销售价格监控难。

医药生产企业销售的产品品种多，同一品种又涉及不同规格，价格结算比较复杂，虽然国家规定对药品价格实行政府定价、政府指导价或者市场调节价的价格管理办法，但各医药生产企业通常根据经营的需要，在不违反国家法律的前提下，制定了各自的价格结算办法，给税务机关监控销售价格带来了困难。

6. 销售数量核实难。

医药生产企业的营销模式特殊，赊销和代销情况较多，对监控货物是否已发出、判定是否实现销售及对销售数量的监控带来困难。

7. 关联交易监控难。

由于税收优惠等因素，部分医药生产企业利用关联企业间的业务往来，如关联企业之间特许权使用费的支付、研发费用的归集等方法来减少企业或者其关联方应纳税收入或者所得额的目的，可能涉及转让定价问题，给税务机关管理带来困难。

8. 返利核算核实难。

销售返利是指医药生产企业为扩大产品市场，采取向经销商或零售商返还部分利润或实物，由经销商或零售商以平价或低于市场价销售其产品的一种方式。在销售返利中，可能存在企业收取返利记入“账外账”、未作进项税额转出或者利用医院为免税行业，用销售返利大量冲减“销售收入”，隐匿销售收入。

（七）纳税评估方法

1. 增值税。

由于医药制造行业实行准入制度，从医药制造企业的设立到产品的生产和销售都有较严格的规范。目前我国医药制造企业的设立必须取得生产许可，药品生产采取 GMP 认证管理，因此药品从原料购进到成品出厂都有严格监控。结合医药制造业的这一特点，核实企业产量、销量、销售收入，评估是否存在隐瞒产量、销量和收入不入账或设账外账，虚增进项等情况。

（1）利用生产管理规范评估产量法。

【原理描述】

根据 GMP 认证管理要求，企业生产药品执行《生产计划管理规程》，可将企业按生产计划完成的各种药品生产记录的数量与企业会计数据核对；对疫苗、注射剂等制造企业，由于产品数量在药监等部门备案，也可将备案数据与企业会计数据核对，以核定评估期产量。

【评估模型】

$$\frac{\text{从药监局或畜牧局取得的某批号药品数量}}{1} \div \frac{\text{企业账列该批号药品入库数量}}{1} = 1$$

从药监局或畜牧局取得的某批号药品数量 ÷ 企业账列该批号药品入库数量 = 1

或某批号药品生产计划完成的生产记录数量 ÷ 企业账列该批号药品入库数量 = 1

【数据获取途径】

企业账面数据，按生产计划完成的各种药品生产记录的数据以及在药监等部门的备案数据。

【疑点判断】

比值大于 1，可能存在隐瞒产量、隐瞒销售收入情况；比值小于 1，进一步分析原因，企业生产内控可能存在问题，要进一步核实有无隐瞒产量，隐瞒收入情况。

【应用要点】

要与药监局或畜牧局沟通协调，确定所评估期间的药品种类、规格、批次及批号，从第三方取得数据或生产记录数量与账列资料要相对应。

（2）投入产出法。

【原理描述】

投入产出分析法，就是根据企业评估期实际投入原材料、辅助材料、包装物等的数量，按照确定的投入产出比（定额）测算出企业评估期的产品产量，结合库存产品数量及产品销售量、销售单价测算分析企业实际产销量、销售收入，并与企业申报信息进行对比分析的方法。

【评估模型】

评估期产品产量 = 主要原材料出库量 ÷ 投入产出比例

产品差异数量 = 评估期产品产量 + 期初库存数量 − 期末库存数量 − 评估期账面产品销售量

销售收入差异 = 产品差异数量 × 评估期产品平均销售单价

问题值 = 销售收入差异 × 税率

【数据获取途径】

①从供应部门的企业进厂原材料明细表及化验室的原材料配比通知单取得企业生产的原材料品种，并将其与企业原材料明细账反映的各种原材料实际消耗的品种核对，以确定生产药品的原材料品种。

②评估期各品种原材料量是指评估期内各种原材料的实际消耗重量，将企业原材料账记载购入各种原材料重量与企业原材料入厂台账进行比对，以数量多的为准。

③从企业原材料配比台账采集主要原材料的配比平均比例，计算各主要原材料进厂质量比例，察看是否与原材料配比通知单平均比例相符。

④从企业财务账采集各品种药品产销量、期初期末库存及销售单价。

【疑点判断】

①可根据原材料出库数量，测算出评估期可生产产品数量，与账载产品入库产量相对比是否存在差异，判断是否存在销售产品不入账的可能。

②可通过实地调查核实方式，与生产技术工程师或生产技术人员进行实地交谈，获得原材料耗用比例，各种药品的产出数量，与企业账载数量相对比是否存在差异，判断是否存在销售产品、不入账的可能。

③查询企业财务销售账各品种数量，与出厂台账及出厂通知单进行比对，如不符，则存在隐瞒销售收入的可能。

【应用要点】

①根据原材料出库数量，经过评估模型的测算，可推算出评估期各品种药品的产量，将评估测算的药品产量与企业账载的药品产量核对，找出问题值。

②根据企业原材料出库数量和产成品账载产品数量计算出耗用比例，分析是

否在标准值范围内找出问题值。

③测算分析和实地核查相结合。经过测算出的产品产量可与实地查验结果核对，找出问题值，正常情况下，企业发生销售滞后问题，往往通过实地查验，测算出的结果或账载数量与实际库存数量核对，找出问题值。

（3）利用物料管理规范评估产量法。

【原理描述】

根据GMP认证管理要求，企业的包装领用标签管理有严格规定，每张标签对应相应的产品，可将标签使用数与企业账列产品数核对，评估产量。

【评估模型】

某批次、规格的药品使用标签数量÷企业账列该批次、规格药品入库数＝1

某批次、规格的药品使用标签数量＝领用数－残损数－剩余数

【数据获取途径】

从供应部门的购买合同、入库单据取得企业包装物购进数量，并与财务部门账载数据及购进发票、付款凭证、运输单据等进行核对，数据不一致以数量多的为准。

【疑点判断】

比值大于1，可能存在隐瞒产量、隐瞒销售收入情况；比值小于1，进一步分析原因，企业生产内控可能存在问题，要进一步核实有无隐瞒产量，隐瞒收入情况。

【应用要点】

要了解企业的标签管理规范，依据标签取得的数据要与账列资料相对应。企业印有与标签内容相同的药品包装物，也是按标签管理的，也可采用同样方法评估产量。

（4）包装物耗用测算法。

【原理描述】

包装物耗用测算法，就是根据企业评估期实际耗用的包装物数量，测算出企业评估期的产品产量，结合库存产品数量及产品销售量、销售单价测算分析企业实际产销量、销售收入，并与企业申报信息进行对比分析的方法。

【评估模型】

$$\text{每千片/包合格药品耗用某种包装盒定额} = 1\,000 \div \left[\frac{\text{某种包装盒}}{\text{标准包装量}} \times (1-\text{包装盒报废率})\right]$$

$$\text{测算产品产量} = \sum\left(\frac{\text{某种包装盒}}{\text{耗用总量}} \div \frac{\text{每千片/包合格药品耗}}{\text{用某种包装盒定额}}\right)$$

测算产品销量＝期初库存数量＋测算产品产量－期末库存数量

测算销售收入＝测算产品销售数量×销售单价

测算增值税税收差异＝（测算销售收入－实际申报销售收入）×适用税率

【数据获取途径】

从供应部门的购买合同、入库单据取得企业包装物购进数量，并与财务部门账载数据及购进发票、付款凭证、运输单据等进行核对，数据不一致以数量多的为准。

【疑点判断】

①利用包装物消耗测算产量大于企业申报产量，企业可能存在生产产品不入账、隐瞒销售收入的问题。

②查询企业财务销售账各品种数量，与出厂台账及出厂通知单进行比对，如不符，则存在隐瞒销售收入的可能。

【应用要点】

①应用本方法的重点在于核实包装物耗用的真实性，需要多渠道采集信息判断其真实性。

②一般情况下包装盒不应有损耗，如有损耗应另其将破损包装盒保存，经核实无误后可适当考虑。

③可运用本方法测算的药品产量与投入产出法测算的药品产量相互印证，确定实际耗用数量。

（5）设备生产能力测算法。

【原理描述】

设备生产能力法就是按照企业投入生产的单位设备生产能力，测算、分析企业的实际生产量，进而核实应税销售收入，并与企业申报信息对比、分析是否存在涉税问题的方法。

设备生产能力是指主要生产设备在原料、动力和人员等正常运转下产出的能力。可分为设计生产能力和实际生产能力。设计生产能力指按照国家标准生产或引进的设备，经过国家有关部门审验、认可的标准性生产能力。实际生产能力是指设备在实际运转时的生产能力。

【评估模型】

测算产品产量=若干设备的日产量或时产量×评估期正常工作日或工作时

测算产品销售数量=期初库存数量+测算产品产量-期末库存数量

测算销售收入=测算产品销售数量×销售单价

测算税收差异=（测算销售收入-实际申报销售收入）×适用税率（征收率）

【数据获取途径】

①根据企业提供药品生产设备说明书注明的设备生产能力。

②通过到企业实地调查核实设备的生产能力，或采集生产车间的生产日报表或月报表数据，取得正常情况下企业设备实际生产能力。

③通过网络查询或行业专家咨询方式，取得企业设备生产设计能力和实际能力，可计算出日或小时生产能力。

④根据同行业同等设备标准数据。

⑤工作时间可从企业生产日记台账中采集。

【疑点判断】

①分析、测算企业的最大或者最小生产能力。通过最大生产能力的测算，可发现企业是否有虚开发票的问题；反之，对最小能力的测算，可发现企业是否有销售不入账的问题。

②在运用设备生产能力法测算时，评估人员要同时对企业日产药品的生产能力和月产药品的生产能力分别进行测算，若企业生产药品设备的生产能力远远大于生产药品的实际生产能力，则企业可能存在生产和销售药品不入账的问题，需进一步对实际生产能力进行测算。

【应用要点】

①设备生产能力是指主要生产设备正常运转下实际产出的能力，可能与设备的设计生产能力不一致。当产品畅销时，实际生产能力的发挥可能大于设计能力，反之小于设计能力。根据同行业情况，可以推算正常的差异幅度，一般在20%以内。

②评估时不一定需要同时测算最大和最小生产能力，根据评估重点也可以选择测算最大或者最小生产能力。

（6）能耗分析法。

【原理描述】

能耗测算法主要是根据企业评估期内水、电、煤、气、油等能源、动力的生产耗用情况，利用单位产品能耗定额测算企业实际生产、销售数量，并与企业申报信息对比、分析的一种方法。

【评估模型】

$$\text{生产能耗量} = \text{总耗用能耗量} \times 1 - \text{非生产用电比例）或} = \sum \text{（各生产环节耗用能耗量）}$$

$$\text{测算产品产量} = \text{生产能耗量} \div \text{单位产品能耗定额}$$

$$\text{测算产品销售数量} = \text{期初库存产品数量} + \text{产品产量} - \text{期末库存数量}$$

$$\text{测算销售收入} = \text{产品销售数量} \times \text{产品销售单价}$$

$$\text{测算税收差异} = \left(\text{测算应税销售收入} - \text{企业实际申报应税销售收入}\right) \times \text{适用税率（征收率）}$$

【标准值参考范围】

医药生产耗电量约占全部耗电量比例，可深入企业，测算其非生产用电实际耗用情况进行确定，正常情况下，生产规模越大比例越大。

【数据获取途径】

①各生产环节装有分电表，直接从供电部门取得各生产环节表示的用电量相

加，即得评估期生产用电量。

②各生产环节没有分电表的，可从当地供电部门取得评估期总耗电量，再乘以医药生产用耗电量约占全部耗电量比例，即得评估期生产用电量。

③评估期内水、煤、气、油等能源、动力的生产耗用情况，比照电量生产耗用情况的计算方法获取相关数据。

④对账务核算不健全、材料耗用情况难以估算，但可从第三方取得客观能耗信息的小规模企业或个体工商户同样适用。

【疑点判断】

此法就是根据生产耗用的电力、水、煤、气等能量耗用定额指标，测算产品产量，进而测算其销售额和应纳税额，与申报信息进行对比分析，查找企业纳税疑点和线索的方法。

①正常的企业非生产性（办公照明、空调使用等）用电占比例很小，可以忽略不记。但对差异额较大的，应分析是否存在隐瞒产量，少计销售收入的可能，是否存在将电转售其他企业或用于非应税项目等情况，少计其他业务收入或多抵进项情况；对需要由电费推算用电量的，应考虑扣除企业缴纳的基本电费。

②应加强同当地电业管理部门、自来水公司等单位的联系，核实企业用电、水量等数据的真实性。同时，要求企业申报时向主管国税机关提供电力、自来水发票复印件；或利用“金税工程”中供电系统的涉税信息核实。确定是否存在存根联滞留票或超范围抵扣的问题。

【应用要点】

在实际分析中，应选取企业生产经营中最具客观实在性、企业不易人为改变、不易隐瞒、便于收集、纳税评估可操作性强的指标。对能耗指标的分析应用，应充分考虑企业生产设备、生产工艺、工人熟练程度等因素的影响。指标的运用不可生搬硬套，应因地制宜，根据当地实际选用或增设辅助指标，确定科学、合理的参考系数，多个指标并用，便于发现问题和疑点。

（7）计件工资分析法。

【原理描述】

计件工资分析法是指在生产单位产成品工资定额确定的前提下，按照企业一定时期的计件工资总额，分析、测算该时期内的产品产量，并与企业核算信息对比，分析是否存在涉税问题的一种评估方法。

【评估模型】

$$\text{测算产品产量}=\frac{\text{评估期生产人员工资总额或某一主要生产环节工资总额}}{\text{单位产品工资定额}}$$

测算产品销售数量＝期初库存数量＋测算产品产量－期末库存数量

测算销售收入 = 测算产品销售数量 × 销售单价

测算税收差异 = （测算销售收入 − 实际申报销售收入） × 适用税率（征收率）

【数据获取途径】

①企业申报表、账簿、凭证、车间生产记录。

②评估人员现场测算、询问有关人员。

③同行业标准数据。

【疑点判断】

若测算出的产品销售数量大于账载销售数量，则可能存在销售不入账的问题；反之，则可能存在虚开增值税专用发票等问题。

【应用要点】

①要考虑企业的生产单位产品计件工资定额标准的变动情况。

②参考当地同行业或规模、效益相近企业的生产单位产品计件工资标准，便于税企双方工资标准的共同认可。

③工资总额的所属期要与生产产品的所属期一致。

④采用计件办法计算工人工资，适用于单位产品工资标准相对稳定，工资或工时记录完整的企业。

（8）进项税额控制数测算法。

【原理描述】

进项税额控制数测算法，就是根据企业评估期实际申报的进项税额与计算出的进项税额控制数进行对比，两者应基本相等，如果进项税额明显大于进项税额控制数可能存多抵进项税额的问题，进项税额小于进项税额控制数可能存在进项税额未抵扣的问题。

【评估模型】

$$\text{进项税额控制数} = \left(\text{期末存货较期初增加额} + \text{本期产品成本} + \text{期末应付账款较期初减少额}\right) \times \text{主要外购货物的增值税税率} + \text{本期运输支出数} \times 7\%$$

测算增值税税收差异 = 进项税额 − 进项税额控制数

【数据获取途径】

从综合征管系统中提取企业的纳税申报表及报送的财务报表数据，或企业的财务记录。

【疑点判断】

①实际申报的进项税额与计算出的进项税额控制数进行对比，两者应基本相等，如果进项税额明显大于进项税额控制数可能存多抵进项税额的问题，进项税

额小于进项税额控制数可能存在进项税额未抵扣的问题。

②查询企业财务原材料账、应缴税金账、包装物账及低值易耗品账进行核查，是否存在超范围抵扣进项税额的问题。

【应用要点】

应用本方法的重点在于核实进项税额的构成，需要多渠道采集信息判断其真实性。

(9) 利用产品销售管理规范评估销量法。

【原理描述】

根据 GMP 认证管理要求，药品销售有严格管理，每批药品销售都有跟踪记录（包括品名、剂型、批号、规格、数量、收货单位和地址、发货日期），将记录的销售数量与企业账列销售数量核对，可评估销售数量是否属实。

【评估模型】

$$\frac{\text{根据产品销售规范记录的}}{\text{某批药品销售数量}} \div \frac{\text{企业对应批次}}{\text{药品账列销售数量}} = 1$$

【数据获取途径】

企业账面数据以及在药监等部门的备案数据。

【疑点判断】

比值大于 1，可能存在隐瞒销售数量、隐瞒销售收入情况；比值小于 1，进一步分析原因，企业生产内控可能存在问题，要进一步核实有无隐瞒销量，隐瞒收入情况。

【应用要点】

①根据企业销售管理规范，弄清销售药品品名、剂型、批号、规格、数量、收货单位和地址、发货日期，核对的品种要与账列销售品种相对应。

②要与药监局或畜牧局沟通协调，确定所评估期间的药品种类、规格、批次及批号，从第三方取得数据或生产记录数量与账列资料要相对应。

(10) 利用研发费用评估收入法。

【原理描述】

由于大部分药品制造企业都有研发费用支出，研发费用与销售收入存在一定比例关系，可根据企业的研发费用测算销售收入。

【评估模型】

研发费用支出 ÷ 研发控制比例 = 评估销售收入

评估销售收入 ÷ 企业同期账列销售收入 = 1

【疑点判断】

比值大于 1，可能存在隐瞒收入问题；比值小于 1，再分析具体原因，是否属于正常。

【应用要点】

此方法的应用范围是企业有研发计划且研发费用按销售收入下达，企业研发费用归集必须准确，执行了规定的研发比例。

(11) 销售费用评估收入法。

【原理描述】

由于医药制造业的市场竞争激烈，销售费用占期间费用比例较大，为抢占市场，企业通常采取销售费用与营销业绩挂钩方式，两者间具有一定的比例关系，可通过销售费用测算销售收入或数量。

【评估模型】

$$\frac{\text{各营销人员的销售费用}}{\text{计算的销售额或数量}}=\frac{\text{各营销人员的}}{\text{实际报销费用}}\div\frac{\text{企业规定的}}{\text{报销比例}}$$

$$\text{或}\frac{\text{各营销人员的销售费}}{\text{用计算的销售额或数量}}=\text{片区经理奖金}\div\frac{\text{企业规定的}}{\text{奖金计算比例}}$$

$$\frac{\text{各营销人员的销售费用}}{\text{计算的销售额或数量}}\div\frac{\text{企业同期账列}}{\text{销售额或数量}}=1$$

【疑点判断】

比值大于1，可能存在隐瞒销售数量。隐瞒收入问题；比值小于1，再进一步分析具体原因，是否属于正常。

【应用要点】

由于企业营销费用列支政策不一，需要了解企业的营销模式，企业要准确提供营销人员报销的销售费用或片区经理的奖金发放明细。

(12) 农产品收购进项比率法。

【原理描述】

在生产经营正常、生产销售产品稳定、药材市场也比较稳定的情况下，企业药材购进也相对稳定。可通过对不同时期农产品购进情况的对比分析，判断企业是否存在虚开农产品收购发票、虚增进项的问题。

【评估模型】

$$\frac{\text{农产品收购}}{\text{进项比率}}=\frac{\text{农产品收购发票}}{\text{所列进项税额}}\div\frac{\text{所有进}}{\text{项税额}}\times 100\%$$

【疑点判断】

农产品收购进项比率与前期（或基期）比，指标值应比较接近，如发生较大波动，则为异常，可能存在虚开农产品收购发票，虚增进项问题。

【应用要点】

此方法的应用范围是企业生产稳定且药材采购未发生大的变化，使用农产品收购发票的药材价格相对稳定。

2. 企业所得税。

医药制造行业的财务现状一般情况下呈现出“两高一低”的特征，即前期开发费用高，后期营销费用高，产品直接成本低，尤其是那些具有自主知识产权和独特配方药品的企业更为突出。药品的直接成本项目配比直接关系到用药安全、产品质量和效能，所以同一品种的药品直接成本变化是相对较小的，在纵向比较连续几年成本变化率是否异常的基础上，应将评估重点放在收入和“两高”评估中。

(1) 单位产成品原材料耗用评估法。

【原理描述】

企业单位产成品原材料的耗用通常是在一个固定期间。通过分析产成品中原材料的耗用率，可以判断出企业的成本是否正常，收入是否全额入账。

【评估模型】

$$\text{某产品单位产成品原材料耗用率}=\text{该产品本期投入原材料}\div\text{本期该产成品成本}\times 100\%$$

【疑点判断】

低于预警值属于正常；高于预警值，则为异常，应分析企业是否存在账外销售问题、是否错误使用存货计价方法、是否人为调整产成品成本或应税所得额等问题。

【应用要点】

通过计算出的单位产成品原材料耗用率，作为预警参考值与评估期分析比较。在评估中可以采取对该企业的主要产成品中的某种主要原材料占所有原材料的比例来评估成本结转的准确性。

评估人员可进一步通过同一产品生产线所有生产批号下依次计数流水号的始末值来确定产成品的生产数量，结合库存数，核实产成品的销售数量和金额。

(2) 包装物消耗评估法。

【原理描述】

每种药品都要通过接触性包装和外包装才能达到预定可销售状态。同一品种同一规格型号的产品所消耗的包装物是大致相同的。通过对其评估分析可以判断产成品产量和产成品库存及其销售量是否正常。

【评估模型】

$$\text{包装物消耗变动率}=\left(\text{本年包装物消耗数量}-\text{上年包装物消耗数量}\right)\div\text{上年包装物消耗数量}\times 100\%$$

【疑点判断】

如果在某个评估期包装物耗用率明显增长，则为异常，企业可能存在少计产量和销售收入或多列包装物费用的情况。

【应用要点】

评估人员通过对药品的接触性包装物、外包装物的标识、规格以及消耗量来确认其产量和销量。评估中要细分出企业的主要产品和主要包装物，通过对该产品耗用包装物量的平均值计算，得出一个大致的预警参考值与评估期分析比较。

（3）研发费用评估法。

【原理描述】

研发费用在一定期间是基本稳定和平衡的，人员工资和主要设备以及科学实验的费用等主要项目均可通过纵向比得到比值，通过比值的比较可以判断企业研发费用的合理性。

【评估模型】

研发费用变动率 =（本年研发费用 - 上年研发费用）÷上年研发费用 ×100%

【疑点判断】

研发费用变动率在某年度突然走高，且企业又无新产品或新科研项目的情况下存在异常情况，企业可能出现虚增费用的情况。

【应用要点】

评估人员应将近几年企业投入的研发费用进行纵向比较，有同类企业数据的还可横向比较。对某项研发费用项目增速明显较大的，应重点核实，如研发人员的工资薪金支出要结合缴纳个人所得税的情况核查。一般情况下企业研发要经过立项、备案（审批）、实施、科研成果、产业转换等过程，评估人员要通过该过程控制进行评估。同时要关注科研费用列支项目是否合理，有无将其他费用挤进科研费用，或将有比例扣除的费用挤进科研费用中全额扣除。

（4）广告和业务宣传费的评估法。

【原理描述】

企业在销售额相对稳定或者在没有新产品投放市场的情况下，广告和业务宣传费的发生额是相对稳定的。税法规定了广告和业务宣传费的税前扣除限额标准，企业年度广告和业务宣传费的支出是不允许超出扣除限额的。

【评估模型】

①广告和业务宣传费变动率 =（本年广告和业务宣传费用 - 上年广告和业务宣传费用）÷上年广告和业务宣传费用 ×100%

②广告和业务宣传费用税前扣除额≤销售（营业）收入合计 ×15% 或 30%（30% 执行时间：2008 年 1 月 1 日至 2010 年 12 月 31 日）

【疑点判断】

广告和业务宣传费在某年度增长较快的，且无新产品投放市场的情况下，为异常，企业可能存在虚增广告和业务宣传费的情况。

【应用要点】

根据药品法律法规的规定，处方药是不允许发布广告的，非处方药的广告发布要向药监部门报批并有投放期限（可在国家药品食品监督管理局网站查询）。要注意区分业务宣传费和药品推广费如劳务费、会议费等，防止将广告和业务宣传费划到药品推广费中。

要查阅广告和业务宣传费的有关合同，审核媒体的发布资质（是否通过工商机关注册登记），审查发票开具和使用情况，防止利用虚假广告和业务宣传行为或虚假发票和虚开广告业发票的行为侵蚀所得税税基。

（5）非正常损失的评估法。

【原理描述】

企业在一定生产和管理的条件下（无重大灾害），产成品的非正常损失会在一定的区间范围内。企业管理愈规范，产品质量愈稳定，非正常损失会呈现出逐渐下降的趋势。

【评估模型】

$$\text{产成品非正常损失变动率}=\left(\text{本年产成品非正常损失}-\text{上年产成品非正常损失}\right)\div\text{上年产成品非正常损失}\times 100\%$$

【疑点判断】

某年的产成品非正常损失变动率，如果突然高于近年来产成品非正常损失变动率平均值的，可能存在虚报损失的情况。

【应用要点】

药品制造行业由于质量管理严格，产品使用有效期短等原因会有产成品损失的情况，尤其是在生物制药行业更为突出。企业如出现非正常损失税前扣除的情况，必须要经有权税务机关审批后方可列支。评估人员要审核企业是否取得批文，核对账列的损失金额与批准的列支损失金额是否一致，还需按照实质重于形式的原则核查损失的真实性（企业损失的内控机制，损失的内控报批文书，保险赔款和责任人的处理等）。

（6）代理费及推广费的评估法。

【原理描述】

由于制药行业营销渠道的特殊性，代理商和推广渠道都是相对固定的，对同一代理商和同一品种的推广费用，在一定期间（一个合同期）基本一致。

【评估模型】

$$\text{代理费及推广费变动率}=\left(\text{本年代理费及推广费}-\text{上年代理费及推广费}\right)\div\text{上年代理费及推广费}\times 100\%$$

【疑点判断】

某年的代理费及推广费变动率，如果突然高于近年来代理费及推广费变动率平均值的，可能存在虚增代理费及推广费的情况。

【应用要点】

医药产品通常是由具有药品经营资质的单位来营销配送的，产品的营销渠道也相对固定。不论是通过代理商代理还是政府招标或派驻业务代表，企业都会与其约定权利义务。评估人员要审查合同、中标书和销售目标责任书等文件，注重所支付的相关费用是否与经营直接相关（业务是否真实），金额大小是否合理，发票开具是否符合规定要求等。

（7）特殊时期企业所得税贡献率配比评估法。

【原理描述】

部分企业处于税收优惠的期间，如享受西部大开发15%的优惠税率、外商投资企业享受“两免三减半”政策、取得高新企业证书的享受15%的优惠税率等，原则上处在非税收优惠期间的所得税贡献率高于处在税收优惠期间的所得税贡献率。

【评估公式】

非税收优惠期间的所得税贡献率＞税收优惠期间的所得税贡献率

【疑点判断】

处在非税收优惠期间的所得税贡献率低于、等于或略高于处在税收优惠期间企业的所得税贡献率的，为异常。

【应用要点】

通过所得税贡献率的比较，审查企业各项财务指标，分析在优惠与非优惠期间影响所得税额主要变化的财务项目和金额，核实指标变化是否真实、相关、合理。存在通过设立关联公司人为转移利润嫌疑的，要对关联企业一并评估，整体计算所得税贡献。

三、实验内容和资料

（一）企业基本情况介绍

北京××药业有限公司成立于2003年1月，2004年4月被认定为增值税一般纳税人。行业：医药制造业；注册类型：私营有限责任公司；企业现有职工21人；企业经营范围：制造中药饮片；种植药材；技术开发、技术转让、技术培训。注册资金：100万元，在国税局缴纳的税种为增值税、所得税。

评估税种：企业所得税、增值税。

评估税种所属期：2010年1月1日至12月31日。

企业税收背景：不享受任何税收优惠政策。

（二）数据采集来源及内容

1. 2009～2011年8月增值税相关数据采集情况（见表8－1）。

表 8－1

单位：元

项　目	2009 年度	2010 年度	2011 年 1～8 月
01. 主营业务收入	12 204 810. 32	21 164 834. 91	37 829 039. 08
02. 主营业务成本	11 575 436. 07	19 909 115. 00	36 791 404. 25
03. 销项税额	1 586 624. 99	2 751 428. 15	4 917 775. 66
04. 进项税额	1 459 066. 37	6 187 749. 20	2 819 111. 65
05. 进项税额转出	1 552. 48	0. 00	0. 00
06. 运费发生数	0. 00	0. 00	0. 00
07. 运费抵扣税额	0. 00	0. 00	0. 00
08. 期末留抵	0. 00	3 561 783. 59	1 550 178. 14
09. 应纳增值税额	129 111. 10	125 462. 54	87 058. 56
10. 库存商品借方发生	10 091 310. 13	19 648 618. 04	38 208 161. 68
11. 期末库存（成品）	733 675. 48	420 934. 75	1 837 692. 18
12. 期初库存商品	2 218 070. 55	733 675. 48	420 934. 75
13. 期初留抵税额	0. 00	0. 00	3 561 783. 59

2. 2009～2011 年 8 月所得税相关数据采集（见表 8－2）。

表 8－2

单位：元

项　目	2009 年度	2010 年度	2011 年 1～8 月
01. 所得税收入合计	12 204 810. 32	21 164 834. 91	37 829 039. 08
02. 视同销售收入			
03. 所得税成本合计	11 575 436. 07	19 909 115. 00	36 791 404. 25
04. 视同销售成本			
05. 营业税金及附加	10 328. 89	10 036. 98	6 964. 69
06. 销售费用	346. 50	398. 50	4 121. 75
07. 管理费用	603 728. 33	1 043 430. 55	562 821. 18
08. 财务费用	－1 285. 18	39. 97	3 610. 39
09. 营业利润	16 255. 71	201 813. 91	460 116. 82
10. 营业外收入			
11. 营业外支出	1 997. 37	17 350. 73	
12. 利润总额	14 258. 34	184 463. 18	460 116. 82
13. 纳税调增	8 289. 97	28 648. 57	
14. 纳税调减	0	0	
15. 应缴所得税	4 110. 19	42 622. 35	

3. 财务往来账户（表8－3）。

表8－3 单位：元

项 目	2009年度	2010年度	2011年1～8月
01. 应收账款余额	5 732 914.29	13 599 429.76	13 805 170.06
02. 应付账款余额	2 853 685.76	25 139 382.76	21 655 341.21
03. 预收账款余额			
04. 预付账款余额			
05. 其他应付款余额	1 480 052.91	14 450 052.91	2 250 052.91

4. 原材料购入发出情况（见表8－4）。

表8－4 单位：元

时间段	期初余额	本期增加	本期减少	期末余额
2010年度	1 231 990.35	42 217 299.41	19 214 530.82	24 234 758.94
2011年1～8月	24 234 758.94	23 894 135.83	37 748 277.99	10 380 616.78

（三）确定疑点列举

根据指标计算程序计算的相关指标，并参考市局医药制造业的预警值，对企业涉税数据进行分析。

1. 以市局提供的五项指标作为参照，通过指标对比，完成初步分析，掌握企业经营现状（见表8－5）。

表8－5 **税收风险疑点表**

项 目	指标类型	中成药制造行业指标预警值	企业实际指标值	差异率（%）
增值税税负率	下限指标	3.50	0.59	83
所得税主营业务收入贡献率	下限指标	1.75	0.20	89
销售毛利率	下限指标	19.32	5.93	69
主营业务收入费用率	上线指标	22.60	4.93	
进项税金负担率	上线指标	15.46	29.24	89

可以看出，五项指标除了主营业务收入费用率指标远远低于预警值外，其他四项都大幅超过预警值上限或下线，需要进一步核实原因。

2. 往来账户中的应付账款、应收账款及其他应付款科目余额均较大，尤其2010年年底应付账款达到2 500万元，需进一步查找原因，分析真实性。

3. 2010年企业三项费用费用占收入额很小比重，这也是导致主营业务收入费用率偏低的直接原因。企业发生的费用真的这么少吗？2010年销售费用仅398.5元，为什么年底大额进货却没有运费发生？

4. 根据模板中的“其他抵扣凭证明细表”，对该企业进项税额构成进行分析（见表8-6）。

表8-6 企业进项税额构成表

时间	农产品收购凭证普通发票		
	份数	金额（元）	税额（元）
2010年1月	11	1 029 216.96	153 791.04
2010年2月	4	265 406.55	39 658.45
2010年3月	9	884 307.15	132 137.85
2010年4月	12	1 096 181.73	163 797.27
2010年5月	11	917 410.65	137 084.35
2010年6月	12	980 370.81	146 492.19
2010年7月	13	1 225 406.31	183 106.69
2010年8月	8	654 873.36	97 854.64
2010年9月	9	718 208.49	107 318.51
2010年10月	13	1 215 855.45	181 679.55
2010年11月	6	894 925.50	133 724.50
2010年12月	294	25 455 535.76	3 803 700.74

通过表8-6可以看出，2010年1~11月各月农产品采购开票数比较平均，进项税额也平均在十几万元左右，12月份单月进项税额达到380万元，这导致期末留抵较大，期末原材料库存余额较大，需要进一步核实合理性和真实性。

5. 对2009~2010年度趋势变化的分析。通过计算得出2009~2010年相关指标的趋势变动情况和指标配比结果。

（1）主要指标的趋势变动情况（见表8-7）。

表8-7 主要指标趋势变动表

指标名称	2009年度（元）	2010年度（元）	2009~2010趋势变动率（%）
主营业务收入	12 204 810.32	21 164 834.91	73.41
主营业务成本	11 575 436.07	19 909 115.00	71.99
主营业务费用	602 789.65	1 043 869.02	73.17
营业利润	16 255.71	201 813.91	1 141.50

（2）根据趋势变动的配比值如表8-8所示。

表8-8 主要指标趋势变动配比值表

配比指标组合	配比值
主营业务成本变动率与主营业务收入变动率配比	0.98
主营业务费用变动率与主营业务收入变动率配比	1.00
主营业务成本变动率与主营业务利润变动率配比	0.06
主营业务收入变动率与主营业务利润变动率配比	0.06

根据表 8－8 趋势配比结果的疑点确定原则，有下列三种情况：

当比值 <1 且相差较大，两者都为负；

当比值 >1 且相差较大，两者都为正。

（3）当比值为负数，且前者为正后者为负。

可能存在企业少计收入、多列成本费用情况；正常情况下，两者基本同步增长，比值接近 1，另外收入变动应大于成本变动。单从趋势变动和配比值角度分析，以上的计算表明，企业 2009～2010 年的变动情况基本正常。

6. 疑点确定，确定约谈方向。根据上面的分析计算，确定评估的疑点和下一步工作方向。

（1）税负、毛利率等各项指标明显低于预警值，原因是什么？

（2）2010 年底往来账户余额较大，是什么原因造成？

（3）既然大量购进农产品，为何销售费用那么少？

（4）2010 年 12 月突然大量购进农产品是何原因？业务是否真实存在？

既然 2010 年 1～11 各月购进农产品都比较均匀，最高在 100～120 万元，12 月购进的 2 545 万元原料就成为最大的疑点。所以下一步约谈的重点放在这个环节，因为进货导致了进项税额大幅增加，直接影响到企业各项指标。

（四）评估约谈

评估人员随后向纳税人发放了税务约谈举证通知书，对该企业的财务人员进行了约谈。

1. 关于税负及毛利率的解释。

（1）纳税人解释其中原因有两个：一是近年来原材料价格猛涨导致利润大幅降低；二是企业销售的中药材中有近百种产品是国家限价的，也就是说销售价格是固定的，原材料价格上涨销售价格却不变，这也导致留抵税额长期存在，毛利率低，形成不了多少税款。

（2）通过约谈得知，该企业目前只进行中草药饮片加工，税务登记上的种植药材、技术开发、技术转让、技术培训等项目都没有开展，所以明细行业不应确定为中成药制造，故此前计算的各项指标，其预警值所参照的行业指标有出入。

2. 关于 12 月往来账户余额较大的解释。

应收账款余额大的原因是购买方有结算周期，不能及时结账。应付账款因为应收账款不能及时收到，企业资金周转不开，造成余额较大；而其他应付款主要是向个人借款，用于资金周转。

3. 主营业务费用较少的解释。纳税人解释其原因主要有两个：一是进货为从当地雇佣私人黑车运输，现金结算，不能取得运输发票，所以没有运费抵扣税款，也没有多少销售费用。二是因为法人的人脉关系，购货方比较固定，基本不用发生什么业务招待费。主营业务费用中，绝大部分为管理费用中的工资。

4. 约谈中，纳税人承认销售开票有滞后发货现象，要求其对以前月份货物发出未及时结转收入情况进行自查。

（五）实地核查情况

评估人员认为企业对税负和毛利率的解释有些牵强，而且12月大量购货是否真实存在，也需要进行核实。

1. 企业确实是中药饮片加工行业，不应确定为中成药制造行业。

2. 评估人员对企业原材料库房进行了实地核查。在抽查中发现生地、白术明显与账面不符，责成纳税人解释原因，并对其他主要品种进行自查。

3. 评估人员为了证明企业2010年底大批购进货物的真实性，查看了2010年12月主要农产品购货合同、资金流及账务处理情况，暂未发现异常。

4. 实地核实中发现凭证不合规定发票较多，责令纳税人对2010年各项费用发生情况进行自查。

（六）评定处理

通过纳税辅导及纳税人自查确定企业存在如下问题：

1. 2010年主营业务成本列支水电费、购进包装物发票填写项目不全27 129.6元，重复列支成本86 430.11元，需调减成本113 559.71元。

2. 管理费用中发票填写不规范现象122 380.1元，不得作为会议费列支的有23 508元，企业负担个人保险费支出4 806.16元，共计调减费用150 694.26元。

3. 因为2010年底大批进货影响了当年主要税收指标，所以有必要对其2011年的销售情况进行跟踪，作为2010年纳税评估的延续。截至2011年8月底，企业有发出货物未做账务处理情况，共计1 106 194.69元，应调增应税收入1 106 194.69元及销项税额。

4. 关于企业2011年8月底账实不符的原因，企业承认，2011年3月公司质检部门查出一部分质量不合格药材，已退货但未作账务处理（见表8－9）。

表8－9　不合格药材退货情况表

名称	退货数量（公斤）	金额（含税）（元）
生地	18 816	1 599 360
瓜蒌	2 000	100 000
山药	5 823	599 769
黄芪	30 872.5	2 099 330
玄参	8 820	599 760
白术	19 188	2 398 500
金银花	1 120	399 840
合计	—	7 796 559

此项涉及进项税额1 013 552.67元应做转出。

综上所述：2010 年，共应调增应纳税所得额 264 253.97 元；这样 2010 年应纳税所得额已达到 477 365.72 元，应按 25% 税率计算企业所得税，剔除 2010 年实际已纳 42 622.35 元，2010 年应补所得税 76 719.08 元。

应调增增值税销项税额 143 805.31 元，进项转出 1 013 552.67 元，两项共调整留抵税额 1 156 637.98 元，责成纳税人调整相应申报，并补缴税款。企业于 2011 年 9 月已进行账务处理并缴纳增值税税款 103 863.04 元。

（七）评估建议及其他

1. 关于风险指标说明。

（1）评估调整后的 2010 年各项指标（见表 8 - 10）。

表 8 - 10　　风险指标表

项　目	指标类型	中药切片加工业指标预警值	企业实际指标值	差异率
增值税税负率	下限指标	1.00	0.59	41%
所得税主营业务收入贡献率	下限指标	0.20	0.56	—
销售毛利率	下限指标	6.08	6.47	—
主营业务收入费用率	上线指标	13.84	4.22	—
进项税金负担率	上线指标	11.50	11.26	—

备注：进项税金负担率指标，为剔除 12 月大宗购进农产品产生的进项 3 803 700.74 元后计算所得。

评估后，各项指标结果除增值税负担率外，均在预警范围之外，说明市局确定的该行业指标预警值比较合理。

（2）增值税税负指标。2010 年底，该企业仍有大量留抵税额存在，不能形成税款，该指标无法还原，缴纳税款情况还要对 2010 年申报情况进行跟踪监控。

单纯考虑税款和收入因素有些欠缺，本例中，2010 年底留抵税额大幅增加，直接影响了当年税负指标，所以增值税税负应考虑进项税额期初期末增减因素、同时考虑存货期初期末增减因素。

（3）进项税金负担率指标。该指标作为税负的辅助指标，存在一定的合理性，但是，在不能否定进货真实的前提下，大量购进存货造成指标值偏高的情形大有存在，这个指标的异常就显得很没有意义，建议降低风险指标权重。

（4）主营业务收入费用率指标，鲜明地反映了企业费用发生情况，比较直观和有效，建议保持或提高风险指标权重。

（5）销售毛利率。该指标直接影响税负，建议提高风险权重。

（6）企业所得税主营业务收入贡献率。作为企业所得税重要指标，建议维持较高权重，并与增值税税负相当。

（7）作为对企业经营的长期监控，应考虑企业各项指标的变动情况。建议增加趋势分析指标和与其相关的配比指标，这样就能从另一个角度了解企业的经营实际现状。

2. 对农产品收购行业税收征管的政策建议。

(1) 亟需修改农产品增值税抵扣政策。目前，由于计提进项税按含税价，计提销项税按不含税价，造成了税基口径不同，增值不缴税问题。如粮贸公司收购农业生产者1 000元的菜籽，开具收购发票后，按13%的扣除率可抵扣130元的进项税。当月粮贸公司把收购的1 000元菜籽以1 130元售出，虽然形成了利润130元（1 000－870），但是却不能产生增值税（130－130）。可以看出，在毛利达不到一定数额的时候，只会因毛利存在产生所得税，但无法形成增值税。

(2) 农税部门为农户代开农产品收购发票，加工企业凭票抵扣。这种情形在很大程度上减少了企业自己开具发票带来的风险。

(3) 取消凭证抵扣，迫使成立专门收购公司，按一般纳税人管理。农产品收购凭证只作为成本支出凭证，不抵扣进项税额。从规范了农产品收购发票的管理的漏洞和弊端，也规范了中间商贩的税收。

(4) 改变纳税人付款结算方式，设立收购资金结算专户，通过银行办理结算，不再使用现金支付。

四、实验步骤

(一) 税收风险点判断和结论

分组开展案例讨论，通过案头分析，列出案例企业可能存在哪些税收风险点。

(二) 税收风险点风险特征分析计算

分组开展案例讨论，开展风险点特征分析，列出纳税评估采用的评估方法，列出模型、计算公式、指标源和特殊信息。

(三) 税收风险点风险信息排除确认

通过实验内容和资料进行税收风险点风险信息的判断、验证、排除、确认。

五、实验总结与实验报告

通过本次实验，我们理解和掌握了医药制造业纳税评估，掌握医药制造业纳税评估对象的确定、案头审核分析方法、约谈举证及实地核查方法等内容，研究分析现行医药制造业纳税评估存在的税收风险，探索建立医药制造业纳税评估指标及评估模型，提高了医药制造业纳税评估的技巧和水平。应该总结回顾本次实验的过程，检查实验的结果，按实验步骤要求写出本次实验的纳税评估工作报告。

纳税评估工作报告

纳税评估序号：

评估所属时期：

评估实施时间：

<table>
<tr><td>纳税人名称（全称）</td><td colspan="3"></td></tr>
<tr><td>税务登记号</td><td></td><td>评估所属项目</td><td></td></tr>
<tr><td colspan="4">风险点判断和结论：

风险点特征分析计算：

风险点信息排除确认：</td></tr>
<tr><td colspan="4">纳税评估整体总结

工作建议

评估人员：
日期：</td></tr>
</table>

实验九

火力发电行业纳税评估

一、实验目的与要求

通过本实验，使学生了解火力发电行业生产经营特点，掌握火力发电行业纳税评估对象的确定、案头审核分析方法、约谈举证及实地核查方法等内容，掌握行业税收征管难点，查找容易产生税收风险的重要节点；横向掌握区分风险事项、分别按照重点税收风险和一般性税收风险分别进行识别和分析。帮助学生掌握火力发电行业纳税评估的流程，研究分析火力发电行业存在的税收风险，探索学习建立火力发电行业纳税评估指标，提高火力发电行业纳税评估的技巧和水平。

二、实验知识准备

（一）行业定义

火力发电（D4411）是指利用煤炭、石油、天然气等燃料燃烧产生的热能，通过火电动力装置转换成电能的生产活动。

（二）企业类型划分

根据投入的燃料不同，火力发电企业可以分为：燃煤发电厂、燃油发电厂、燃气发电厂和余热发电厂，此外，还有利用垃圾及工业废料作为燃料的发电厂。目前，我国主要以燃煤发电为主，全国燃煤机组容量59 889万千瓦，占火电机组比重91.98%。

（三）工艺简介

从能量转换的观点看，火电厂的生产过程基本相同，都是将燃料燃烧的热能通过锅炉产生高温高压水蒸气，推动汽轮机做功产生机械能，经发电机转变为电能，最后通过变压器将电能送入电力系统。

燃煤发电厂采用煤炭作为一次能源，利用热蒸汽去推动汽轮发电机发电。

1. 燃煤输送。

首先用输煤皮带将燃煤从煤场运至煤斗，煤斗中的原煤要先送至磨煤机内磨成煤粉，以便提高燃煤效率。磨碎的煤粉由热空气携带经排粉风机送入锅炉炉膛燃烧，生成的高热烟气放出热量。燃煤燃尽的灰渣落入炉膛下的渣斗，与从除尘器分离出的细灰一起被水冲至灰浆泵房，再由灰浆泵送至灰场。如图 9－1 所示。

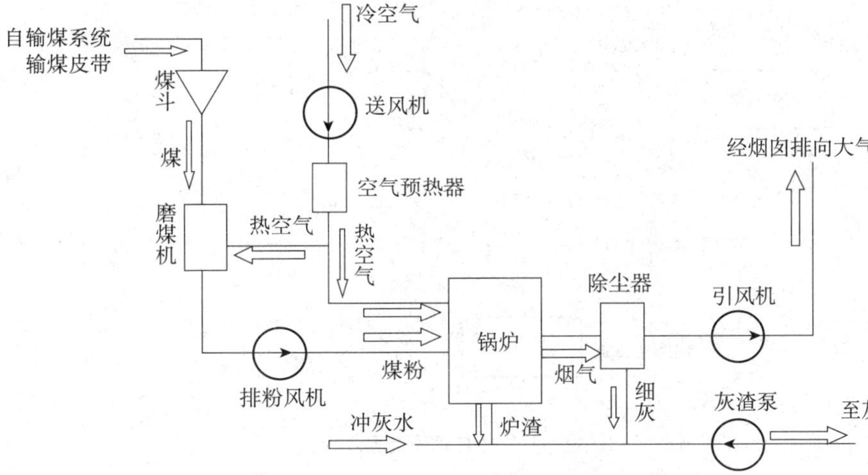

图 9－1　燃煤输送流程图

2. 产生过热蒸汽。

火力发电厂在除氧器水箱内的水经过给水泵升压后通过高压加热器送入锅炉。水在锅炉内吸收煤燃烧后释放出的热量，被加热沸腾后汽化成过热蒸汽。具有热势能的过热蒸汽经管道引入汽轮机后，便将热势能转变成动能。高速流动的蒸汽推动汽轮机转子转动，形成机械能。如图 9－2 所示。

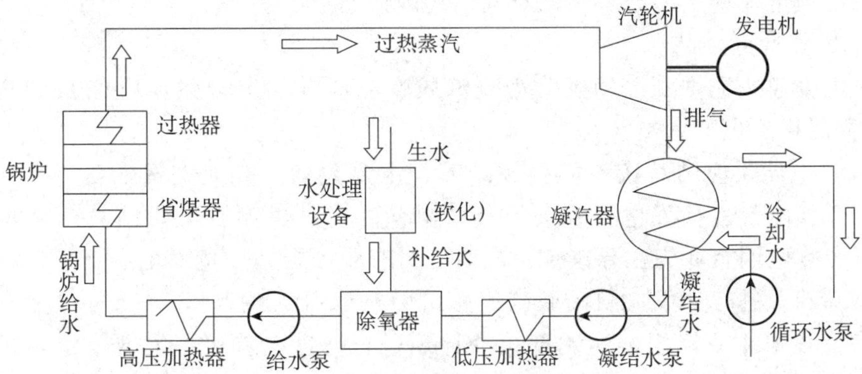

图 9－2　火力发电产生过热蒸汽流程图

3. 发电机发电。

汽轮机的转子与发电机的转子通过连轴器联结在一起。汽轮机转子转动带动发电机转子转动。励磁机发出的直流电送至发电机的转子线圈中，使转子成为电磁铁，周围产生磁场。当发电机转子旋转时，磁场同时旋转，发电机定子内的导线就会切割磁力线感应产生电流。这样，发电机便把汽轮机的机械能转变为电能。电能经变压器将电压升压后，由输电线送至电用户。如图 9－3 所示。

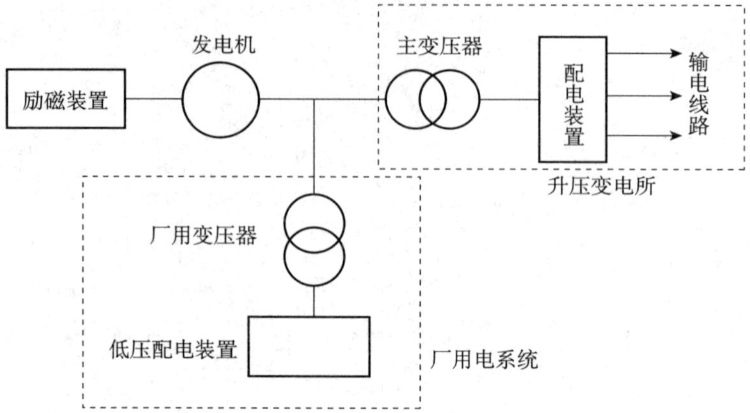

图 9－3 发电机发电流程图

以上就是一次燃煤发电的生产流程。进入生产的主要原料包括燃煤、水、空气，最终产出的主要产品是电。另外，已经作过功的蒸汽会抽出一部分供热给炼油、化肥等企业。

（四）行业生产经营规律

发电企业经营和核算特征突出：盈利能力受到计划经济和市场经济双重影响，目前由于煤价市场化程度较高，电价仍以计划价确认，毛利受煤价影响较大，如能锁定成本变动趋势则能对利润实现情况加以掌握。

1. 销售特点。

火电企业按提供能源种类分为凝汽式发电厂（仅对外供应电能）和热电厂（对外同时供应电能和热能）。

（1）电能供应结算按不同种类结算，主要包括：一般上网电量；跨省上网电量；置换电量；代发电量；关停补偿电量。每种类型发电量结算价格均有差异，以地方电网企业为主导确定。同时，对有脱硫脱硝设备发电企业，结算单价在原有基础上进行加成（目前脱硫价为 0.015 元/千瓦时）。

（2）发电企业根据电网调度统一计划进行，售电单价、上网电量等销售数据一般都由地方电力公司核定，有对应的书面结算依据。

（3）售热单价一般由当地物价部门核定、售热数量由企业统计确认，并按权责发生制确认，应收账款账龄一般不超过 1 个月。

（4）试运行期间收入，一般冲减在建工程成本并据实纳税。

（5）发电企业废料种类：粉煤灰、脱硫石灰渣等一般集中回收，自行处理或由下游企业统一处理并收取一定处置费用。

2. 采购特点。

以燃煤采购为例，分为计划内购煤和计划外购煤。

(1) 计划内煤价根据年度全国煤炭供需会等统一协商约定，单价低、煤质好。计划外购煤，以市场价为主、波动较大、煤质参差不齐。

(2) 目前公开的煤炭价格信息一般以主要交易地港口平均煤价为准，常见的有秦皇岛煤价等（或者年度全国煤炭会议价格）。

(3) 发电厂多有集团背景，目前采购渠道有统一至集团内关联企业集中采购的趋势。

3. 成本构成特点。

(1) 发电企业成本构成非常集中，主要包括：燃料费、折旧费、制造费用、材料费、修理费等。其中，燃料成本一般占到总成本的75%，是影响发电企业毛利的主要因素。上述五项成本合计通常可占到总成本的95%左右，其余成本包括职工薪酬等，比重较小。

(2) 发电企业燃料成本的结转，多以移动加权平均方法为主；由于电厂无在产品，各类生产成本（直接料工费）、制造费用（间接费用）全额结转至主营业务成本中，成本结转较为清晰。

(3) 修理费及材料费，一般都在年前制定下一年的年度维护修理计划（主动维修），根据计划执行，金额一般占到总成本的4%～5%，历年数据较为均衡。

(4) 制造费用主要系由：运行维护费（占50%以上）、灰渣处理费、排污费、外部劳务费等组成。

以某主力大型燃煤发电厂历史数据为例，成本构成情况如图9－4所示。

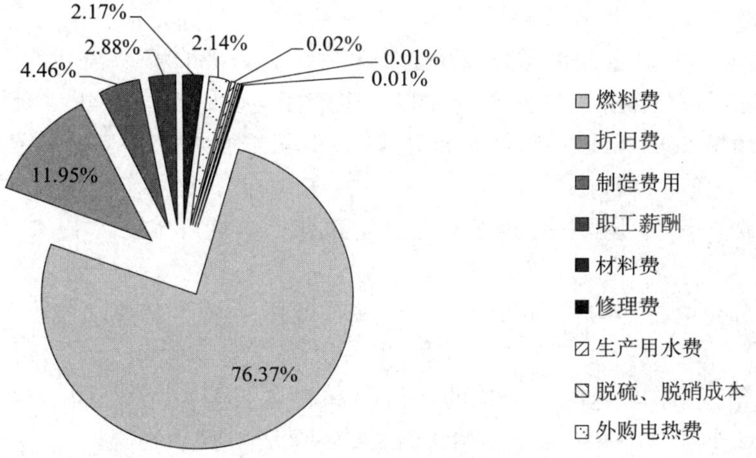

图9－4　成本构成比率

4. 节能技改项目。

作为“十一五”规划节能减排重点行业，燃煤发电行业重点推广脱硫、脱硝项目工艺流程，通过脱硫工艺将煤中的硫元素、NOx 通过化学反应，生成对环境影响较小的产物（固态硫化物、N_2、水等）。

（1）脱硫脱硝设备自完工验收或实际使用日起，一般直接转入固定资产中核算，定期计提折旧，一般不作为大修理费用处理。

（2）节能技改常见补贴之财务处理。脱硫、脱硝环保补贴，一般作为与资产相关的递延收益，计入其他非流动负债，根据每年折旧额，结转营业外收入。脱硫超量减排奖励（环保局）一般作为政府补助，直接计入当期营业外收入中。

5. 主要运营指标。

运营主要指标之一：单位煤耗量（每千瓦时电耗费的标准煤数量）。

（1）横向比较：相似机组容量的电厂，单位煤耗量也相似；纵向比较：同一企业历年的单位煤耗量差异应较小。

（2）一般而言，单位煤耗量与电厂装机容量呈反相关，即装机容量越大，单位煤耗越小。

（3）目前，大容量机组单位煤耗可达大约 280 克/千瓦时，小容量机组可能在 320 克/千瓦时以上。

6. 关联交易。

目前主要关联交易包括燃料采购、生产设备日常检修保养、脱硫设备委托管理、废料处理等业务。

（五）涉税管理要点

1. 由于“厂用电量”的存在，使税务机关难以掌握企业的实际销售电量，从而影响销售收入、销项税额的计算。

“厂用电量”是企业在电力产品生产过程中，设备自身所消耗的电量。但在实际运行过程中，存在个别发电企业将非生产用电量计入“厂用电量”，从而造成销项税额减少的情况，如将自产电力用于职工食堂、浴室、招待所等集体福利。

2. 煤炭在存放过程中因管理不善发生风化、自燃等非正常损失计入正常损失的情况。

3. 部分企业将外购货物用于非应税项目或用于集体福利，未转出已抵扣的进项税额。

4. 部分企业将发电环节产生的灰渣（如粉煤灰等）无偿转让给关联企业或个人用于对外销售，未按照视同销售行为的规定计算销项税额。

5. 部分企业存在将购进后改用于在建工程、非应税项目及集体福利等方面的原材料、运费等未作进项税额转出。

在火力发电企业的纳税评估模型中，分税种应用因素分解的方法采取逐层递进的方式对涉税风险进行评估。运用税负率、变动率等通用指标进行初步分析后得出涉税风险指向后，再运用行业特性指标和针对性较强的指标进行进一步地细化分析锁定疑点。以下为分税种的因素分解评估模型。

（六）增值税评估方法

在增值税纳税评估模型中，运用通用指标（增值税整体税负率、毛利率、应税销售额变动率、增值税专用发票进项变动率）确定初步疑点方向后，继续分层次分方向进行评估分析，可以分别从销项税额、进项税额、进项税额转出、简易征收这四个分析方向进行后续层级分析。如图9－5所示。

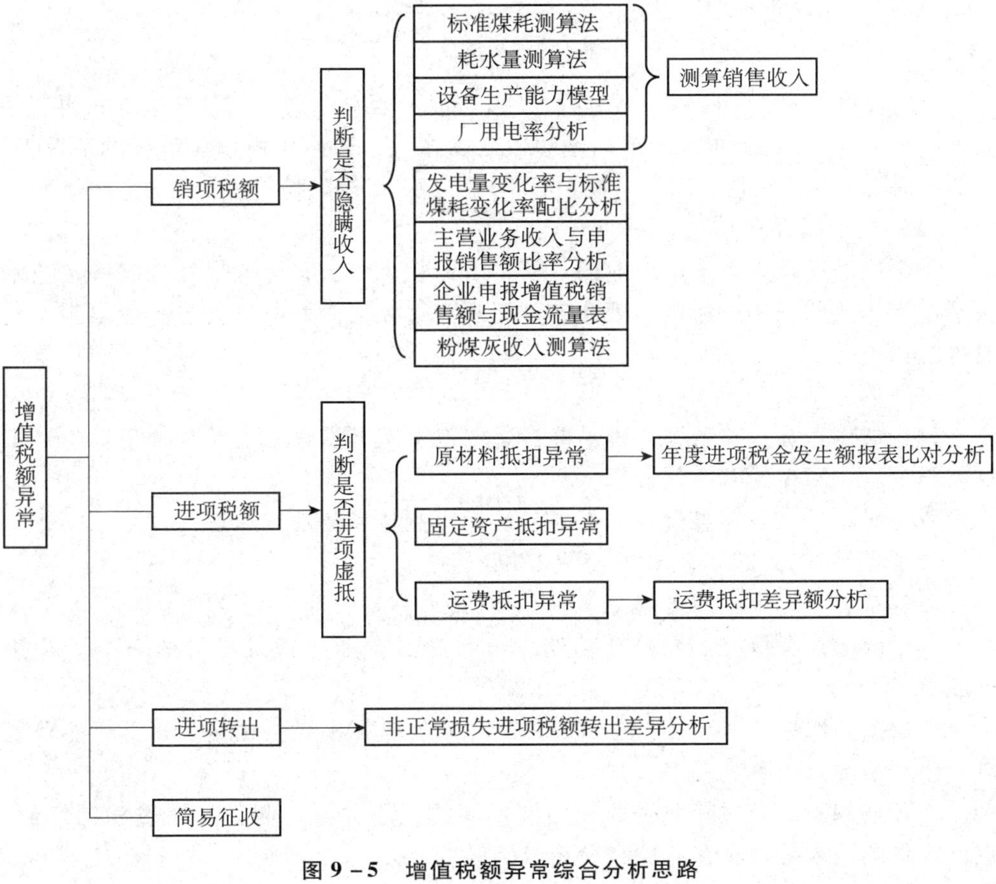

图9－5　增值税额异常综合分析思路

1. 销项税额。

火力发电行业销售收入包括电力产品、热力产品销售收入和部分废弃物再利用收入（如粉煤灰），其中电力产品销售收入占多数，在适用税率无争议的情况下，评估方向放在收入是否如实申报方面。判断是否隐瞒销售收入的具体分析层级，如图9－6所示。

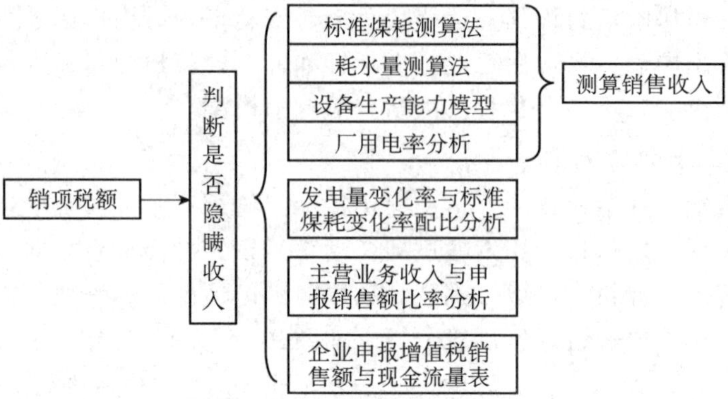

图9－6 销项税额分析思路图

火力发电行业销售收入包括电力产品、热力产品销售收入和部分废弃物再利用收入（如粉煤灰）。其中电力产品销售收入占多数，在适用税率无争议的情况下，评估方向集中在收入是否如实申报方面。判断是否存在隐瞒销售收入的方法如下：

（1）标准煤耗测算法。

①原理描述。火力发电企业的主要生产原料为煤，其标准煤耗量在一定技术水平和生产条件下相对稳定。因此，可用来测算评估期发电量并与企业申报发电量进行比对。

②评估模型。

评估期发电量＝评估期标准煤耗用量÷每千瓦时发电标准煤耗用量

标准煤与原煤换算方法如下：

折合标准煤＝企业耗煤量×企业用煤测定热值÷标准煤热值

标准煤热值29 271千焦/千克（7 000达卡）

测算销售额＝评估期发电量×（1－厂用电率）×上网电价

③标准值参考范围。测算评估期发电量超过企业申报发电量的10%，应引起注意。

④数据获取途径。企业耗煤量、每千瓦时发电标准煤耗用量、来源于企业发电厂生产情况月报表。

⑤疑点判断。通过获取企业评估期燃煤的耗用数量，测算发电量和销售额，进而评估纳税人是否存在有隐瞒销售收入的问题。

⑥应用要点。每千瓦时标准煤耗的取值需准确。

（2）耗水量测算法。

①原理描述。火力发电企业在发电过程中都需要用一定量的水，单位发电量的水耗量相对稳定，可用来测算发电量。

②评估模型。

评估期发电量 = 评估期水耗用量 ÷ 每千瓦时电水耗用量

测算销售额 = 评估期发电量 ×（1 - 厂用电率）× 上网电价

③标准值参考范围。测算评估期发电量超过企业申报发电量的 10%，应引起注意。

④数据获取途径。水耗用量、每千瓦时电水耗用量，一般来源于发电厂生产情况月报表。

⑤疑点判断。通过获取企业评估期发电用水的耗用数量，测算发电量和销售额，进而评估纳税人是否存在有隐瞒销售收入的问题。

⑥应用要点。火力发电厂的生产耗用水为循环水，当循环水损耗较少时，将对此评估模型的准确性造成一定影响，可以作为对煤耗量测算法的补充模型使用。

（3）设备生产能力模型。

①原理描述。按照纳税人投入生产的单位设备生产能力，测算、分析纳税人的实际生产量，进而测算应税销售收入，并与纳税人申报信息对比。

②评估模型。

$$\text{评估期发电量} = \text{评估期若干设备的日产量或时产量} \times \text{评估期正常工作日或工作时}$$

测算销售额 = 评估期发电量 ×（1 - 厂用电率）× 上网电价

差异率 =（测算销售额 - 企业申报销售额）÷ 企业申报销售额

③标准值参考范围。厂用电率参考范围：6%—10%，差异率标准值参考范围为（-10%，10%）。

④数据获取途径。评估期若干设备的日产量或时产量（企业的设备生产能力）可从随机文件中得到。随机文件包括产品说明书、合格证、装箱单等（设备生产能力一般有幅度，要结合企业实际情况进行掌握）。

⑤疑点判断。若差异率超过预警范围，则存在企业少申报收入的可能。

⑥应用要点。当差异率超出参考范围时，评估人员应首先核查有无数据偏差，厂用电率和日产量数据是否正确并在此基础上将利润分解到收入、成本等数据项进行分析。

（4）厂用电率分析。

①原理描述。火力发电企业发电过程中，生产设备本身需要一定电量，设备本身用电与生产电量的比率相对稳定。利用厂用电率测算企业是否存在将所产电能用于职工福利等项目。

②评估模型。

厂用电率 =（总发电量 - 售电量）÷ 总发电量

售电量 = 上网电量 + 直供电量 + 视同销售电量

③标准值参考范围。测算售电量与企业申报售电量相差超过5%，应引起注意。

④数据获取途径。发电量：需采集企业相关数据，一般来源于企业的发电厂生产情况月报表。

评估期发电量、生产性自用电量、评估期电价：需采集企业相关数据，一般来源于企业发电厂生产情况月报表；重点税源户企业，发电量和售电量数据可参照综合征管系统重点户报表报送情况。

⑤疑点判断。若厂用电率高于标准值参考范围，则存在自产电量用于职工福利等项目而未申报纳税的情况。

⑥应用要点。厂用电率偏高则进一步查看其用于职工福利的自用电是否作视同销售申报纳税处理。

（5）发电量变化率与标准煤耗用量变化率配比分析。

①原理描述。利用发电量变化率与标准能耗变化率比值来分析企业是否存在少计销售收入等问题。

②评估模型。

$$\text{发电量变化率} = (\text{当期发电量} - \text{基期发电量}) \div \text{基期发电量} \times 100\%$$

$$\text{标准煤耗用量变化率} = \left(\text{当期标准煤耗用量} - \text{基期标准煤耗用量}\right) \div \text{基期标准煤耗用量} \times 100\%$$

$$\text{比率} = \text{发电量变化率} \div \text{标准煤耗用量变化率}$$

③标准值参考范围。标准值参考范围为80%—120%。

④数据来源。评估期产品数量：需采集企业有关数据；单位产品耗用原材料定额：需采集企业有关数据；原煤期初库存、原煤本期购进、原煤期末库存：需采集企业相关数据，一般来源于生产技术部盘点表。指标按年计算时，分别为该年度各月份上述数据的合计数。

⑤疑点判断。当发电量变化率与标准煤耗用量变化率之间的比率超出预警值范围时，则存在企业少计收入的可能。

⑥应用要点。当两者比率超出预警值范围时，应注意分析企业的生产设备及技术改进情况，并结合其他收入测算方法综合分析。

（6）主营业务收入与申报销售额比率分析。

①原理描述。主营业务收入与纳税人申报的销售额应该基本一致。

②评估模型。

$$\text{主营业务收入与申报销售额比率} = \text{当期主营业务收入} \div \text{当期申报销售额} \times 100\%$$

③标准值参考范围。标准值参考范围为80%～120%。

④数据获取途径。当期主营业务收入：评估月份企业“损益表”第1行“产品销售收入”或“主营业务收入”本月数。

当期申报销售额：评估月份“增值税申报表附表1”第5行8列+附表1第11行8列+附表1第26行8列+附表1第32行8列+附表1第37行8列。

⑤疑点判断。如果主营业务收入与申报销售额比率偏高，则纳税人可能存在申报不实的问题。

⑥应用要点。当主营业务收入与申报销售额比率大于1时，应查看是否存在分公司合并财务报表等情况，并进一步分析是否存在少申报增值税款的可能。

（7）企业申报增值税销售额与现金流量表差异率。

①原理描述。使用时应剔除提供劳务收到的现金，企业缴纳营业税的影响。

②评估模型。

$$差异率=\left(\frac{企业销售商品、}{提供劳务收到的现金}-\frac{企业增值税}{应税销售额}\right)\div\frac{企业增值税}{应税销售额}$$

③标准值参考范围。差异率超过10%为异常。

④数据获取途径。企业销售商品、提供劳务收到的现金：现金流量表“销售商品、提供劳务收到的现金”项目；企业增值税应税销售额：增值税申报表。

⑤疑点判断。当比率超出预警值时，存在企业少申报收入的可能。

⑥应用要点。应用该评估模型时应结合其他相关测算收入评估模型，以提高一点锁定的精准性。

2. 进项税额。

火力发电行业进项税额的评估分为三个方向：分别为原材料抵扣、生产性固定资产抵扣和运费抵扣。这三个分析方向中具体分析层级如图9-7所示。

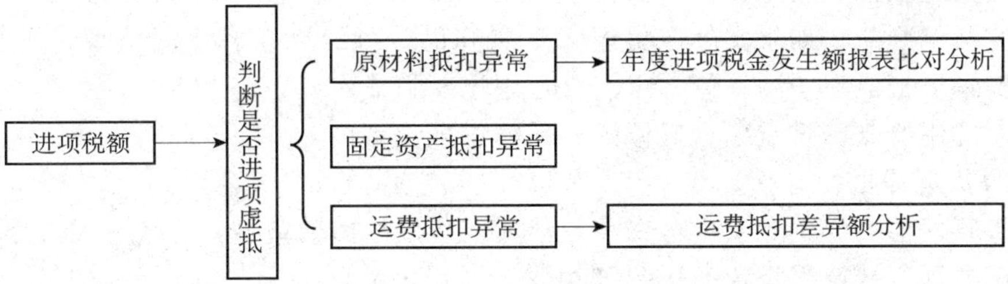

图9-7　进项税额分析思路图

（1）年度进项税金发生额报表比对分析。

①原理描述。主营业务成本主要包括材料、人工、费用，其中煤的成本约占总生产成本的70%~80%，把人工、费用剔除，就是企业会计报表中反映的原辅料耗用数。根据原辅料的耗用以及存货的变动换算出企业购进原辅料的进项税金发生额。这样，将原辅料进项税金抵扣、生产性固定资产进项税金抵扣和运费进项税金抵扣相加，得出测算的进项税金发生额，并与企业实际申报的进项税金发生额作比较。

②评估模型。

$$\text{测算本期进项税金发生额}=\text{换算原辅料采购进项税额}+\text{生产性固定资产抵扣进项税额}+\text{运费发票抵扣进项税额}$$

其中：

$$\text{换算原辅料采购进项税额}=\left(\text{本期原辅料领用额}+\text{期末存货金额}-\text{期初存货金额}\right)\times 0.17$$

其中：

$$\text{本期原辅料领用额}=\text{本期主营业务成本}-\text{本期折旧、摊销额}+\text{运费发票抵扣进项税额}\div 0.07\times 0.93$$
$$+\text{工资薪金}+\text{职工福利}+\text{职工教育经费}+\text{工会费}+\text{住房公积金}$$
$$+\text{社会保障性缴款}+\text{补充养老、医疗保险}+\text{业务招待费}$$

问题值 = 实际申报的进项税金发生额 - 测算本期进项税金发生额

③标准值参考范围。问题值与实际申报的进项税金发生额变动比率超过10%，应引起注意。

④数据获取途径。主营业务成本：年度申报查询里面的成本费用明细表第2行。

本期折旧、摊销额：年度申报查询里面的资产折旧、摊销纳税调整明细表第18行。

其他成本支出金额：年度申报查询里面的纳税调整明细表。

固定资产抵扣进项税额：增值税申报表12月份报表附表3的第3行的本年累计数。

运费发票抵扣进项税额：一户式查询——异常监控——税收管理员平台——四小票汇总抵扣。

存货：资产负债表第9行。

本期进项税金发生额：增值税申报表12月份报表的第12行的本年累计数。

⑤疑点判断。如果实际申报值大于测算值，可能存在虚增增值税进项税额，如果实际申报值小于测算值，可能存在虚增材料成本。

⑥应用要点。重点应做好原辅料采购进项税额的换算。

（2）运费抵扣分析。

①原理描述。企业发生运费一般计入存货成本或营业费用，通过其中的运费发生额数据可计算出企业的运费抵扣数。

②评估模型。

$$\text{运费抵扣差异值}=\left(\text{营业费用中运费发生额}+\text{存货购进成本中包含的运费（不含税）}\right)\div(1-7\%)\times 7\%-\text{本期申报运费进项抵扣税额}$$

③标准值参考范围。运费抵扣差异值与本期申报运费进项抵扣税额变动超过5%，应引起注意。

④数据获取途径。营业费用中运费发生额：补充数据采集表第29行次。

存货购进成本中包含的运费（不含税）：补充数据采集表第8行次。

本期申报运费进项抵扣税额："增值税申报表附表2"第8行次税额数。

⑤疑点判断。指标值偏离大，应对企业运费发票抵扣情况进行查证。

⑥应用要点。将企业成本费用核算中的运费发生部分分离出来，并注意分析不允许抵扣运费的情况。

（七）企业所得税

企业所得税的纳税评估方向分为四个方面：应纳税所得额、适用税率、设备抵免、境外抵免。其中重点评估方向为应纳税所得额，又分成四个方面：营业利润、营业外收支、纳税调整和亏损弥补，火力发电行业评估重点为营业利润。

在营业利润的评估中，营业收入和营业成本作为一个整体结合分析，其他评估方向分别为营业税金及附加、期间费用、投资收益、资产减值、公允价值变动损益等，需要注意问题如下：

1. 财务费用评估是通过采集财务费用信息，检视财务费用是否属实，有无将应当资本化的利息支出计入当期财务费用的情况。

2. 火力发电行业燃料存货周转频繁，对发电设备等固定资产会进行有计划的维修，所以资产减值损失发生较少。

3. 火力发电企业的投资项目较少，一般不涉及公允价值变动损益项目。

4. 影响火力发电营业外收入科目的情况有脱硫、脱硝环保补贴，一般作为与资产相关的递延收益，计入其他非流动负债，根据每年折旧额，结转营业外收入。脱硫超量减排奖励（环保局），一般作为政府补助，直接计入当期营业外收入中。

火力发电行业评估重点为营业利润。在营业利润的评估中，营业收入和营业成本作为一个整体结合分析。具体评估指标如下：

1. 主营业务成本与主营业务收入弹性分析。

①原理描述。在正常情况下，主营业务成本与主营业务收入应同步增长。

②评估模型。

$$\text{主营业务成本与主营业务收入弹性系数} = \text{主营业务收入变动率} \div \text{主营业务成本变动率}$$

$$\text{主营业务成本变动率} = \left(\text{本期主营业务成本} - \text{基期主营业务成本}\right) \div \text{基期主营业务成本} \times 100\%$$

$$\text{主营业务收入变动率} = \left(\text{本期主营业务收入} - \text{基期主营业务收入}\right) \div \text{基期主营业务收入} \times 100\%$$

③标准值参考范围。主营业务成本与主营业务收入弹性系数标准值参考范围为0.8～1.2。

④数据获取途径。

主营业务成本：企业损益表"主营业务成本"本季度各月份数据之和。

主营业务收入：数据口径同前。

疑点判断分析思路如图 9－8 应纳税所得额分析思路图所示。

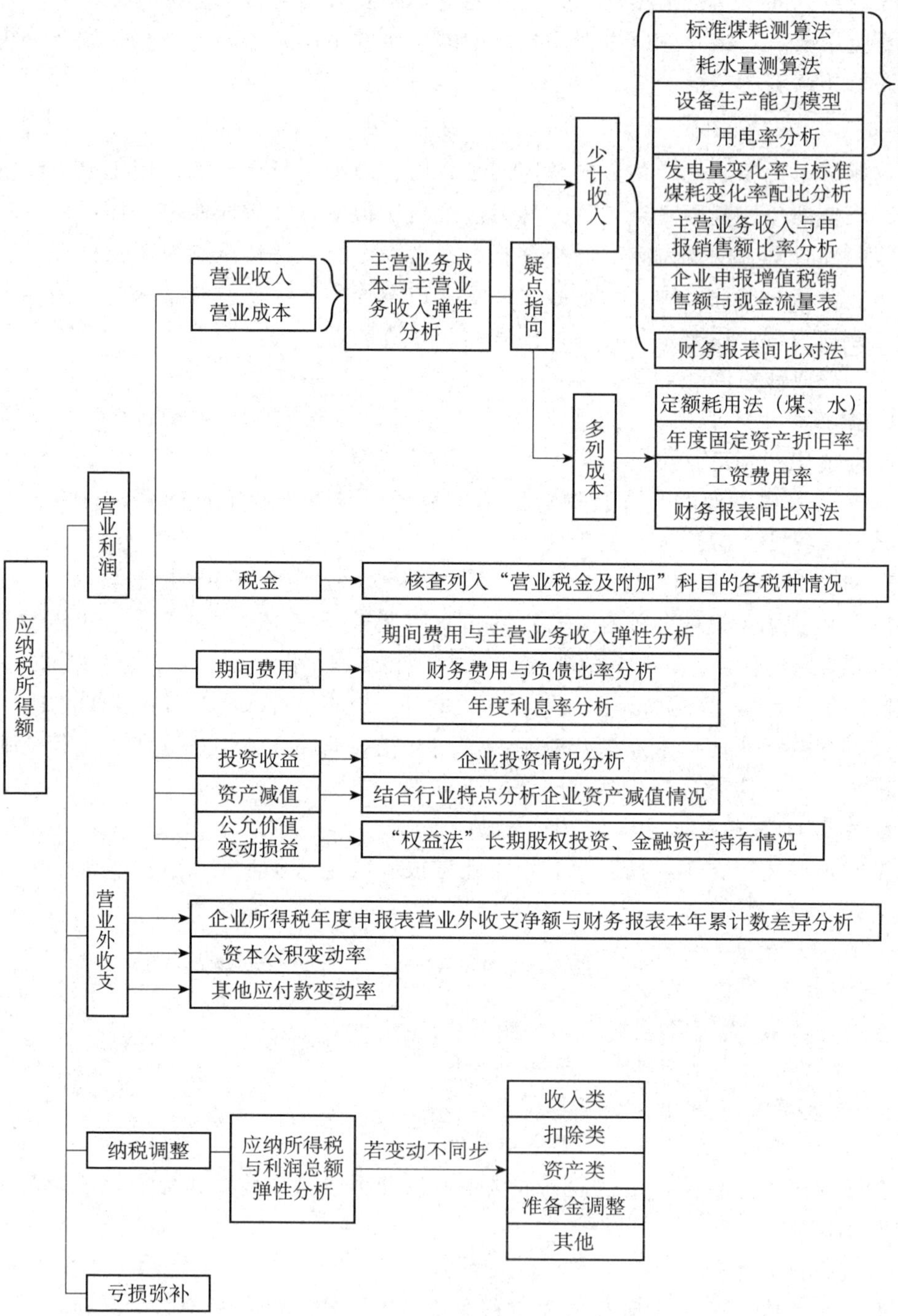

图 9－8　应纳税所得额分析思路图

正常情况下两者弹性系数为1；当比值小于1且两者都正时，则可能存在多计成本情况；当比值为负且分子为负分母为正时，可能存在多列成本少计收入情况。

⑤应用要点。当主营业务成本与主营业务收入弹性系数超出参考范围时，评估人员应核查有无收入和成本确认的时间性差异问题。

2. 现金流测算营业收入法。

①原理描述。利用资产负债表中应收账款、预收账款、利润表营业收入、现金流量表中销售商品、提供劳务收到的现金三个项目之间的逻辑关系，从现金流出发测算企业营业收入，与企业主营业务收入相比对。

②评估模型。

根据现金流测算营业收入 = 销售商品、提供劳务收到的现金 − 增值税销项税额 + 应收账款期末数 − 应收账款期初数 − 预收账款期末数 + 预收账款期初数

③标准值参考范围。根据现金流测算营业收入与企业实际申报的收入差异率应不超过10%。

④数据获取途径。应收账款、坏账准备期初、期末数：来源于资产负债表。

预收账款期初、期末数：来源于资产负债表。

销售商品、提供劳务收到的现金：来源于现金流量表。

营业收入：来源于利润表。

⑤疑点判断。当根据现金流测算营业收入高于企业申报营业收入不一致时，则存在企业少计收入的可能。

⑥应用要点。应关注资产负债表、利润表和现金流量表所反映信息背后的经济意义。

3. 关于多计成本分析方法。

(1) 定额耗用法——煤。

①原理描述。采取定额耗用的办法，通过发电标准煤耗指标，测算评估期发电用原煤量并与评估期实际耗用原煤数量进行比对，以实现对煤耗成本的评估。

②评估模型。

评估期发电用标准煤量 = 发电量 × 发电标准煤耗

评估期发电用原煤量 = 评估期发电用标准煤量 × 标准热值（7 000卡/吨）÷ 企业用煤平均热值

评估期实际耗用天然煤量 = 原煤期初库存 + 本期购进数量 − 期末结存数量 − 评估期煤场自然损耗

③标准值参考范围。评估期发电用原煤量与评估期实际耗用原煤数量进行比对，差异率不超过10%为宜。

④数据获取途径。评估期发电量：需采集企业有关数据。

企业用煤平均热值：需采集企业有关数据。

原煤期初库存、原煤本期购进、原煤期末库存、原煤自然损耗：需采集企业相关数据，一般来源于生产技术部盘点表。

指标按年计算时，分别为该年度各月份上述数据的合计数。

⑤疑点判断。当测算评估期用煤量与实际用煤量不符时，则存在企业多计成本的可能。

⑥应用要点。不同的形式的煤场其燃煤自然损耗不同，应分情况区别分析。

（2）定额耗用法——水。

①原理描述。通过计算实际单位发电水耗量，并与单位发电耗水量预警值范围相比较。

②评估模型。

实际单位发电水耗量 = 实际发电用水量 ÷ 实际发电量（吨/千瓦时）

③标准值参考范围。单位发电水耗量标准值参考范围为 0.5kg/kWh—0.7kg/kWh。

④数据来源。水耗用量、实际发电量：一般来源于发电厂生产情况月报表。

⑤疑点判断。如果高于预警值范围则存在多列耗水成本的可能。

⑥应用要点。如果超出预警值范围，应重点分析是否存在多列成本的可能。

（3）年度固定资产折旧率。

①原理描述。判断固定资产折旧是否准确。

②评估模型。

$$\text{年度固定资产折旧率} = \text{本年度固定资产折旧额} \div \text{本年度平均固定资产原值} \times 100\%$$

③标准值参考范围。若本年度固定资产折旧率与上年同期相比变动超过 20%，应引起注意。

④数据获取途径。本年度固定资产折旧额：企业所得税年度纳税申报表中附表 9 第 1 行“固定资产”栏第 6 列“本期折旧、摊销额”数据；本年度平均固定资产原值：企业所得税年度纳税申报表附表 9 第 1 行“固定资产”栏第 2 列“资产原值”数据。

⑤疑点判断。比率大于预警值范围的，可能存在多计成本的可能。

⑥应用要点。确定好预警范围。

（4）工资费用率分析法。

①原理描述。工资费用与主营业务收入的比重一般来说相对稳定。

②评估模型。

$$\text{工资费用率} = \Big(\text{营业费用中工资额} + \text{管理费用中工资额} + \text{营业费用中福利费} + \text{管理费用中福利费} + \text{营业费用中住房公积金} +$$

管理费用中住房公积金) ÷ 本期主营业务收入 ×100%

③标准值参考范围。若工资费用率与上年同期相比变动超过20%，则应引起注意。

④数据获取途径。分母取数：企业所得税年度纳税申报表附表3第22行“工资薪金支出”栏数据+第23行“职工福利费”栏数据+第24行“职工教育经费”栏数据+第34行“各类基本社会保障性缴款”栏数据+第30行“住房公积金”栏本期发生数数据。

本期主营业务收入：企业所得税年度纳税申报表附表1“主营业务收入”栏数据。

⑤疑点判断。与预警值比较，比率超过预警值范围的，可能存在多计成本，少计收入的情况。

⑥应用要点。应将各项费用中的工资费用分离出来汇总分析。

4. 部分企业存在将应计入“营业外收入”的补贴计入“其他应付款”和“资本公积”的情况。

对此，可以从其他应付款变动率指标和所有者权益变动率的指标着手，判断企业是否存在这一情况。

所有者权益变动率分析思路图如图9－9所示。

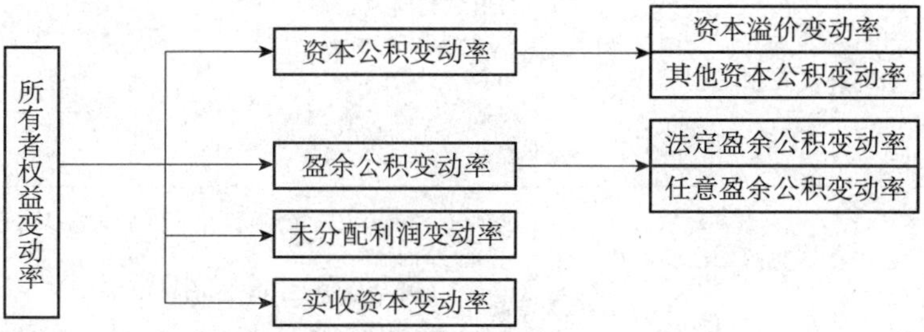

图9－9　所有者权益变动率分析思路图

三、实验内容和资料

（一）企业基本情况介绍

上海××有限责任公司由上海××有限公司、××有限公司、新加坡××有限公司以及上海化学工业区××有限公司四方投资，于2004年3月10日经工商行政管理局核准成立的外商投资企业。截至2011年9月公司注册资本为人民币79 900万元，经营范围为生产电力及热力。公司所处行业为火力发电行业，生产规模为2套30万千瓦级燃气、蒸汽联合循环发电机组，以管网天然气为燃料、发电量为60万千瓦时，供汽能力每小时660吨。主要涉及的税种为增值税、企业所得税和个人所得税。该企业2009年、2010年为“二免三减半”的减半优惠年度，享受外商投资企业所得税过渡期优惠的税率。2009年的减半税率为10%，2010年的减半税率为11%。

（二）数据采集来源及内容

通过综合征管系统和网络获取企业信息，大致了解企业规模、生产能力、经营状态、生产工艺流程及生产特性。对产生的疑点进行初步分析筛选，根据企业所得税年度清算表、增值税申报表、营业税申报表各项数据信息及企业提供相关数据或信息，如会计核算方法、发电量、供电量、自用电量、副产品的处置情况等。

（三）确定疑点列举

本案例中主要是体现增值税税负率异常的分析思路以及通过指标层层分析揭示企业存在的增值税涉税问题，通过分析发现行业中存在的共性问题。

我们运用纵向指标对比分析的方法，对该公司2009年、2010年的纳税申报数据，财务数据、经营数据等数据通过各类指标的运算，初步审核产生如表9－1所示的疑点。

表9－1　　增值税税负率异常分析表

疑点	指标名称	问题描述	是否正常
1	增值税整体税负率	增值税整体税负率 2010年为4.81% 2009年为7.37% 税负率下降了2.56% 变动率为－34.74%	异常
2	进项税额变动与销项税额变动弹性系数	进项税额变动与销项税额变动弹性系数为342.41% 其中：进项税额变动53.45% 销项税额变动率为15.61%	异常
3	增值税专用发票进项变动率	增值税专用发票进项变动率为31.46%	异常
4	营业税应税收入占其他业务收入比	营业税应税收入占其他业务收入比 2010年为10.65% 2009年为25.1% 下降了14.45%	异常
5	营业外支出变动率	营业外支出变动率563.00%	异常
6	非生产自用电与视同销售申报配比	视同销售申报为0	异常

进一步锁定企业存在的疑点。对该企业案头审核分析的疑点及核实情况归纳如表9－2所示。

表 9-2　　案头审核分析的疑点及核实情况表

序号	疑点	问题描述	核实情况
1	非生产自用电量与增值税未开票申报情况不一致	增值税申报表中未开票金额为零，且清算表中视同销售申报为0，与该企业收入结构不匹配	非生产自用电量未作视同销售处理
2	进项税额变动与主营业务成本变动不配比	排除生产性因素影响，进项税额变动25%，增值税专用发票进项变动率为31.46%两者仍然存在差额	该企业2010年设备故障发生大修理费用，剔除该因素后进项实际增长率为14%，基本配比，该疑点排除
3	增值税非应税项目进项税额未转出	非增值税应税收入占比较高，且绝对金额偏大。同时，该企业2010年度进项税额转出为0，可能存在非应税项目进项税额未转出	非增值税应税收入收取“连接设施费”所用的材料、机器设备等未作增值税进项税额转出，且未一次性确认收入（引申到企业所得税问题）
4	营业外支出同比变动异常	2010年营业外支出较2009年营业外支出增幅达563%，可能涉及固定资产处置问题	发电机组故障，部件作价，购买新部件。更换的部件所取得的收入，未作增值税处理

（四）测算税收差异情况

1. 增值税税负分析（见表9-3）。

表 9-3　　增值税税负分析表　　单位：元

指标名称	2009 年	2010 年	变动率
增值税整体税负率	7.37%	4.81%	-34.74%
主营业务收入	1 563 012 487.42	1 808 919 610.72	15.73%
主营业务成本	1 245 786 300.65	1 446 706 507.31	16.13%
销项税额	248 965 140.26	287 826 755.27	15.61%
进项税额	128 942 525.29	197 859 699.48	53.45%

2010年增值税税负率4.81%，同比下降34.74%。该企业同时产电和供热，电的增值税税率为17%，热的增值税税率为13%，分别计算2010年和2009年电的销售额和热的销售额及各自占总申报销售额的比重，得到电的销售额的比重2010年高于2009年，于是排除由于高税率产品销售额比重下降所导致的整体税负率下降这一可能。因此，从销售收入、进项税额、进项税额转出以及简易征收四个角度进一步深入分析。

2. 增值税销售收入分析。

火力发电行业中同类型企业销售收入由三部分构成：电力销售、热力销售及厂用电中的非生产用电构成。该企业销项税额变动率为15.61%，主营业务收入变动率为15.73%。销售收入变动和销项税额变动基本配比，因此判断主营业务收入的电力和热力销售无疑点。

该企业增值税申报表中未开票金额为零，且清算表中视同销售申报为0，与该企业收入结构不匹配，可能有未申报视同销售收入情况。

3. 进项税额分析。

该企业进项税额变动53.45%，销项税额变动率为15.61%，且主营业务成本变动率为16.57%，进项增长过快。

对影响进项税额的生产性因素进一步分析：

（1）2010年末存货（2 495.66万元）较年初存货（2 591.80万元）下降，排除存货进项税额变动的影响。

（2）毛利率2010年为20.30%，2009年为20.02%，基本无变动，同时销项税额变动与主营业务收入变动配比。

（3）2010年度原料天然气价格平均上涨8.7%。

排除上述生产性因素影响，进项税额变动25%，增值税专用发票进项变动率为31.46%两者仍然存在差额，进项税额可能存在疑点。

4. 进项税额转出分析。

火力发电企业一般以增值税应税收入为主，营业税收入应该偏小，甚至没有。该企业2010年度发生营业税应税收入677.91万元，占其他业务收入比重10.65%。该企业营业税收入占比较高，且绝对金额偏大。同时，该企业2010年度进项税额转出为0，可能存在非应税项目进项税额未转出。

5. 简易征收分析（见表9－4）。

表9－4　简易征收分析表　单位：元

项目	2009年	2010年	变动率
营业外支出	8 996 509.43	59 646 949.25	563.00%
简易征收	0	0	0

该企业2010年营业外支出较2009年营业外支出增幅达563%，营业外支出同比变动异常，营业外支出的增长可能涉及固定资产处置。同时，增值税申报中2010年简易征收为0，与营业外支出的增长两者不一致，可能存在固定资产处置未作简易征收。

（五）评估约谈

对经案头分析后无法排除的疑点，税务局根据纳税评估规程于2011年9月16日对企业发出了纳税评估约谈通知书，并送达公司。该公司财务负责人于2011年9月21日来税务局与评估人员进行了约谈。评估人员向其介绍了纳税评估的分析结果，对未排除的疑点展开约谈。经过约谈，企业对上述的疑点都做了解释和说明，承认目前企业存在的涉税问题，并愿意及时自查补税。

经约谈核实，该企业2010年非生产用电发电量2 390千千瓦时，平均电价468.9元/千千瓦时，对非生产自用电量确实未作视同销售处理。

经约谈核实，该企业2010年设备故障发生大修理费用，剔除该因素后进项税额实际增长率为14%，与销项税额变动及主营业务成本变动基本配比，该疑点排除。

经约谈核实，该企业2009年、2010年的非增值税应税收入是该企业在正式供热前向受热单位一次性收取的、与具体供热数量无关的、用于补偿部分前期建设费用的“连接设施费”，该收入已按5%的营业税率全额缴纳营业税，相应的增值税进项税额已作进项抵扣，收入计入递延收益且分期确认收入，并缴纳企业所得税。根据相关规定，用于非增值税应税项目的进项税额不得从销项税额中抵扣，作增值税进项转出，计征增值税；其收益应一次性确认收入，计征企业所得税。

经约谈核实，该企业营业外支出大幅增加是由发电机组发生重大故障所导致。2010年8月，机组中汽轮机的转子叶片发生损坏，损坏的转子由供应商回购并作价510万美金，折合人民币3 399万元，货款已收讫。同时企业购入并安装升级换代后的转子，向供应商支付1 726万美元，两者收支轧抵后的损失计入营业外支出，未作增值税涉税处理。根据相关规定，更换的故障转子所取得的收入应视为处置销售原未抵扣进项税额的固定资产收入，按简易征收办法依4%征收率减半计征增值税。

（六）评定处理

1. 疑点处理情况及依据。

企业针对上述存在的问题进行自纠、自查，补税情况如下：

（1）企业对非生产自用电量没有作视同销售处理。根据《中华人民共和国增值税暂行条例实施细则》第四条第五款规定，应作视同销售，计征增值税；根据《中华人民共和国企业所得税法实施条例》第二十五条规定，应作视同销售，计征企业所得税。计税金额42 924.42元，应补增值税4 403.07元，补缴企业所得税2 714.19元。

（2）收取“连接设施费”时，所用的材料、机器设备等都作了增值税销项税进项抵扣。根据《中华人民共和国增值税暂行条例实施细则》第十条第一款的规定，进项税额不得从销项税额中抵扣，作增值税进项转出，计征增值税。计税金额6 258 019.32元，补缴增值税1 063 863.28元。

收取“连接设施费”的收益计入递延收益，没有一次性确认收入。根据《中华人民共和国企业所得税法实施条例》第二十一条规定，应一次性确认收入，计征企业所得税。应税收入15 984 594.53元，补缴企业所得税1 637 282.93元。

（3）收到处置固定资产——汽轮机转子收入未缴纳增值税。根据国税函〔2009〕90号《国家税务总局关于增值税简易征收政策有关管理问题的通知》的规定，应按简易办法依4%征收率减半计征增值税。计税金额32 683 943.82元，补缴增值税653 678.88元。

2. 评估处理结果。

经过对该公司进行约谈，企业就疑点问题进行说明及举证，并同意在规定期限内自查补税。评估人员根据案头审核过程中所掌握的情况进行综合分析后，提出“自查补税”处理意见。

2010年度该公司补缴税费总计3 379 168.84元，其中：增值税1 721 945.23元，企业所得税1 639 997.12元，河道管理费17 219.45元，城建税1.76万元，教育费附加5.28万元。上述税款均已入库。

四、实验步骤

（一）税收风险点判断和结论

分组开展案例讨论，通过案头分析，列出案例企业可能存在哪些税收风险点。

（二）税收风险点风险特征分析计算

分组开展案例讨论，开展风险点特征分析，列出纳税评估采用的评估方法，列出模型、计算公式、指标源和特殊信息。

（三）税收风险点风险信息排除确认

通过实验内容和资料进行税收风险点风险信息的判断、验证、排除、确认。

五、实验总结与实验报告

通过本次实验，我们理解和掌握了火力发电行业纳税评估，掌握火力发电行业纳税评估对象的确定、案头审核分析方法、约谈举证及实地核查方法等内容，研究分析现行火力发电行业纳税评估存在的税收风险，探索建立火力发电行业纳税评估指标及评估模型，提高了火力发电行业纳税评估的技巧和水平。应该总结回顾本次实验的过程，检查实验的结果，按实验步骤要求写出本次实验的纳税评估工作报告。

纳税评估工作报告

纳税评估序号：

评估所属时期：

评估实施时间：

<table>
<tr><td>纳税人名称（全称）</td><td colspan="3"></td></tr>
<tr><td>税务登记号</td><td></td><td>评估所属项目</td><td></td></tr>
<tr><td colspan="4">风险点判断和结论：

风险点特征分析计算：

风险点信息排除确认：</td></tr>
<tr><td colspan="4">纳税评估整体总结

工作建议

评估人员：
日期：</td></tr>
</table>

实验十

金属结构制造行业纳税评估

一、实验目的与要求

通过本实验，使学生了解金属结构制造行业生产经营特点，掌握金属结构制造行业纳税评估对象的确定、案头审核分析方法、约谈举证及实地核查方法等内容，纵向掌握行业税收征管难点，查找容易产生税收风险的重要节点；横向掌握区分风险事项、分别按照重点税收风险和一般性税收风险分别进行识别和分析。帮助学生掌握金属结构制造行业纳税评估的流程，研究分析金属结构制造行业存在的税收风险，探索学习建立金属结构制造行业纳税评估指标，提高金属结构制造行业纳税评估的技巧和水平。

二、实验知识准备

（一）行业（产品）定义

金属及金属矿批发行业（065164 或 F5164）是指对包括下列金属及金属矿的批发活动：金属矿石批发和进出口、铸铁批发和进出口、钢材批发和进出口、铜材及铜锭批发和进出口、铝材和铝锭批发和进出口以及其他金属材料批发和进出口。其中钢材批发和进出口是指包括普通钢管、普通钢板、普通线材钢、特种钢材及其他钢材的批发和进出口。

（二）企业类型划分

按照经销级次划分，钢材经销企业可以分为一级经销商、多级经销商；按照企业规模划分，可以分为大型企业、中型企业和小型企业。

（三）工艺简介

1. 我国钢铁市场主要的几种流通模式。

（1）钢铁企业→一级经销商→钢材交易市场（经销商多级交易）→终端用户。

（2）钢铁企业→配送中心→终端用户。

（3）钢铁企业→经销商→终端用户。

（4）钢铁企业→终端用户。

2. 钢材销售的具体业务流程。

客户下订单→找货→订立合同→客户打款→清款卖家→货物出库→开具发票。

如果存在第三方仓储的，还涉及运输委托单、发货单、出库单等可以证明交易真实存在的单据。

（四）行业（产品）生产经营规律

1. 流通秩序复杂。

该行业（产品）经营主要以传统贸易模式为主，随行就市，快进快出，赚取差价。销售链条中，普遍存在二级经销商，直接销售给用户的比例低，市场中做转手贸易的经销商占据相当高的比例。钢铁企业通常是选择部分实力较为雄厚、有着较为稳定交易关系的一级经销商作为“协议户”，把钢材销售给一级经销商，一级经销商将钢材批发给零售商，或是直接将钢材销售给若干个钢材批发商，再由钢材批发商批发给零售商。钢材经销商的准入门槛很低，导致钢材经销商数量庞大，钢材流通秩序复杂化。

2. 经营方式灵活。

随着现代物流业的日益发展，部分钢材经销商已经实现跨市、跨省经营，进、销、存三个环节的经营地或交易发生地与注册地无必然联系。同时，不少企业无固定资产，采取租赁办公场所或租赁货位的方式经营，经营周期不稳定，随时可以歇业或迁移。

3. 行业附加值及税负率较低。

从征管数据看，钢材经销商普遍存在账面毛利较低、税负率偏低的情况，少数企业甚至常年零税负。

4. 会计核算水平不高。

行业内中小型企业数量较多，且普遍不重视财务核算，上报的各类财务信息可比性较差，参考价值不高。

（五）涉税管理要点

1. 流通渠道复杂，涉税票案易发。

该行业中企业由于交易金额较高通常开票版本也较高，加上企业进出该行业较为频繁，被部分通过收购具有正式一般纳税人资格即将注销企业作案的不法分子视为较好的壳资源，并且行业中流通渠道复杂，相互转手、飞单交易、跨省交易普遍，犯案不易为税务机关发现，易发涉税票案。

2. 隐瞒销售收入，逃避纳税义务。

由于终端用户涉及建筑企业、小规模加工企业等相对财务核算不规范的企业，所以该行业中不少企业存在隐匿或少报现金收入甚至将该部分收入虚开至其他用票企业等现象。企业一般将收到的款项挂在应收账款、预收账款、其他应付款等往来账款项目，或者在销售货物时直接冲减库存商品、销售费用等，不计销售，逃避纳税义务。

3. 销售收入滞后，人为调节税金。

由于该行业经营方式比较灵活，部分企业会利用改变经营方式或销售方式等手段推迟确认收入，调节税基分布。企业通过不订立合同或者只订立无明确收款日期的合同来推迟确认销售收入，从而推迟了纳税义务的发生。

4. 财务管理混乱，涉税处理随意。

由于该行业中小型企业较多，业务相对简单，所以企业聘请兼职会计的情况比较普遍，企业经营者经营过程中发生的支出存在随意用白条入账，不索要正式报销凭据的问题。另外，资金流与物流分离，税务机关对存货的实地核查存在很大困难。

（六）测算主营业务成本分析法

1. 原理描述。

通过对企业的进项税额和存货的变动数推导出纳税人评估期内主营业务成本结转金额，与纳税人实际申报的主营业务成本金额进行比较，判断纳税人评估所属期内是否存在多抵进项税额或者虚记主营业务成本的问题，以此分析和发现纳税人涉税疑点。

2. 评估模型。

$$\text{推导评估期购货金额} = \left(\text{进项税额} - \text{运费进项} - \text{固定资产进项} - \text{进项转出} + \text{纳税检查调减进项税转出额}\right) \div \text{增值税适用税率}$$

测算主营业务成本 = 期初存货 + 推导评估期购货金额 − 期末存货

测算主营业务成本差异 = 测算主营业务成本 − 申报的主营业务成本

3. 标准值参考范围。

测算主营业务成本差异标准值参考范围应在 −50 000 ~ 50 000 元之间，实际应用时可根据实际情况放大或缩小标准值范围。

4. 数据获取途径。

进项税额、运费进项、固定资产进项、进项转出、期初存货、期末存货、主营业务成本分别取值于综合征管系统纳税人纳税申报表和财务会计报表。

5. 疑点判断。

如果该差额为正数，存在多抵进项税额嫌疑。如果该差额为负数，存在多列成本嫌疑。

6. 应用要点。

（1）剔除影响进项税额推导购货金额的因素，将不属于商品采购的进项税额剔除，如电费进项税额、办公用品进项税额、油费进项税额、固定资产进项税额等。

(2) 考虑进项税额跨期抵扣的因素，将不属于评估期购货的进项税额减去并加上已列入评估期购货而未在评估期内抵扣的进项税额。

(3) 考虑普通发票购货的因素，如果有普通发票购货的情况，还需再加上普通发票购货金额。

(4) 对主营业务成本核算范围需要明确，如果有运费、仓储费、人工费等其他非货物成本的情况，应该相应剔除。

(七) 销售毛利率分析法

1. 原理描述。

通过企业的测算销售毛利率与企业申报的主营业务收入与主营业务成本计算所得的毛利率进行比较，判断纳税人评估所属期内是否存在销售未申报收入的问题。

2. 评估模型。

销售毛利率 = (主营业务收入 - 主营业务成本) ÷主营业务收入 ×100%

$$\text{测算销售毛利率} = \left(\text{评估期销售平均单价} - \text{评估期平均进货单价}\right) \div \text{评估期销售平均单价} \times 100\%$$

其中：

评估期销售平均单价 = 评估期销售发票金额 ÷ 销售数量

评估期平均进货单价 = 评估期购入商品金额 ÷ 购入数量

$$\text{问题值} = \text{主营业务成本} \div \left(1 - \text{测算销售毛利率}\right) - \text{主营业务成本} \div (1 - \text{销售毛利率})$$

3. 标准值参考范围。

销售毛利率的标准值应大于 3%。实际应用时应根据企业是否承担运输功能、资金垫付等情况作适当调整。

4. 数据获取途径。

主营业务收入、主营业务成本分别取值于综合征管系统纳税人财务会计报表。购销数量、单位、规格目前取值于发票明细，如果已实现开具二维码发票的企业，可以直接从“金税工程”系统中取得购销发票的明细数据。

5. 疑点判断。

如果测算销售毛利率大于销售毛利率，则存在隐匿销售收入疑点。

6. 应用要点。

(1) 统一数量单位。如果商品的计量单位不是重量单位，应将其换算至统一单位，建议换算为重量单位，不同钢材的重量换算公式如下：

钢材理论重量计算方法 (单位：千克)

钢的密度为 7.85 克/立方厘米，钢材理论重量基本公式 = 横断面积 × 长度 × 密度。

圆钢：每米重量＝0.006 17×直径×直径（螺纹钢和圆钢相同）

方钢：每米重量＝0.007 85×边宽×边宽

扁钢：每米重量＝0.007 85×厚度×边宽

等边角钢：每米重量＝0.007 85×［（边宽×2－边厚）×边厚＋0.215（内弧半径2－2×端弧半径2）］

板材：每平方米重量＝7.85×厚度

无缝钢管：每米重量＝0.024 66×（外径－壁厚）×壁厚（螺旋焊管和无缝钢管相同）

注：每米重量单位为千克（kg），直径、边宽、厚度等单位为毫米。

（2）考虑存货影响。应分析期初期末存货的构成和增减变化，结合分析商品价格的年度变动幅度来考虑存货对上述测算销售毛利率的影响。

（3）可以直接比较进销存数量的逻辑关系用于佐证，即销售数量＝期初存货数量＋购入数量－期末存货数量。

（八）财务指标分析法

1. 原理描述。

通过对企业的财务报表相关项目分析，判断纳税人评估所属期内是否存在隐匿收入或者虚列成本费用的问题，以此分析和发现纳税人涉税疑点。

2. 评估模型。

$$\text{应收账款周转天数}=365\times\left[\left(\text{应收账款期初数}+\text{应收账款期末数}\right)\div 2\right]\div\left[\text{主营业务收入}\times\left(1+\text{增值税税率}\right)\right]$$

$$\text{应付账款期末数占比}=\text{应付账款期末数}\div[\text{主营业务成本}\times(1+\text{增值税税率})]\times 100\%$$

期间费用占毛利比＝期间费用÷（主营营业收入－主营营业成本）×100%

存货周转天数＝365×［（存货期初数＋存货期末数）÷2］÷主营业务成本

三小票进项税额占比＝（运费进项＋海关进项＋农产品进项）÷进项税额×100%

其他应收款余额＝其他应收款期末数

其他应付款余额＝其他应付款期末数

预收账款期末数＝预收账款款期末数

3. 标准值参考范围（见表10－1）。

表10－1　标准值参考范围表

指标名称	标准值参考范围
应收账款周转天数	120天
应付账款期末数占比	20%
期间费用占毛利比	<100%

续表

指标名称	标准值参考范围
存货周转天数	60天
三小票进项税额占比	10%
其他应收款余额	2 000 000元
其他应付款余额	2 000 000元
预收账款期末数	1 000 000元

注：实际应用时应根据企业实际规模调整标准值范围。

4. 数据获取途径。

上述财务数据分别取值于综合征管系统纳税人纳税申报表和财务会计报表。

5. 疑点判断。

（1）应收账款长期挂账，与商贸企业快速流通特点不相符，分析相关业务真实性。

（2）应付账款期末数占比较大，应分析应付未付的具体原因是否合理，是否存在虚进的可能性。

（3）期间费用消耗毛利较大，造成亏损或微盈，应分析各类费用支出的合理性。

（4）存货周转天数过长，与商贸企业快速流通特点不符，分析存货真实性。

（5）三小票进项税额占比异常，应分析相关原因。

（6）期末其他应收款较大，应分析其他应收款的用途，是否存在其他收益未确认的可能。

（7）期末其他应付款金额较大，可能是通过其他应付款隐藏收入，具体应结合应付对象分析。

（8）预收账款期末数较大，可能是通过预收账款少申报收入，应结合企业实际经营业务及企业提供销售合同具体分析合理性。

6. 应用要点。

（1）按客户明细分析应收账款构成，特别注意长期挂账的客户，应分析长期挂账的原因。

（2）按客户明细分析应付账款构成，特别注意长期未付的客户，应分析长期未付的原因。

（3）对期间费用较大的企业，应分析期间费用明细构成，特别注意非常规项目的费用。

（4）存货周转过长，一般是期末存货过多造成，应分析期初期末存货构成和变动，必要时可实地核实存货。

（5）对三小票进项税额占比较大，应分析三小票的进项税额，对运费进项较大的应重点核实，对海关进项较大应结合企业的购货渠道进行分析以及决定抽查原始凭证的比例。

（6）按客户明细分析其他应收款构成，关注其他应收款的成因，特别注意较大金额的其他应收款是否有资金融通收入未确认以及关注有无投资者借用的资金。

（7）按客户明细分析其他应付款构成，关注其他应付款的成因，特别注意可能有业务关系的客户的其他应付款。

（8）分析预收账款形成的时间，对时间较长的预收账款应分析是否已到确认销售收入的时点。

7. 标准值参考范围（见表 10－2）。

表 10－2　　标准值参考范围表

指标名称	标准值参考范围
应收账款周转天数	120 天
应付账款期末数占比	20%
期间费用占毛利比	<100%
存货周转天数	60 天
三小票进项税额占比	10%
其他应收款余额	2 000 000 元
其他应付款余额	2 000 000 元
预收账款期末数	1 000 000 元

注：实际应用时应根据企业实际规模调整标准值范围。

8. 数据获取途径。

上述财务数据分别取值于综合征管系统纳税人纳税申报表和财务会计报表。

9. 疑点判断。

（1）应收账款长期挂账，与商贸企业快速流通特点不相符，分析相关业务真实性。

（2）应付账款期末数占比较大，应分析应付未付的具体原因是否合理，是否存在虚进的可能性。

（3）期间费用消耗毛利较大，造成亏损或微盈，应分析各类费用支出的合理性。

（4）存货周转天数过长，与商贸企业快速流通特点不符，分析存货真实性。

（5）三小票进项税额占比异常，应分析相关原因。

（6）期末其他应收款较大，应分析其他应收款的用途，是否存在其他收益未确认的可能。

（7）期末其他应付款金额较大，可能是通过其他应付款隐藏收入，具体应结合应付对象分析。

（8）预收账款期末数较大，可能是通过预收账款少申报收入，应结合企业实际经营业务及企业提供销售合同具体分析合理性。

10. 应用要点。

（1）按客户明细分析应收账款构成，特别注意长期挂账的客户，应分析长期挂账的原因。

（2）按客户明细分析应付账款构成，特别注意长期未付的客户，应分析长期未付的原因。

（3）对期间费用较大的企业，应分析期间费用明细构成，特别注意非常规项目的费用。

（4）存货周转过长，一般是期末存货过多造成，应分析期初期末存货构成和变动，必要时可实地核实存货。

（5）对三小票进项税额占比较大，应分析三小票的进项税额，对运费进项较大的应重点核实，对海关进项较大应结合企业的购货渠道进行分析以及决定抽查原始凭证的比例。

（6）按客户明细分析其他应收款构成，关注其他应收款的成因，特别注意较大金额的其他应收款是否有资金融通收入未确认，还要关注有无投资者借用的资金。

（7）按客户明细分析其他应付款构成，关注其他应付款的成因，特别注意可能有业务关系的客户的其他应付款。

（8）分析预收账款形成的时间，对时间较长的预收账款应分析是否已到确认销售收入的时点。

三、实验内容和资料

1. 企业基本情况介绍。

A贸易有限公司，成立于2003年，增值税一般纳税人，企业所得税查账征收，主要经营圆钢、螺纹钢等批发销售业务。

2. 数据采集来源及内容。

该纳税人2011年纳税申报信息如下：

（1）2011年增值税纳税申报表全年应税销售额41 928 669.6元，销项税额7 127 873.73元，进项税额7 019 147.55元（无运费进项、无海关抵扣、无固定资产进项），进项转出0元，应缴增值税108 726.18元，增值税税负为0.26%。

（2）2011年资产负债表中存货期初数为334 853.04元，存货期末数为363 208.04元；应收账款期初数1 257 405.39元，期末数1 132 275.74元，预收账款为0元；其他应收款期末数50 325.23元，其他应付款期末数4 215 113.44元；应付账款为0，预付账款期末数为2 551 622.42元。2011年利润表中主营业务收入41 928 669.6元，主营业务成本41 260 748.75元，经营费用308 209.1元，管理费用322 236.72元，财务费用-1 493.32元，营业利润31 594.53元。

3. 确定疑点列举。

根据该企业的基础数据，评估人员首先采用测算主营业务成本分析法和财务指标分析法对基础数据进行案头分析：

（1）推导评估期购货金额=7 019 147.55 ÷17% =41 289 103，测算主营业务成本=334 853.04+41 289 103-363 208.04=41 260 748元，与申报主营业务成本一致，可以确认该企业2011年度发生的进项税额均为2011年采购商品的增值税税额。

（2）销售毛利率=（41 928 669.6-41 260 748.75） ÷41 928 669.6×100% =1.59%，比该行业正常销售毛利率明显偏低，并且该企业在销售过程中有预付账款无预收账款，存在资金垫付行为，销售毛利率应高于正常水平。该指标偏低提示存在涉税疑点，是否有销售收入未确认而相应成本已确认，导致销售毛利率偏低。

（3）财务指标中除其他应付款期末金额偏高外，其他指标均在正常值范围内，未显异常。

4. 评估约谈。

根据对该企业纳税人相关数据分析中发现的疑点，评估人员与该企业的法人代表、财务负责人进行约谈，要求企业对发现的疑点问题给予合理的解释。

企业第一次的解释基本情况如下：

一是企业主要销售热轧板、圆钢、螺纹钢等，单位价值每吨在4 000元左右，高的每吨在5 000元左右，因为市场比较透明，价格上无优势，销售时基本每吨加价40~50元，所以销售毛利率很低，一般大约在1% ~2%之间。从实际情况来看，该公司2011年主营业务收入4 193万元，主营业务成本4 126万元，主营业务成本为98.40%，毛利率仅为1.6%，故增值税税负率也就在0.27%左右。

二是企业2011年毛利额在67万元，期间费用63万元（具体为房租、人员工资以及车辆折旧、开平加工费、装卸费等），利润总额在3万~4万元之间，缴纳所得税也就0.6万元左右，故企业所得税税负率在0.015%。

三是企业在销售时因为进销差价比较少，运输费用由下家承担，故该企业2011年度未发生运输费用。

四是企业销售金属材料，上下家基本固定，处于中间环节，所以全部开具增值税发票，并且因为使用万元版发票，所以每笔销售要分几张发票甚至十几张发票开具，所以基本都是顶额开具的。同时没有经营门店，不存在零售渠道。

五是其他应付款增加是因为企业经营金属材料，需要资金量大，故向其他公司借的经营用的流动资金。

评估人员根据企业的解释结合企业的举证，判断该企业其他应付款无异常，但销售毛利率偏低的疑点无法排除。因为根据企业的解释，其还承担部分钢材的开平加工费、货场装卸费，其销售毛利率如此低似乎不符合市场规律。评估人员决定实际测算该企业 2011 年度的销售毛利率。

根据“金税工程”系统中抽取的 2011 年认证和抄报税的购销发票数据，结合实际 2011 年度的购销发票补充采集金税系统中不能采集的销售数量、品名和规格等数据，评估人员统计出如表 10－3 所示的分析数据。

表 10－3　　购销发票数据表

销售发票总数量（吨）	销售发票总金额（元）	测算平均销售单价
9 887. 639	41 928 669. 6	4 240. 51
进货发票总数量（吨）	进货发票总金额（元）	测算平均进货单价
10 130. 08	41 289 103. 75	4 075. 89
测算销售毛利率		3. 88%

问题值＝41 260 748. 75÷(1－3. 88%)－41 260 748. 75÷(1－1. 59%)＝997 619（元）

另外，结合企业存货，从进销存数量来测算：

企业期初存货 334 853 元，按单价 4 076 元来折算，约为 82 吨；期末存货 363 208 元；按单价 4 076 元来折算，约为 89 吨；期末存货比期末存货增加 7 吨。本期购进 10 130 吨，本期销售 9 887 吨。

差异数：(本期购进)10 130－(本期销售)9 887－(期末存货增加)7
＝236（吨）

由于企业存货变动不大，对总体测算的影响微小，所以评估人员可以确认该企业存在销售收入未申报的疑点，于是与企业进行第二次约谈。

该企业承认了存在的问题，并提交了自查情况说明，确认在纳税申报方面存在以下问题：

一是企业“已发出商品”圆钢 363 208. 05 元，因存在质量问题，未与销售对象在价款上达成一致，故迟迟未开具发票确认收入，经与客户协商后，双方已达成一致，评估当月补开销售发票，销售额 363 208. 05 元。

二是企业 2011 年购进螺纹钢 198 吨，已开票销售 52 吨，还有 146 吨为朋友购买而未开具发票，销售额为 538 097. 97 元。

5. 测算税收差异情况。

该企业应补缴增值税 =（363 208.05 + 538 097.97）×17%
= 153 222.02（元）

该企业应补缴企业所得税 =（363 208.05 + 538 097.97）×25%
= 225 326.51（元）

将上述补申报的销售收入还原后，该企业 2011 年度：销售毛利率 = 1 − 41 289 103.75 ÷（41 928 669.6 + 363 208.05 + 538 097.97）= 3.6% ≈ 测算值 3.88%；增值税税负率 =（108 726.18 + 153 222.02）÷（41 928 669.6 + 363 208.05 + 538 097.97）= 0.6%

6. 评定处理。

综合上述情况，企业自查补缴增值税及附加、企业所得税和滞纳金共 409 823.84元，同时企业做了相关账务调整。整个纳税评估工作对企业加强税收管理、引导企业提高纳税遵从度起到了较好的作用。

四、实验步骤

（一）税收风险点判断和结论

分组开展案例讨论，通过案头分析，列出案例企业可能存在哪些税收风险点。

（二）税收风险点风险特征分析计算

分组开展案例讨论，开展风险点特征分析，列出纳税评估采用的评估方法，列出模型、计算公式、指标源和特殊信息。

（三）税收风险点风险信息排除确认

通过实验内容和资料进行税收风险点风险信息的判断、验证、排除、确认。

五、实验总结与实验报告

通过本次实验，我们理解和掌握了金属结构制造行业纳税评估，掌握金属结构制造行业纳税评估对象的确定、案头审核分析方法、约谈举证及实地核查方法等内容，研究分析现行金属结构制造行业纳税评估存在的税收风险，探索建立金属结构制造行业纳税评估指标及评估模型，提高了金属结构制造行业纳税评估的技巧和水平。应该总结回顾本次实验的过程，检查实验的结果，按实验步骤要求写出本次实验的纳税评估工作报告。

纳税评估工作报告

纳税评估序号：

评估所属时期：

评估实施时间：

<table>
<tr><td>纳税人名称（全称）</td><td colspan="3"></td></tr>
<tr><td>税务登记号</td><td></td><td>评估所属项目</td><td></td></tr>
<tr><td colspan="4">风险点判断和结论：

风险点特征分析计算：

风险点信息排除确认：

</td></tr>
<tr><td colspan="4">纳税评估整体总结

工作建议

评估人员：
日期：</td></tr>
</table>

第三部分
其他行业纳税评估实验

实验十一

银行业纳税评估

一、实验目的与要求

通过本实验，使学生了解银行业生产经营特点，掌握银行业纳税评估对象的确定、案头审核分析方法、约谈举证及实地核查方法等内容，纵向掌握银行业务流程，从负债业务、资产业务、中间业务中查找容易产生税收风险的重要节点；横向掌握区分风险事项、分别按照重点税收风险和一般性税收风险分别进行识别和分析。帮助学生掌握银行业纳税评估的流程，研究分析现行银行业存在的税收风险，探索学习建立银行业纳税评估指标，提高银行业纳税评估的技巧和水平。

二、实验知识准备

银行业在我国是指中国人民银行以及在中华人民共和国境内设立的商业银行、城市合作信用社、农村信用合作社等吸收公众存款的金融机构、非银行金融机构以及政策性银行。

银行作为经营货币和信用业务的金融机构，通过发行信用货币、管理货币流通、调剂资金供求、办理货币存贷和结算，充当信用的中介人。它是现代金融的主体、是国民经济运转的枢纽、在金融行业中具有举足轻重的地位。风险点分布如表 11 －1 所示。

表 11 －1　银行行业风险点分布

生产经营流程	风险数量	一般税收风险	重点税收风险
负债业务	3	2	1
资产业务	11	3	8
中间业务	2	1	1
风险拨备	4	2	2
其他业务	10	9	1
合计	30	17	13

（一）负债业务

负债业务主要是通过吸收和借入形式筹集资金，是银行最基本、最主要的业务，构成银行经营的基础，包括存款业务和非存款业务。存款业务是指银行以信用方式吸收社会闲置资金的筹资活动，是银行最主要的信贷资金来源。存款业务主要包括为企业交易目的开设的企事业单位存款和为个人积蓄货币取得利息收入开设的居民储蓄存款。银行的非存款业务，是指银行吸收各种非存款资金的业务。一般来说，按照期限长短可以分为短期借入资金业务和长期借入资金业务。

1. 会计处理。

（1）银行收到客户存入的款项，会计处理如下：

借：存放中央银行款项

　　贷：吸收存款（本金）

资产负债表日，应按摊余成本和实际利率计算确定的存入资金的利息费用，会计处理如下：

借：利息支出

　　贷：应付利息

（2）支付的存款本金，会计处理如下：

借：吸收存款（本金）

　　贷：存放中央银行款项

（3）银行申请转贴现或者再贴现，会计处理如下：

借：存放中央银行款项

　　贴现负债——利息调整

　　贷：贴现负债——面值

资产负债表日，按计算确定的利息费用，会计处理如下：

借：利息支出

　　贷：贴现负债——利息调整

　　　　票据到期，申请转贴现的银行会计处理如下：

借：贴现负债——面值

　　利息支出

　　贷：存放中央银行款项

　　　　贴现负债——利息调整

（4）向中央银行借款，会计处理如下：

借：存放中央银行款项

　　贷：向中央银行借款

资产负债表日，应计算确定的向中央银行借款的利息费用，会计处理如下：

借：利息支出

　　贷：应付利息

2. 一般风险。

（1）关联方金融机构机构间利息支出未按照资本弱化规定进行税务处理的风险。

涉及税种：企业所得税。

风险描述：关联方金融机构间利息支出超过关联方债券性投资与其权益性投资比例，未进行纳税调整。

应对指引：核查企业披露的关联方关系和交易，通过审计报告和关联方申报表，核实是否存在关联方交易，核查企业实际支付给关联方的利息支出，是否超过接受关联方债权性投资与其权益性投资的规定比例。如超过接受关联方债权性投资与其权益性投资的规定比例，企业是否有转让定价文档或者其他资料证明利息支出符合独立交易原则，抑或该企业的实际税负不高于境内关联方。

政策依据：《财政部　国家税务总局关于企业关联方利息支出税前扣除标准有关税收政策问题的通知》（财税〔2008〕121号）。

（2）支付或者到期应支付给未在中国境内设立机构、场所的非居民企业利息或其他所得，未代扣代缴相关税费的风险。

涉及税种：增值税、企业所得税、城市维护建设税及教育费附加。

风险描述：银行发生海外代付业务，向境外代付行支付利息时，未及时代扣代缴增值税及附加和企业所得税，或向国外软件公司支付软件使用费，如Swift等网络或系统的使用费未及时代扣代缴增值税及附加和企业所得税。

应对指引：审核银行提供的向境外支付款项相关管理办法和境外业务的实际情况，核实是否存在未按照规定代扣代缴税收的情况。进行内控制度测试，查看金融机构业务部门与计财部门是否建立定期沟通机制，及时传递涉外业务处理情况，计财部门定时跟踪涉外业务及会计科目的数据动态，及时进行非居民企业利息等所得的代扣缴工作。

政策依据：《中华人民共和国企业所得税法》第三条第三款、第十九条第（一）项、第三十七条；《中华人民共和国企业所得税法实施条例》第九十一条、第一百零三条、第一百零四条、第一百零五条；《国家税务总局关于非居民企业所得税管理若干问题的公告》（国家税务总局公告2011年第24号）第一条；《国家税务总局关于非居民企业所得税源泉扣缴有关问题的公告》（国家税务总局公告2017年第37号）第一条、第四条、第六条、第七条；《财政部　国家税务总局关于全面推开营业税改征增值税试点的通知》（财税字〔2016〕36号）附件1《营业税改征增值税试点实施办法》第六条、第十二条《财政部关于贯彻执行〈中华人民共和国城市维护建设税暂行条例〉几个具体问题的规定》（财税字

〔1985〕69 号）第七条；《国务院关于修改〈征收教育费附加的暂行规定〉的决定》（国务院令第 448 号）第三条。

3. 重点风险。

负债业务的重点税收风险主要是以我国银行境外分行为牵头行开展的银团贷款业务中，境内机构向境外分行支付的代收利息未按规定扣缴相关税费。

涉及税种：增值税、企业所得税、城市维护建设税及教育费附加。

风险描述：境外分行即我国银行在境外设立的不具备所在国家（地区）法人资格的分支机构。境外分行在银团贷款中行使牵头行职能，当利息归属于境外分行时，由于境外分行和属于中国境内法人分支机构，不需要代扣代缴企业所得税；如果据以产生利息的债权属于境外非居民企业，境外分行代收利息收入的实际取得方是境外的非居民企业。此种情况下境内机构向境外分行支付利息时应依法扣缴增值税及附加和企业所得税。

应对指引：审核境外分行是否严格区分从境内收取的利息的实际所有人，对属于为境外非居民企业代收情形的，境外分行需将相关情况告知境内机构，境内机构在对外支付时严格按照税法规定扣缴税款。

政策依据：《国家税务总局关于加强非居民企业来源于我国利息所得扣缴企业所得税工作的通知》（国税函〔2008〕955 号）第二条；《国家税务总局关于境内机构向我国银行的境外分行支付利息扣缴企业所得税有关问题的公告》（国家税务总局公告 2015 年第 47 号）第三条；《财政部　国家税务总局关于全面推开营业税改征增值税试点的通知》（财税〔2016〕36 号）附件 1《营业税改征增值税试点实施办法》第六条、第十二条；《财政部关于贯彻执行〈中华人民共和国城市维护建设税暂行条例〉几个具体问题的规定》（财税字〔1985〕69 号）第七条；《国务院关于修改〈征收教育费附加的暂行规定〉的决定》（国务院令第 448 号）第三条。

（二）资产业务

资产业务指银行运用其吸收的资金从事各种信用活动以获取利润的行为，主要包括贷款业务、投资业务等内容。贷款业务是银行以债权人地位，将货币资金贷给借款人，借款人按约定的利率和期限还本付息的一种信用方式，贷款是商业银行最主要的资产业务。银行主要的投资业务为证券投资业务，证券投资业务是通过金融工具进行的投资活动，是银行除贷款外最重要的资金运用渠道。

1. 会计处理

（1）向企业发放的贷款，会计处理如下：

借：贷款——本金

　　贷：吸收存款（或存放中央银行款项等）

有差额的，借记或贷记“贷款——利息调整”。

资产负债表日，确定的应收未收利息，会计处理如下：

借：应收利息

　　贷：利息收入

按其差额，借记或贷记“贷款（利息调整）”。

收回贷款时，会计处理如下：

借：吸收存款（或存放中央银行款项等）

　　贷：应收利息

　　　　贷款——本金

　　　　利息收入

（2）办理贴现时，会计处理如下：

借：贴现资产——面值

（3）取得的以公允价值计量且其变动计入其他综合收益的债券投资，会计处理如下：

借：以公允价值计量且其变动计入其他综合收益的投资——成本

　　应收利息

　　贷：存放中央银行款项

按差额，借记或贷记“以公允价值计量且其变动计入其他综合收益的投资——利息调整”。

资产负债表日，以公允价值计量且其变动计入其他综合收益的债券为分期付息、一次还本债券投资的，会计处理如下：

借：应收利息

　　贷：投资收益

按其差额，借记或贷记“以公允价值计量且其变动计入其他综合收益的投资——利息调整”。

以公允价值计量且其变动计入其他综合收益的债券为一次还本付息债券投资的，会计处理如下：

借：以公允价值计量且其变动计入其他综合收益的投资——应计利息

　　贷：投资收益

按其差额，借记或贷记“以公允价值计量且其变动计入其他综合收益的投资——利息调整”。

出售以公允价值计量且其变动计入其他综合收益的金融资产，会计处理如下：

借：存放中央银行款项

　　贷：以公允价值计量且其变动计入其他综合收益的投资——成本、公允价值变动、利息调整、应计利息按其差额，贷记或借记“投资收益”，借记或贷记“资本公积——其他资本公积”。

（4）取得的以摊余成本计量的投资，会计处理如下：

借：以摊余成本计量的投资——成本

　　应收利息

　　　贷：存放中央银行款项等

按其差额，借记或贷记“以摊余成本计量的投资——利息调整”。

资产负债表日，以摊余成本计量的投资为分期付息、一次还本债券投资的，会计处理如下：

借：应收利息

　　　贷：投资收益

按其差额，借记或贷记“以摊余成本计量的投资——利息调整”。

以摊余成本计量的投资为一次还本付息债券投资的，会计处理如下：

借：以摊余成本计量的投资——应计利息

　　　贷：投资收益

按其差额，借记或贷记“以摊余成本计量的投资——利息调整”。

出售以摊余成本计量的投资，会计处理如下：

借：存放中央银行款项等

　　　贷：以摊余成本计量的投资——成本、利息调整、应计利息

按其差额，贷记或借记“投资收益”。

已计提减值准备的，还应同时结转减值准备。

2. 一般风险。

（1）国债转让收入作为持有期间利息收入，存在少缴企业所得税的风险。

涉及税种：增值税、企业所得税、城市维护建设税及教育费附加。

风险描述：银行存在将国债转让收入与国债利息收入一并作为免税收入申报，造成少缴纳增值税和企业所得税的风险，银行投资国债，并从国务院、财政部门取得的国债利息收入，应以国债发行时约定应付利息的日期，确认利息收入的实现。转让国债，应在国债转让收入确认时确认免税国债利息收入的实现。企业到期前转让国债，或者从非发行者投资购买的国债，其持有期间尚未兑付的国债利息收入，按以下公式计算确定：

国债利息收入 = 国债金额 ×（适用年利率 ÷ 365）× 持有天数

应对指引：审核国债交易交割单、国债交易台账，结合业务状况表和增值税申报表、企业所得税申报表比照分析，核实企业有无将应税收入作为免税收入处理，造成少缴纳增值税和企业所得税的情况。审核银行投资国债取得国债利息的会计处理和税务处理是否符合文件规定，计算是否准确。

政策依据：《中华人民共和国企业所得税法》第二十六条第一款；《国家税务总局关于企业国债投资业务企业所得税处理问题的公告》（国家税务总局公告2011年第36号）；《财政部　国家税务总局关于全面推开营业税改征增值税试点的通知》（财税〔2016〕36号）附件3《营业税改征增值税试点过渡政策的规定》第一条第（十九）项第3目；《财政部关于贯彻执行〈中华人民共和国城市维护建设税暂行条例〉几个具体问题的规定》（财税字〔1985〕69号）第七条；《国务院关于修改〈征收教育费附加的暂行规定〉的决定》（国务院令第448号）第三条。

（2）企业持有股票不足12个月的收益作为免税收入的风险。

涉及税种：企业所得税。

风险描述：企业持有居民企业公开发行并上市流通的股票期间取得投资收益按照税法规定必须连续12月以上才能享受免税。企业可能存在将全部权益性投资收益一律视同符合条件的居民企业之间的权益性投资收益享受免税优惠造成少缴纳企业所得税的风险。

应对指引：结合“可供出售金融资产”“交易性金融资产”“投资收益”等科目，重点核实投资资产持有时间和持股比例，查看股权投资及投资收益转账凭证，判断投资收是否属于免税收入。

政策依据：《中华人民共和国企业所得税法》第二十六条第（二）项；《中华人民共和国企业所得税法实施条例》第八十三条。

（3）收取贷款相关滞纳金、罚金等未计增值税的风险。

涉及税种：增值税、城市维护建设税及教育费附加。

风险描述：银行存在未按利息收入的全额（包括罚金、滞纳金、赔偿金等）计征增值税的风险。银行收取罚金、滞纳金、赔偿金在实际业务中有多种情形，包括贷款逾期、交易履行有瑕疵或交易未履行等多种情况，应区分具体业务情形判定，不应一概按照价外费用征收增值税。按照税法规定需要缴纳增值税的罚金、滞纳金、赔偿金，是指与银行收取贷款利息相关的，且具有利息属性的罚金、滞纳金、赔偿金，如贷款还款违约的罚息。

应对指引：审核“营业外收入”“其他业务收入”“其他应付款”等科目是否由系统自动进行价税分离，并结合增值税申报表各栏次与会计科目对应取数关系，查看是否存在取得的上述收入未按规定缴纳增值税的问题。

政策依据：《财政部　国家税务总局关于全面推开营业税改征增值税试点的通知》（财税〔2016〕36号）附件1《营业税改征增值税试点实施办法附：销售服务、无形资产、不动产注释》第一条第（五）项第1目；《财政部关于贯彻执行《中华人民共和国城市维护建设税暂行条例》几个具体问题的规定》（财税字〔1985〕69号）第七条；《国务院关于修改〈征收教育费附加的暂行规定〉的决定》（国务院令第448号）第三条。

3. 重点风险。

（1）对逾期90天后贷款利息，实际收回后未按规定确认利息收入，少缴增值税的风险。

涉及税种：增值税、城市维护建设税及教育费附加。

风险描述：对逾期贷款逾期后发生的应收利息，未按照增值税纳税义务发生时间缴纳增值税。

应对指引：通过约谈询问银行总行人员、查阅相关内控管理文件、查看有关信息系统等方式，了解银行关于贷款利息的会计核算办法、会计核算系统规定和设置，确认逾期贷款的核算与处理方法，分析逾期贷款逾期后应收利息的收入确认时点，核实是否按照增值税纳税义务发生时间计提销项税额。

政策依据：《财政部　国家税务总局关于全面推开营业税改征增值税试点的通知》（财税〔2016〕36号）第四十五条及附件3《营业税改征增值税试点过渡政策的规定》第四条；《财政部关于贯彻执行〈中华人民共和国城市维护建设税暂行条例〉几个具体问题的规定》（财税字〔1985〕69号）第七条；《国务院关于修改〈征收教育费附加的暂行规定〉的决定》（国务院令第448号）第三条。

（2）逾期90天贷款利息，实际收回后未按规定确认利息收入，少缴纳企业所得税的风险。

涉及税种：企业所得税。

风险描述：在表外核算的已冲减了利息收入的应收未收利息，以后年度收回（或虽未实际收回，但会计上已恢复确认收入）时未计入当期应纳税所得额计算纳税。

应对指引：通过约谈询问，了解银行关于表外利息的会计核算和税务处理，查看银行关于表外核算管理系统中是否有相应的预警提示功能，对表内计提的超过90天的利息收入转到表外，将来收回的情况进行测试，验证其是否按规定计入当期应纳所得税额。

政策依据：《中华人民共和国企业所得税法》（中华人民共和国主席令第64号）第十八条；《国家税务总局关于金融企业贷款利息收入确认问题的公告》（国家税务总局公告2010年第23号）第三条。

（3）结息日起90天内的应收未收利息未按照规定缴纳增值税的风险

涉及税种：增值税城市维护建设税及教育费附加。

风险描述：银行自结算日起未超过90天的应收未收利息应按照现行规定申报缴纳增值税，90天后发生的应收未收利息暂不缴纳增值税，待实际收到利息时按规定缴纳增值税。银行可能存在未按规定将未超过90天的应收未收利息冲减销项税额的风险。

应对指引：通过询问及查阅会计核算说明，确定核算未超过90天逾期贷款利息收入的会计科目；审阅该科目明细账并抽查会计凭证核实是否在冲减利息收入转至表外的过程中存在同时冲减增值税销项税额的情况。

政策依据：《财政部 国家税务总局关于全面推开营业税改征增值税试点的通知》（财税〔2016〕36号）附件3《营业税改征增值税试点过渡政策的规定》第四条；《财政部关于贯彻执行〈中华人民共和国城市维护建设税暂行条例〉几个具体问题的规定》（财税〔1985〕69号）第七条；《国务院关于修改〈征收教育费附加的暂行规定〉的决定》（中华人民共和国国务院令第448号）第三条。

（4）扩大享受金融机构农户小额贷款利息收入税收优惠政策的风险。

涉及税种：增值税、企业所得税、城市维护建设税及教育费附加。

风险描述：银行未按照税法规定确认农户小额贷款的范围，享受农户小额贷款的利息收入不符合对于“农户”和“小额贷款”的界定，存在扩大享受金融机构农户小额贷款的利息收入优惠政策的风险。

应对指引：通过约谈询问银行总行部门人员，查阅银行关于农户小额贷款系统设置和财务核算情况，按一定比例抽查金额较大的农户小额贷款合同或协议，查看是否符合优惠政策规定的条件。

政策依据：《财政部 国家税务总局关于农村金融有关税收政策的通知》（财税〔2010〕4号第五条；《财政部 国家税务总局关于延续并完善支持农村金融发展有关税收政策的通知》（财税〔2014〕102号）第四条；《财政部 国家税务总局关于延续支持农村金融发展有关税收政策的通知》（财税〔2017〕44号）第四条；《财政部 税务总局关于支持小微企业融资有关税收问题的通知》（财税〔2017〕77号）第一条、第三条；《财政部 国家税务总局关于金融机构小微企业贷款利息收入免征增值税政策的通知》（财税〔2018〕91号）；《财政部关于贯彻执行〈中华人民共和国城市维护建设税暂行条例〉几个具体问题的规定》（财税〔1985〕69号）第七条；《国务院关于修改〈征收教育费附加的暂行规定〉的决定》（国务院令第448号）第三条。

（5）扩大境内金融机构同业往来利息收入免税范围的风险。

涉及税种：增值税、城市维护建设税及教育费附加。

风险描述：银行将不在增值税免税范围内的同业往来业务收入一并作为同业往来利息收入申请免税，未按规定申报缴纳增值税的风险。

应对指引：对“拆放同业利息收入”“同业往来”等科目进行审核分析，审核业务合同及系统核算，核实作为免税的同业往来利息收入是否符合增值税政策规定的范围，有无将不符合免税范围的业务作为免税处理。

政策依据：《财政部 国家税务总局关于全面推开营业税改征增值税试点的通知》（财税〔2016〕36号）附件3《营业税改征增值税试点过渡政策的规定》第一条第二十三款；《财政部 国家税务总局关于进一步明确全面推开“营改

增”试点金融业有关政策的通知》财税〔2016〕46号）第一条；《财政部　国家税务总局关于金融机构同业往来等增值税政策的补充通知》（财税〔2016〕70号）第一条；《财政部关于贯彻执行〈中华人民共和国城市维护建设税暂行条例〉几个具体问题的规定》（财税字〔1985〕69号）第七条；《国务院关于修改〈征收教育费附加的暂行规定〉的决定》（国务院令第448号）第三条。

（6）跨境金融机构间资金往来不符合联行往来业务的利息收入作为免税处理的风险。

涉及税种：增值税、城市维护建设税及教育费附加。

风险描述：财税〔2016〕70号文件第一条对于跨境金融机构间进行资金往来可作为免税同业往来的情形进行了规定，明确为境内银行与其境外的总机构、母公司之间，以及境内银行与其境外的分支机构、全资子公司之间的资金往来业务属于财税〔2016〕36号文件附件3《营业税改征增值税试点过渡政策的规定》第一条第二十三款第2项所称的银行联行往来业务。银行可能存在将不符合上述规定的往来收入也作为免税的同业收入的风险。

应对指引：对“拆放同业利息收入”“同业往来”等科目进行审核分析，审核同业之间的资金借用及拆借合同。对于银行的跨境资金拆借，应根据经济业务实质，审核是否符合财税〔2016〕70号文件中列举的银行联行往来业务。

政策依据：《财政部　国家税务总局关于全面推开营业税改征增值税试点的通知》（财税〔2016〕36号）附件3《营业税改征增值税试点过渡政策的规定》第一条第二十三款第2项；《财政部　国家税务总局关于金融机构同业往来等增值税政策的补充通知》（财税〔2016〕70号）第一条、第二条、第三条；《财政部关于贯彻执行〈中华人民共和国城市维护建设税暂行条例〉几个具体问题的规定》（财税字〔1985〕69号）第七条；《国务院关于修改〈征收教育费附加的暂行规定〉的决定》（国务院令第448号）第三条。

（7）抵债资产取得、持有期间以及处置未缴纳相关税费的风险。

涉及税种：增值税、企业所得税、土地增值税、印花税、房产税、土地使用税、城市维护建设税及教育费附加。

风险描述：抵债资产是指银行等金融机构依法行使债权或担保物权而受偿于债务人、担保人或第三人的实物资产或财产权利。抵债资产在取得时，可能存在未及时对收回的贷款利息计算缴纳增值税和企业所得税的风险。抵债资产在持有期间，对外出租可能存在未缴纳增值税、印花税的风险。如果抵债资产为房屋不动产，在持有期间还可能存在未缴纳房产税、城镇土地使用税、土地增值税、印花税的风险。在抵债资产处置环节，可能存在未申报缴纳增值税和企业所得税的风险。

应对指引：通过询问信贷部门，了解银行取得、管理和处置抵债资产的业务流程。审核“抵债货产”科目，核实取得抵债资产的同时，是否收回的贷款利息转回表内计入利息收入并计提销项税额，调阅抵债资产清单，询问是否存在利用抵债资产对外出租的行为，结合“其他业务收入——租金收入”或“其他应付款”等科目，核实是否对收取的租金计算缴纳增值税；结合抵债资产清单中不动产明细与房产税、城镇土地使用税缴纳明细，核实是否足额缴纳相关税款。审核“抵债资产”“营业外收入”“应交税费”等科目，了解是否存在处置抵债房产的情况，查询抵债房产相关的原始票据和交易价格及土地增值税、印花税申报表，核实是否缴纳土地增值税和印花税。

政策依据：《中华人民共和国企业所得税法》第六条第（三）项、第（五）项、第（六）项；《财政部　国家税务总局关于部分货物适用增值税低税率和简易办法征收增值税政策的通知》（财税〔2009〕9号）第二条第一款；《国家税务总局关于一般纳税人销售自己使用过的固定资产增值税有关问题的公告》（国家税务总局公告2012年第1号）第一条，第二条；《国家税务总局关于简并增值税征收率有关问题的通知》（国家税务总局公告2014年第36号）第三条、第五条、第六条；《财政部　国家税务总局关于全面推开营业税改征增值税试点的通知》（财税〔2016〕36号）附件1《营业税改征增值税试点实施办法》第一条；《中华人民共和国印花税暂行条例》第二条第（一）项、第（二）项；《中华人民共和国房产税暂行条例》第二条、第三条、第四条；《中华人民共和国城镇土地使用税暂行条例》第二条；《国家税务局关于检发〈关于土地使用若干具体问题的解释和暂行规定〉的通知》（国税地字〔1988〕第15号）第四条；《中华人民共和国土地增值税暂行条例》第二条、第五条、第七条；《中华人民共和国土地增值税暂行条例实施细则》第二条、第十条；《财政部关于贯彻执行〈中华人民共和国城市维护建设税暂行条例〉几个具体问题的规定（财税字〔1985〕69号）第七条；《国务院关于修改〈征收教育费附加的暂行规定〉的决定》（国务院令第448号）第三条。

（8）金融商品转让价差计算错误或跨年度结转金融商品转让负差的风险。

涉及税种：增值税、城市维护建设税和教育费附加。

风险描述：根据增值税相关规定，金融商品转让按照卖出价扣除买入价后的余额为销售额。转让金融商品出现的正负差，按盈亏相抵后的余额为销售额。若相抵后出现负差，可结转下一纳税期与下期转让金融商品销售额相抵，但年末时仍出现负差的，不得转入下一个会计年度。在实务中，金融商品转让差价一般是由资管公司提供或投资部的投资系统计算生成后导入财务系统，财务部门无法对金融商品转让差价计算是否符合税法规定进行控制。因此，银行可能存在转让价差计算有误、跨年度结转金融商品转让负价差等少缴纳增值税的风险。

应对指引：审核“投资收益”“应收利息”等明细科目，并与“交易性金融资产”“可供出售金融资产”等科目数据进行比对分析，确定买卖差价计算是否准确，是否存在多计、重复计买价等情况。若差价是由资管部门或投资部的投资系统计算生成后导入财务系统，应调阅资管部门金融商品转让明细及计算原理等资料。

政策依据：《财政部　国家税务总局关于全面推开营业税改征增值税试点的通知》（财税〔2016〕36 号）附件 2 第一条第（三）项第 3 目；《财政部关于贯彻执行〈中华人民共和国城市维护建设税暂行条例〉几个具体问题的规定》（财税字〔1985〕69 号）第七条；《国务院关于修改〈征收教育费附加的暂行规定〉的决定》（中华人民共和国国务院令第 448 号）第三条。

（三）中间业务

中间业务是指不构成银行表内资产、表内负债，形成银行非利息收入的业务，银行不运用或很少运用自己的资产，以中间人的身份替客户办理收付或其他委托事项，收取手续费。

1. 会计处理。

（1）银行确认的手续费及佣金收入，会计处理如下：

借：应收手续费及佣金

　　贷：手续费及佣金收入

实际收到手续费及佣金，会计处理如下：

借：存放中央银行款项（吸收存款等）

　　贷：应收手续费及佣金

（2）因业务经营或代理等发生各项手续费支出时，会计处理如下：

借：手续费及佣金支出

　　贷：存放中央银行款项

2. 一般风险。

中间业务的一般风险是手续费收入适用逾期 90 天贷款利息收入进行税务处理的风险。

涉及税种：企业所得税。

风险描述：将逾期 90 天仍未收回的非贷款利息收入（如为客户提供各种服务而取得的费用和佣金收入，包括手续费、信托收入、融资租赁收入及表外业务收入等）冲减当期应纳税所得额。

应对指引：准确区分非利息收入和利息收入，对逾期 90 天（不含 90 天）仍未收回的非利息收入不作冲减当期应纳税所得额的税务处理。

政策依据：《国家税务总局关于金融企业贷款利息收入确认问题的公告》（国家税务总局公告 2010 年第 23 号）第一条、第二条、第三条。

3. 重点风险。

中间业务涉及的重点税收风险主要是手续费及佣金收入核算不全。

涉及税种：增值税、企业所得税、城市维护建设税及教育费附加。

风险描述：除受托收款业务外，手续费收入应在每一个环节按手续费全额作为应税收入，不得扣减支付下一环节的手续费支出。全部收入中包括价外费用。银行在申报增值税和企业所得税时，用手续费收入扣减支付给其他合作商户的手续费支出；只开具了业务结算单据，而未计入手续费收入。

应对指引：询问相关业务部门了解各项中间业务的名称、范围、收费标准，对照有关合同，审阅利润明细表、业务状况表，结合“手续费及佣金收入”“手续费及佣金支出”“其他应付款”等会计科目，核查是否按照权责发生制原则确认收入；核实发票等相关凭证，查看是否将其计入往来科目，而未计收入。

重点核实新开展的中间业务产品和收入比重较大的中间业务。查看是否正确确认收入，是否有坐支收入情形。

重点核查银行卡手续费收入的业务内容。银行卡手续费收入名目繁多，应重点核实。核查基本收费，如工本费、年费、账户管理费等，查看其是否全额计入收入。核查卡消费，特约商户结算手续费等是否全额计入收入。

政策依据：《中华人民共和国企业所得税法》第六条；《财政部 国家税务总局关于全面推开营业税改征增值税试点的通知》（财税〔2016〕36 号）附件 2《营业税改征增值税试点有关事项的规定》第一条第（三）项第 2 目；《财政部关于贯彻执行〈中华人民共和国城市维护建设税暂行条例〉几个具体问题的规定》（财税字〔1985〕69 号）第七条；《国务院关于修改〈征收教育费附加的暂行规定〉的决定》国务院令第 448 号）第三条。

（四）风险拨备

银行资产管理的核心问题就是风险防范，因此银行建立完善的风险防范体系，其中一项重要内容就是建立以贷款资产减值准备为主、其他资产减值准备为辅的全面风险拨备制度。

1. 一般风险。

（1）预计负债在税前扣除的风险。

涉及税种：企业所得税。

风险描述：银行对于或有事项（商业票据背书或贴现、未决诉讼、未决仲裁）预计的损失确认为预计负债，进人当期损益，未进行纳税调整，直接进行企业所得税前扣除。

应对指引：通过约谈询问银行税务部门人员，查阅银行的税务管理办法，了解该银行对于预计负债的计提和纳税调整方法。抽查发生预计负债的年度汇算清缴资料，查看银行是否进行纳税调增处理，在事项实际发生后，是否进行纳税调整处理。

政策依据：《中华人民共和国企业所得税法》第八条、第十条。

（2）扩大计提贷款损失准备金基数的风险。

涉及税种：企业所得税。

风险描述：银行对于不属于税法规定的准予提取贷款提失准备的贷款资产范围的项产，可能计提了贷款损失准备并在税前扣除，存在少缴纳企业所得税风险。

应对指引：通过约谈询问银行总行税务部门人员，查阅银行的税务管理办法，了解该银行对于贷款损失准备金的计提和调整方法。查看银行对于不承担风险资产是否计提贷款减值准备，并测试其对于上述贷款减值准备是否进行税前扣除。

政策依据：《财政部　国家税务总局关于金融企业贷款损失准备金企业所得税税前扣除政策的通知》（财税〔2012〕5号）第三条；《财政部　国家税务总局关于金融企业贷款损失准备金企业所得税税前扣除有关政策的通知》（财税〔2015〕9号）第一条、第三条。

2. 重点风险。

（1）叠加享受涉农贷款和中小企业贷款损失准备金税前扣除政策与一般贷款损失准备金税前扣除政策的风险。

涉及税种：企业所得税。

风险描述：银行存在针对涉农贷款和中小企业贷款按照“关注类、次级类、可疑类、损失类”各自对应计提比例计提准予税前扣除贷款损失准备，同时对“正常类”比照一般贷款按照1%计提贷款损失准备金并税前扣除，少缴纳企业所得税的风险。

应对指引：通过约谈询问银行总行人员及税务部门人员，查阅银行的税务管理办法，了解该银行对于贷款损失准备金的计提和调整方法，掌握银行对于涉农贷款和中小企业贷款计提贷款损失准备金的具体比例。审核银行提供的年度各类贷款余额、内控制度及财务核算办法，核对银行计提准备金的数额，与企业所得税前扣除准备金比对，核实其是否叠加享受涉农贷款和中小企业贷款损失准备金税前扣除政策与一般贷款损失准备金税前扣除政策。

政策依据：《财政部　国家税务总局关于金融企业贷款损失准备金企业所得税税前扣除政策的通知》（财税〔2012〕5号）第五条；《财政部　国家税务总局关于金融企业涉农贷款和中小企业贷款损失准备金税前扣除有关问题的通知》（财税〔2015〕3号）第一条；《财政部　国家税务总局关于金融企业贷款损失准备金企业所得税税前扣除有关政策的通知》（财税〔2015〕9号）第五条。

（2）贷款损失税前扣除存在未按相关规定报送备案资料或者履行相关程序的风险。

涉及税种：企业所得税。

风险描述：银行可能存在未按照企业资产损失税前扣除有关规定正确计算确认损失，或未报送备案资料直接税前扣除的风险。

应对指引：审核企业报送的贷款损失备案资料，与企业所得税申报表和税收文件规定进行比对，核实企业是否按照规定报送资料及履行税前扣除相关程序。

政策依据：《财政部 国家税务总局关于企业资产损失税前扣除政策的通知》（财税〔2009〕57 号）第五条；《国家税务总局关于发布〈企业资产损失所得税税前扣除管理办法〉的公告（国家税务总局公告 2011 年第 25 号）第五条、第八条、第九条、第十条；《国家税务总局关于金融企业涉农贷款和中小企业贷款损失税前扣除问题的公告》（税务总局公告 2015 年第 25 号）第三条。

（五）其他业务

1. 一般风险。

（1）向职工发放各种奖金、津贴、补贴未按规定计算并代扣代缴个人所得税的风险。

涉及税种：个人所得税。

风险描述：银行向职工发放各种补贴补助，组织职工旅游所发生的费用等未与员工当期的工资薪金合并，按照“工资、薪金”所得项目代扣代缴个人所得税；银行向职工支付的全年一次性奖金以及季度、半年奖金，也可能存在未按规定计算并代扣代缴个人所得税的风险。

应对指引：审核“应付职工薪酬”“业务及管理费”等科目，并比对企业扣缴个人所得税情况，分析是否存在发放给职工的奖金、津贴、补贴未按规定代扣代缴个人所得税的情况；审核职工工资个人所得税计算底稿，核实企业对于各类奖金是否存在每年多次采用全年一次性奖金方式申报税款。

政策依据：《中华人民共和国个人所得税法》第二条；《中华人民共和国个人所得税法实施条例》第八条；《国家税务总局关于生活补助费范围确定问题的通知》（国税发〔1998〕55 号）；《国家税务总局关于调整个人取得全年一次性奖金等计算征收个人所得税方法问题的通知》（国税发〔2005〕9 号）；《国家税务总局关于印发〈征收个人所得税若干问题的规定〉的通知》（国税发〔1994〕89 号）第二条。

（2）劳务派遣补贴未按规定计算并代扣代缴个人所得税的风险。

涉及税种：个人所得税。

风险描述：存在将直接发放给劳务派遣工的补贴未足额申报缴纳个人所得税的风险。

应对指引：审核“应付职工薪酬”“其他应付款”“业务及管理费”等科目，并比对企业个税扣缴情况，分析是否存在直接发放给劳务派遣工的补贴，未按规定代扣代缴个人所得税的风险。

政策依据：《中华人民共和国个人所得税法》第二条；《中华人民共和国个人所得税法实施条例》第八条。

(3) 向独立董事、独立监事支付董事费、监事费时，未按照税法规定适用“劳务报酬”项目计算并代扣代缴个人所得税。

涉及税种：个人所得税。

风险描述：银行向未同时在公司任职的独立董事、独立监事支付董事费、监事费，应按“劳务报酬”项目计算征收个人所得税。因此，银行存在未按税法规定将支付给独立董事、独立监事的董事费、监事费按照“劳务报酬”项目计算扣缴个人所得税的风险。

应对指引：审核分析“业务及管理费”等科目，核实向独立董事、独立监事支付董事费、监事费，是否存在未按税法规定扣缴个人所得税的情况。

政策依据：《中华人民共和国个人所得税法》第二条、第三条；《中华人民共和国个人所得税法实施条例》第八条；《国家税务总局关于印发〈征收个人所得税若干问题的规定〉的通知》(国税发〔1994〕89 号) 第八条、第十九条；《国家税务总局关于明确个人所得税若干政策执行问题的通知》(国税发〔2009〕121 号)。

(4) 对员工的股权激励，存在未按规定扣缴个人所得税的风险。

涉及税种：个人所得税

风险描述：个人因任职，受雇从上市公司取得的股票增值权所得和限制性股票所得，应由上市公司或其境内机构按照“工资、薪金所得”项目和股票期权所得个人所得税计税方法，依法扣缴其个人所得税。因此，银行可能存在对员工的股权激励未按规定扣缴个人所得税的风险。

应对指引：审核企业的股权激励计划以及报备税务机关资料，查核对员工的股权激励，是否未按规定代扣代缴个人所得税。

政策依据：《国家税务总局关于股权激励有关个人所得税问题的通知》(国税函〔2009〕461 号)；《财政部 国家税务总局关于上市公司高管人员股票期权所得缴纳个人所得税有关问题的通知》(财税〔2009〕40 号)；《财政部 国家税务总局关于股票增值权所得和限制性股票所得征收个人所得税有关问题的通知》(财税〔2009〕5 号)；《国家税务总局关于个人股票期权所得缴纳个人所得税有关问题的补充通知》(国税函〔2006〕902 号)；《财政部 国家税务总局关于个人股票期权所得征收个人所得税问题的通知》(财税〔2005〕35 号)；《国家税务总局关于关于个人所得税有关问题的公告》(国家税务总局公告 2011 年第 27 号) 第一条；《财政部 国家税务总局关于完善股权激励和技术入股有关所得税政策的通知》(财税〔2016〕101 号)。

(5) 一次性补偿收入未正确计算扣缴个人所得税的风险。

涉及税种：个人所得税。

风险描述：一次性补偿收入免税部分计算基数是当地上年职工平均工资而非

该企业职工平均工资；按工作年限（超过12年按12年计算）平均计算税额后乘以工作年限汇总计算；已扣除的“三险一金”只能是职工个人当期按照规定实际缴纳的部分，当期未实际缴纳或以后缴纳的不允许税前扣除。企业可能存在一次性补偿收入未按上述规定正确计算扣缴个人所得税的风险。

应对指引：查看劳资部门提供的解聘人员名单，通过统计部门掌握当地上年职工平均工资水平。结合“应付职工薪酬——辞退福利”科目抽查个别员工的个人所得税扣缴情况，发现未足额扣税和未及时扣税的按照公式正确计算并补征个人所得税。

政策依据：《国家税务总局关于个人因解除劳动合同取得经济补偿金征收个人所得税问题的通知》（国税发〔1999〕178号）；《财政部　国家税务总局关于个人与用人单位解除劳动关系取得的一次性补偿收入征免个人所得税问题的通知》（财税〔2001〕157号）。

（6）向客户发放的礼品未按规定代扣代缴个人所得税的风险。

涉及税种：个人所得税。

风险描述：企业在业务宣传、广告、年会、座谈会、庆典及其他活动中，向本单位外的个人无偿赠送礼品（不包含与具体业务直接相关的直销礼品和积分兑换）未按规定代扣代缴个人所得税的风险。

应对指引：核查“销售费用”“管理费用”明细账，确认是否有相应支出，与“应交税费——应交个人所得税”明细科目核对，核实是否代扣代缴个人所得税。

政策依据：《财政部　国家税务总局关于企业促销展业赠送礼品有关个人所得税问题的通知》（财税〔2011〕50号）第二条第一款、第二款。

（7）借款合同未足额申报缴纳印花税的风险。

涉及税种：印花税。

风险描述：借款合同存在未足额缴纳印花税的风险。

应对指引：统计各类贷款本期累计发生额，比对纳税申报表中的实际申报缴纳数额，核实是否存在少申报缴纳借款合同印花税的情况。

政策依据：《中华人民共和国印花税暂行条例》第二条第（一）项；《国家税务局关于对借款合同贴花问题的具体规定》（国税地字〔1988〕30号）；《财政部　国家税务总局关于金融机构与小型微型企业签订借款合同免征印花税的通知》（财税〔2014〕78号）；《财政部　税务总局关于支持小微企业融资有关税收政策的通知》（财税〔2017〕77号）。

（8）资金账簿未足额缴纳印花税的风险。

涉及税种：印花税。

风险描述：企业增加实收资本和资本公积后未按规定足额缴纳印花税。

应对指引：审核“实收资本”“资本公积”等科目，比对实际申报缴纳的数额，核实是否存在少缴印花税的情况。

政策依据：《国家税务总局关于资金账簿印花税问题的通知》（国税发〔1994〕25号）。

（9）与房屋不可分割的附属设施未按规定计入房产原值少缴纳房产税的风险。

涉及税种：房产税。

风险描述：银行的中央空调、电梯、电气及智能化楼宇设备等与房屋不可分割的各种附属设备和配套设施在财务上单独核算，可能存在未并入房产原值缴纳房产税，少缴房产税的风险。

应对指引：核实固定资产明细账，查阅相关施工合同及工程结算、审计报告等资料，结合在建工程、管理费用等科目，对凡以房屋为载体，不可随意移动的附属设备和配套设施，无论在会计核算中是否单独记账与核算，都应计入房产原值，缴纳房产税。对于更换房屋附属设备和配套设施的，在将其价值计入房产原值时，可扣减原来相应设备和设施的价值；对附属设备和配套设施中易损坏、需要经常更换的零配件，更新后不再计入房产原值。

政策依据：《财政部 税务总局关于房产税和车船使用税几个业务问题的解释与规定》（财税地字〔1987〕第003号）第二条；《国家税务总局关于进一步明确房屋附属设备和配套设施计征房产税有关问题的通知》（国税发〔2005〕173号）第一条、第二条。

2. 重点风险。

重点风险方面注意防范不符合税法规定的捐赠支出在税前扣除的风险。

涉及税种：企业所得税。

风险描述：将直接向受赠人捐赠、未通过公益性社会团体或者县级以上人民政府及其部门的捐赠支出在企业所得税前列支的风险。

应对指引：约谈询问银行总行人员及税务部门人员，查阅银行关于对外捐赠的会计处理和税务处理办法，查看其对捐赠支出是否做好区分管理和核算，准确归集符合税前扣除条件的公益性捐赠支出。主要审核捐赠计算的基数、比例是否正确，有无直接捐赠给受赠人并进行税前扣除的。

政策依据：《全国人民代表大会常务委员会关于修改〈中华人民共和国企业所得税法〉的决定》；《中华人民共和国企业所得税法实施条例》第五十一条；《财政部 国家税务总局关于公益性捐赠税前扣除有关问题的通知》（财税〔2008〕160号）；《财政部 国家税务总局关于公益性捐赠税前扣除有关问题的补充通知》（财税〔2010〕45号）；《财政部 国家税务总局关于通过公益性群众团体的公益性捐赠税前扣除有关问题的通知》（财税〔2009〕124号）；《财政

部　税务总局关于公益性捐赠支出企业所得税税前结转扣除有关政策的通知》（财税〔2018〕15号）。

三、实验内容和资料

某银行股份有限公司某市分行税收风险分析典型案例。

（一）企业概况

1. 企业基本情况。

某银行股份有限公司某市分行（以下简称“某某市分行”）成立于2008年1月，纳税识别号：914500000000000000，是某银行股份有限公司在某省设立的省级分行。其经营范围为：吸收公众存款；发放短期、中期和长期贷款；办理国内外结算；办理票据承兑、贴现；代理发行金融债券；代理发行、代理兑付、承销政府债券；买卖政府债券、金融债券；从事同业拆借；从事银行卡业务；提供信用证服务及担保；代理收付款项及代理保险业务；提供保管箱服务；外汇存款；外汇贷款；外汇汇款；外币兑换；外汇担保；外汇票据的承兑和贴现；代客外汇买卖；买卖或代理买卖股票以外的外币有价证券；资信调查、咨询、见证业务；经银行业监督管理机构批准和总行授权的其他业务（依法须经批准的项目，经相关部门批准后方可开展经营活动）。

2. 集团、行业地位。

某银行股份有限公司属于全国性股份制商业银行，某某市分行是某银行股份有限公司在某省设立的省级分行。某某市分行已在5座城市设立了分支机构。某某市分行本部设有办公室、人事监察部、计划财务部、风险管理部、法律合规部、特殊资产经营部、信用审查部、尽职调查中心、运营管理部、信息科技部、企业金融部、交易银行部、中小企业部、绿色金融部、零售金融部、信用卡（综合）营销中心、投行与金融市场某市分部、投资银行部等管理部门；某市同城及异地均设有经营机构及营业网点。

3. 纳税规模及主管税务机关。

某某市分行2013年至2015年累计缴纳增值税4918万元，2013年至2015年累计缴纳所得税4 821.79万元。2012年1月1日登记为一般纳税人，主管税务机关为某市某区国家税务局。

（二）风险描述

1. 某某市分行在2015年度企业所得税汇算清缴，申报税前扣除贷款损失22 273 805.00元，其中：14 799 511.00元贷款损失不符合税前扣除的条件，存在少缴企业所得税369.99万元风险。

2. 某某市分行2013年至2014年度存在将存款计积分形式所赠送的商品直接列入业务宣传费税前扣除，未做视同销售处理，存在少缴纳增值税7.47万元风险。

（三）风险分析

1. 风险点一描述：某某市分行提供相关损失准备金计提明细账及企业参与总机构年度纳税调整的情况说明等相关资料反映，该行在2015年度企业所得税汇算清缴，申报税前扣除账上已核销贷款损失22 273 805.00元，其中14 799 511.00元贷款损失，没有提供能够证明经采取所有可能的措施和实施必要的程序之后，贷款损失确属已实际发生的合法证据，不符合《财政部 国家税务总局关于企业资产损失税前扣除政策的通知》（财税〔2009〕57号）第五条规定，在计算应纳税所得额时扣除的条件，存在少缴企业所得税风险。

2. 风险点二描述：某某市分行提供的2013～2014年费用细账与企业参与总机构年度纳税调整的情况说明反映，2013～2014年，为了维系存款客户关系，鼓励客户多在该行存款，采取存款计积分的形式，并根据积分的多少赠与客户相应不同价值的礼品，并将所赠送的商品直接列入业务宣传费税前扣除，未做视同销售处理，存在少申报缴纳增值税风险。其中2013年12月及2014年1月、2月、3月、4月金额分别为318 509.00元、64 750.00元、16 625.00元、23 240.00元、91 250.00元（上述金额均为含税价格）。

（四）风险应对

1. 风险点一应对。

某某市分行在2015年度企业所得税汇算清缴申报税前扣除贷款损失14 799 511.00元行为，不符合《财政部 国家税务总局关于企业资产损失税前扣除政策的通知》（财税〔2009〕57号）关于核销贷款损失条件的规定。税务机关认为该风险点2015年应补缴企业所得税369.99万元，某某市分行已确认该税收风险点。

2. 风险点二应对。

某某市分行分别在2013年和2014年，以存款计积分形式，将商品赠送给储户，所赠送的商品直接列入业务宣传费税前扣除，其中2013年12月及2014年1月、2月、3月、4月金额分别为318 509.00元、64 750.00元、16 625.00元、23 240.00元、91 250.00元（述金额均为含税价格）。根据《中华人民共和国增值税暂行条例》第一条、《中华人民共和国增值税暂行条例实施细则》第四条规定，应做视同销售处理。税务局认为该风险点应补缴增值税，某某市分行已确认该税收风险点。为因企业当年度为增值税一般纳税人，适用17%的税率，且所属当期没有留抵税额，故造成少缴纳增值税额为74 738.11元。

四、实验步骤

（一）税收风险点判断和结论

分组开展案例讨论，通过案头分析，列出案例企业可能存在哪些税收风险点。

（二）税收风险点风险特征分析计算

分组开展案例讨论，开展风险点特征分析，列出纳税评估采用的评估方法，列出模型、计算公式、指标源和特殊信息。

（三）税收风险点风险信息排除确认

通过实验内容和资料进行税收风险点风险信息的判断、验证、排除、确认。

五、实验总结与实验报告

通过本次实验，我们理解和掌握了银行业纳税评估，掌握银行业纳税评估对象的确定、案头审核分析方法、约谈举证及实地核查方法等内容，研究分析现行银行业纳税评估存在的税收风险，探索建立银行业纳税评估指标及评估模型，提高了银行业纳税评估的技巧和水平。应该总结回顾本次实验的过程，检查实验的结果，按实验步骤要求写出本次实验的纳税评估工作报告。

纳税评估工作报告

纳税评估序号：

评估所属时期：

评估实施时间：

<table>
<tr><td>纳税人名称（全称）</td><td colspan="3"></td></tr>
<tr><td>税务登记号</td><td></td><td>评估所属项目</td><td></td></tr>
<tr><td colspan="4">风险点判断和结论：

风险点特征分析计算：

风险点信息排除确认：

</td></tr>
</table>

纳税评估整体总结   工作建议   评估人员： 日期：

实验十二

房地产业纳税评估

一、实验目的与要求

通过本实验，使学生了解房地产业生产经营特点，掌握房地产业纳税评估对象的确定、案头审核分析方法、约谈举证及实地核查方法等内容，纵向掌握房地产行业业务流程，从土地取得、开发建设、预售销售、土地增值税清算、企业所得税汇算清缴、投资性房产、资产管理、投资、特殊事项等环节中查找容易产生税收风险的重要节点；横向掌握区分风险事项、分别按照重点税收风险和一般性税收风险分别进行识别和分析。帮助学生掌握房地产业纳税评估的流程，研究分析现行房地产业存在的税收风险，探索学习建立房地产业纳税评估指标，提高房地产业纳税评估的技巧和水平。

二、实验知识准备

（一）行业定义

房地产开发经营行业的行业明细代码为F7010（GB/T 4754—2011）《国民经济行业分类》（国统字〔2011〕69号），指房地产开发经营行业进行的房屋、基础设施建设等开发以及转让房地产开发项目或者销售、出租房屋等活动。

房地产行业在《国民经济行业分类注释》中包括下列房地产开发经营活动：

1. 土地开发服务。

土地使用权转让服务、土地使用权租赁服务、其他土地开发服务。

2. 房地产开发服务。

（1）保障性住房开发服务。廉租住房开发服务、经济适用住房开发服务、其他保障性住房开发服务。

（2）商品住房开发服务。普通商品房开发服务、公寓开发服务、别墅开发服务、其他商品住房开发服务。

（3）办公楼开发服务。商业用写字楼开发服务、其他办公楼开发服务。

（4）商业用房开发服务。综合商业楼开发服务、零售业用房开发服务、宾馆用房开发服务、文化体育娱乐用房开发服务、其他商业用房开发服务。

(5) 其他房地产开发服务。

3. 房地产商经营服务。

(1) 保障性住房销售服务。经济适用住房销售服务、其他保障性住房销售服务。

(2) 保障性住房租赁服务。廉租住房租赁服务、其他保障性住房租赁服务。

(3) 商品住房销售服务。普通住宅销售服务、公寓住宅销售服务、别墅住宅销售服务、其他商品住房销售服务。

(4) 普通房屋租赁服务。普通住宅租赁服务、其他普通房屋租赁服务。

不包括:

(1) 房屋及其他建筑物的工程施工活动, 列入 E (建筑业) 的相关行业类别中。

(2) 房地产商自营的独立核算 (或单独核算) 的施工单位, 列入 E (建筑业) 的相关行业类别中。

(3) 家庭旅社、学校宿舍、露营地的服务, 列入 6190 (其他住宿业)。

(二) 企业类型

1. 根据开发建设的层次和产品内容的不同, 可分为两个层次的开发和一个层次的开发两种形式。

两个层次的开发是指先将“生地”(不具备使用条件) 开发建设成“熟地”后再进行拍卖或者出租 (产品为土地), 由取得土地使用权者进行房屋开发建设 (产品为房屋)。

一个层次的开发是指一次性完成土地、房屋的开发 (产品为房屋)。国外一般以前者为主, 在我国绝大多数以后者为主, 也有少数企业同时从事两个层次的开发。

2. 根据开发建设项目所处位置和建设内容的不同, 分为新区开发和旧城改造 (旧城再开发) 两种形式, 简称为新开发和旧开发。

3. 根据投资方式不同, 可分为独立建房和合作建房 (或合资建房) 两种形式。

4. 根据开发建设项目的类别不同, 可分为普通住宅 (含经济适用房、限价房和危改房)、公寓、别墅、商用楼、写字楼等几种开发形式。

5. 根据房屋开发产品是否装修, 可分为清水房屋和装修房屋 (含简装、精装) 两种形式。

(三) 工艺流程简介

1. 生产工艺流程。房地产开发流程主要包括项目立项阶段、项目前期准备阶段、项目建设阶段和项目销售及售后服务阶段，具体详见图 12－1 至图 12－4。

（1）项目立项阶段（见图 12－1）。

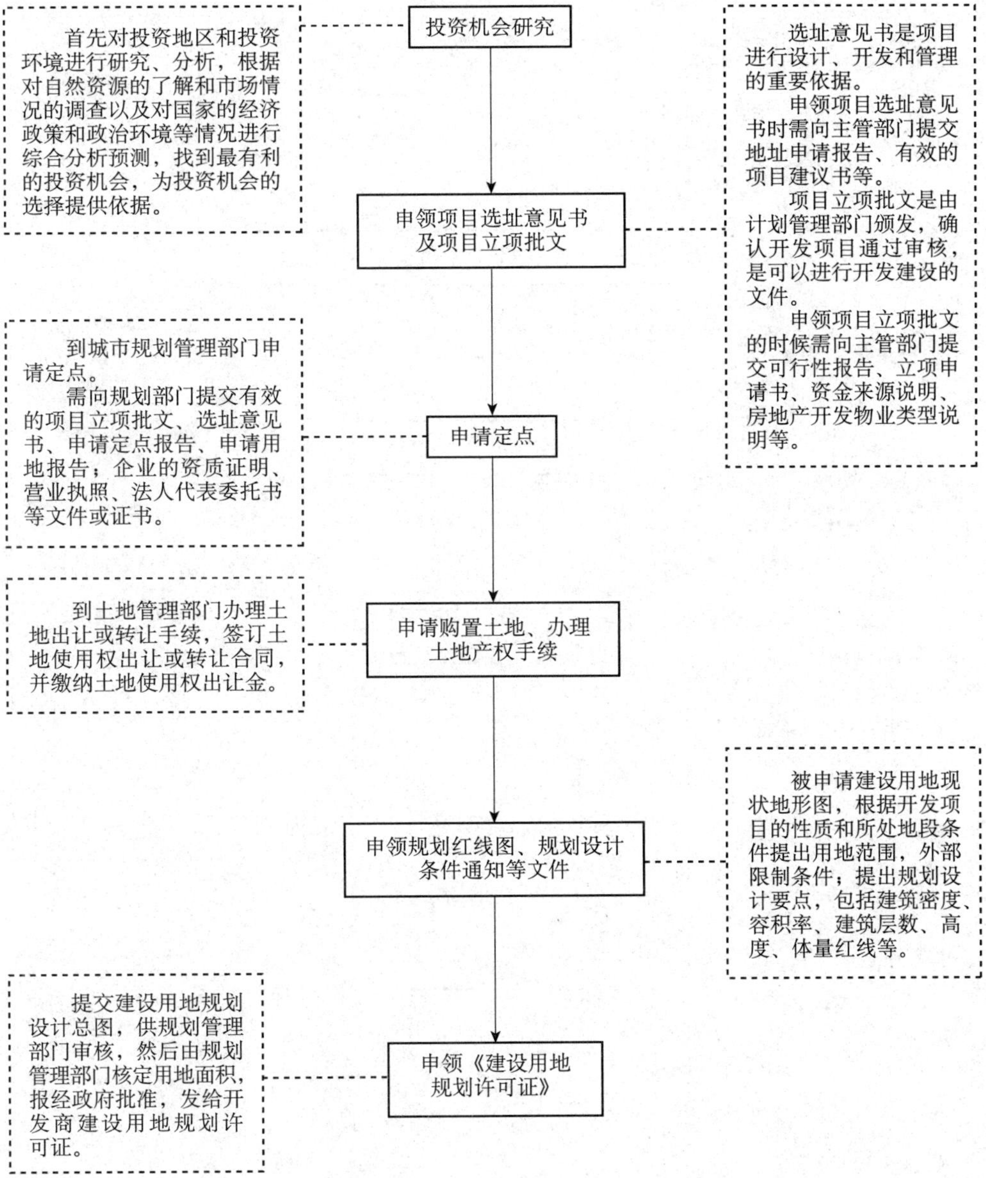

图 12－1　房地产开发流程图（项目立项阶段）

（2）项目前期准备阶段（见图12－2）。

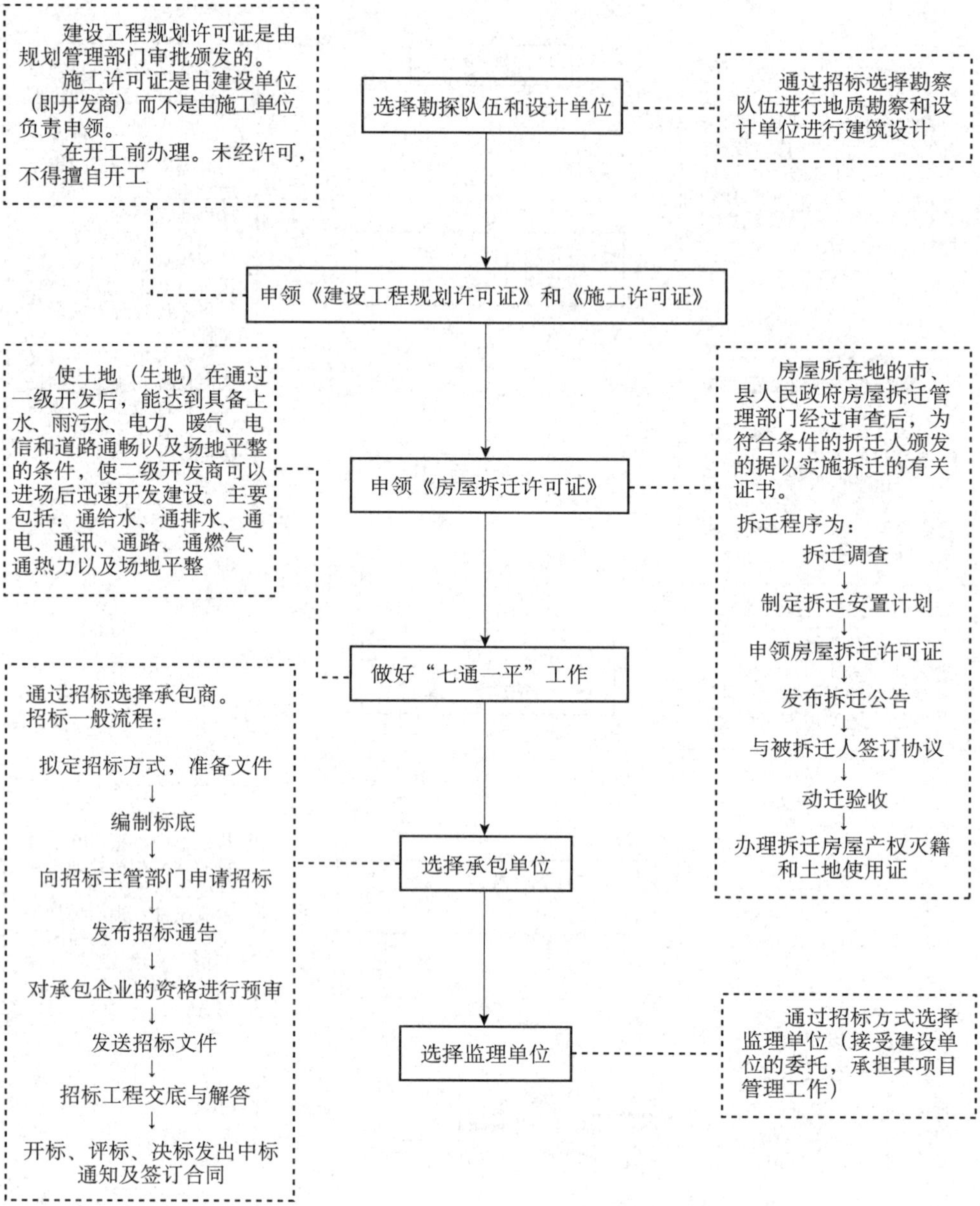

图12－2 房地产开发流程图（项目前期准备阶段）

（3）项目建设阶段（见图 12－3）。

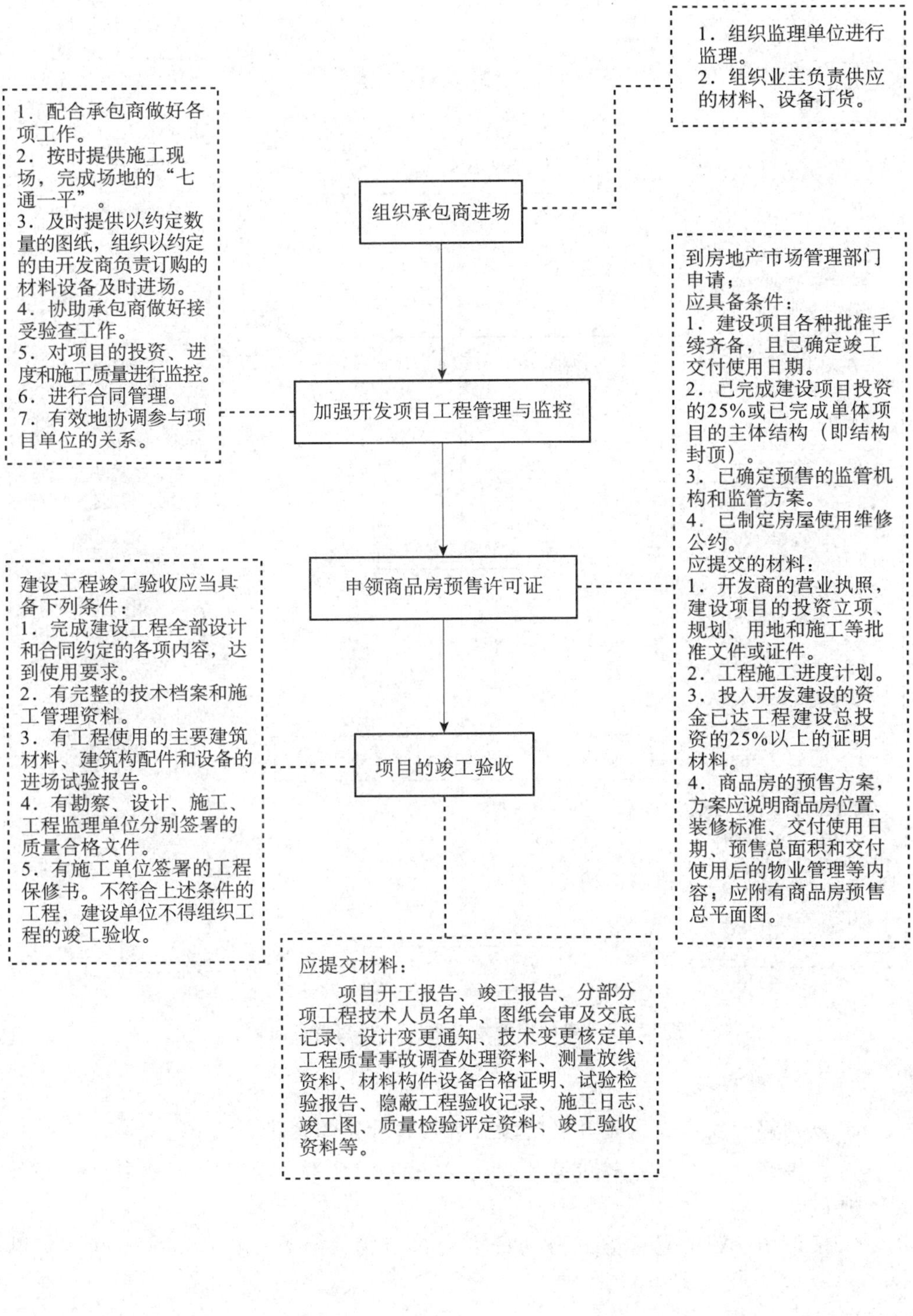

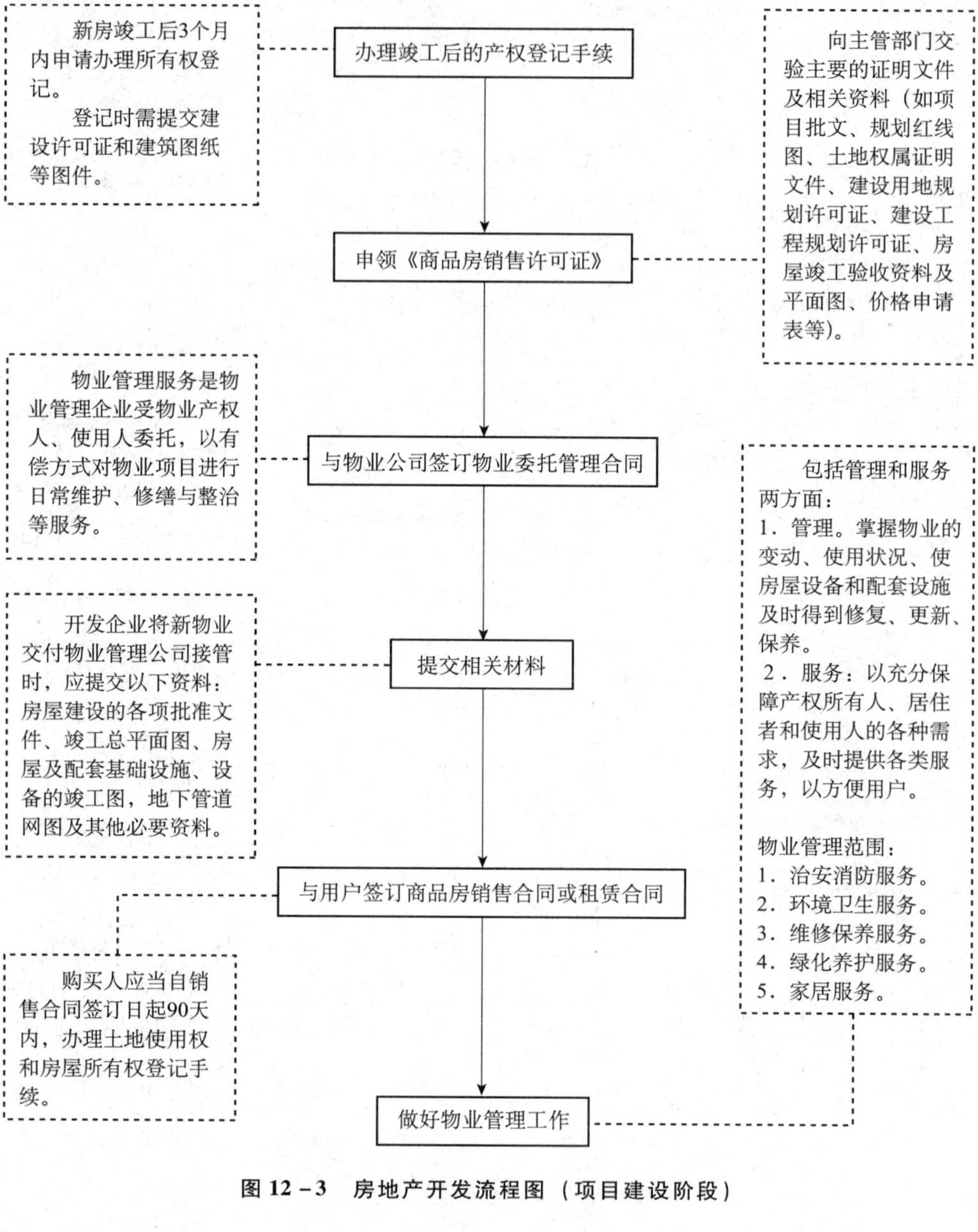

图 12－3　房地产开发流程图（项目建设阶段）

（四）营销模式

1. 按销售开发产品所处开发阶段分为现售和预售两种方式。

2. 按销售开发产品收款方式不同分为一次性全额收款、分期收款、银行按揭三种方式。

3. 按市场营销的具体方式分为开发商自行销售、委托销售（含支付手续费方式、视同买断方式、超基价双方分成方式、包销方式）两种方式。

（五）行业生产经营规律

房地产开发经营行业具有以下特点和规律：

1. 投资额大，投资回收期长。

房地产开发经营为资金密集型行业，投资额大，除分散建设的单项工程外，多数企业进行成片开发，一般采用分期分批、滚动开发方式，从立项、规划、征地、开工审批、建设、竣工交付使用、租售，直到实现投资回收和回报，要跨过几个年头，经营运转周期长，收益集中在中后期，投资风险较高。

2. 资产负债率高，对金融机构依赖程度大。

据国家统计局统计，全国房地产开发经营行业直接使用金融机构资金（含按揭贷款）占全部开发建设资金比例达50%左右，占用施工企业进度款达22%，平均资产负债率为72%，比工业企业高出16个百分点。

3. 运作程序复杂。

房地产开发从注册登记，到售后服务，期间要经过开发用地取得、规划设计、建筑承包、竣工验收、对外销售、售后服务等多个环节，涉及规划、勘察、市政、施工、供电、电讯、房管、园林、环卫、金融以及基层政权机构、城乡建设、物价局、财政局、税务局等单位或部门。

4. 产业链延伸长，社会影响面广。

房地产开发经营涉及工业制造、建筑安装、商业批发零售、交通运输、通信网络、装饰装潢、水、电、服务等许多行业，与其他行业关联度密切；涉及环境改造、百姓安居、劳动就业等，对创建和谐社会和国民经济发展起到举足轻重的作用。

5. 经营方式多样化。

房地产开发业的经营方式包括土地的开发与经营、房屋的开发与经营、公共设施的配套开发以及代建工程。

（六）行业税收风险点

房地产开发经营行业项目周期长、财务核算复杂、财务核算与税法处理差异大，行业管控难点表现为：收入难以准确掌握；成本费用合法、合理、合规性难以界定、成本费用（含资本化利息费用）的归集、分摊是否符合成本对象的确认。

原则难以判断；销售未完工开发产品及未完工产品转完工产品特定业务计算的纳税调整额难以准确计算等方面。

1. 经营收入类管控关键环节和着手点。

（1）采用预收款方式销售不动产、转让土地使用权的，将预收收入挂在往来账上，或将部分款项开具收款收据，或直接冲减开发成本，未按规定确认或少确认收入而未申报纳税：预收款未及时申报、代收款项未按规定申报。

（2）整体转让项目未作收入，而是挂在往来账，甚至私设账外账，未申报纳税。

（3）无正当理由，以明显偏低价格将商品房销售给本公司股东、关联企业及个人未确认收入申报纳税。

（4）通过委托销售方式销售开发产品开具代理销售费用发票，虚列费用或抵减销售额，以房款净额为计税营业额。

（5）将开发产品用于捐赠、赞助、职工福利、奖励、分配给股东或投资入股、抵偿债务、拍卖、换取其他单位和个人的非货币性资产等，未视同销售申报纳税或未按规定的方法和顺序确认销售收入申报纳税。

（6）按揭销售、首付款实际收到时或余款在银行按揭贷款办理转账后，未及时入账，或将收到的按揭款项计入“短期借款”等科目，未及时申报纳税。

（7）开发的会所等产权转给物业，未按开发产品进行税务处理，或者将未办理房产证的停车位、地下室等公共配套设施对外出售未计入申报纳税。

（8）以房抵工程款、广告费、银行贷款本息或以拆迁补偿费抵顶购房款等业务，未计收入申报纳税。

（9）以房换地、以地换房业务未按非货币性交易准则进行处理，或未开发票入账，未计收入申报纳税。

（10）旧城改造中，房地产企业拆除居民住房后，补偿给搬迁户的新房，对偿还面积与拆迁面积相等的部分、超面积部分及差价收入未合并计算收入申报纳税。

（11）私建违建阁楼、车库、仓库，对外销售使用权开具收款收据，隐匿收入未申报纳税。

（12）将未售出的房屋、商铺、车位出租，取得的租金收入未计或少计收入未申报纳税。

（13）经济适用房、限价房和危改房普通住宅、商业、车库未按规定确认或少确认收入而未申报纳税。

2. 成本费用类管控关键环节和着手点。

（1）发生的销售退回业务，只冲减收入，未冲回已转成本。

（2）以外地虚开材料采购发票，或到税负较低的地区申请代开发票或者使用假发票入账，虚增成本费用。

（3）多预提施工费用，虚增开发成本，或提前列支成本支出。

（4）在结转成本时，无依据低估销售单价，虚增销售面积，多摊经营成本。

（5）利用非拆迁人员的身份证，列支拆迁补偿费；虚构施工合同，骗开建筑安装业发票。

(6) 将开发期间应资本化的利息支出列入期间费用，提前在税前列支。

(7) 将拥有土地进行评估，按增值巨大的评估价格作为成本入账。

(8) 属于营利性的，或产权归企业所有的，或未明确产权归属的，或无偿赠与地方政府、公用事业单位以外其他单位的，作为公共配套设施，界定为不可售面积进行处理。

(9) 未按规定建立健全成本对象管理制度，已完工开发产品成本归集和分摊的方法随意调整或不同成本对象的成本费用相互混淆。

(10) 完工开发产品转为自用的，实际使用时间累计未超过12个月再销售的，多计提折旧费用。

(11) 共同成本和不能分清负担对象的间接成本，未按受益原则和配比原则分配至各成本对象。

(12) 合作或合资开发房地产项目，向投资方分配未结算计税成本的开发产品时，投资额未转作预售收入，向投资方分配已结算计税成本的开发产品时，计税成本与投资额的差额未计入应纳税所得额；向投资方分配项目利润的，税前分配项目利润或房地产开发经营企业在税前扣除与接受的投资额相关的利息支出。

(13) 以房换地的房地产开发经营企业未按规定确认开发项目成本、购入土地使用权价格、分出的开发产品收入。

(14) 已计入损益的营业税金及附加重复计入成本费用。

(15) 已结转收入的预收账款重复计入广告宣传费、业务招待费、佣金扣除限额基数。

3. 风控信息来源。

(1) 风控信息来源。

①税局内部信息。核心征管系统信息；企业登记、优惠、申报、征收、财务报表等信息。

②第三方交换信息。发展和改革委员会、国土资部门、规划部门、住房和城乡建设部门、房屋拆迁管理部门、房地产交易部门、行业协会等信息。

(2) 风控信息质量。

①从未使用过销售不动产统一发票的房地产开发经营企业。

②纳税人名称包含“房地产开发”，行业明细不为“土地开发服务”“房地产开发服务”“房地产商经营服务”。

(七) 房地产行业评估办法

房地产行业风险模型适用于房地产开发经营行业纳税人，采用权重模型，由16个风险指标组成（见表12-1）。

表 12-1 房地产行业风险指标表

序号	指标性质	指标类别	指标名称	指标计分	权重	指标描述
1	风险判断	税负类风险	所得税税负	0~8	1	纳税人申报所得税税负与行业预警值横向比较
2	风险判断	税负类风险	申报所得税税负变动率	0~8	1	纳税人申报所得税税负与基期申报税负纵向比较
3	风险判断	单项财务指标类	销售收入变动率	0~6	1	纳税人销售收入与基期纵向比较
4	风险判断	单项财务指标类	主营业务利润率	0~6	1	主营业务利润率与行业预警值横向比较
5	风险判断	单项财务指标类	销售成本率差异	0~6	1	纳税人销售成本率与基期纵向比较
6	风险判断	单项财务指标类	预收账款变动率	0~6	1	预收账款与基期纵向比较
7	风险判断	单项财务指标类	财务费用变动率	0~6	1	财务费用与基期纵向比较
8	风险判断	单项财务指标类	期间费用率	0~6	1	期间费用率与行业预警值横向比较
9	风险判断	单项财务指标类	预提费用变动率	0~6	1	预提费用与基期纵向比较
10	风险判断	单项财务指标类	其他应付款变动率	0~6	1	其他应付款与基期纵向比较
11	风险判断	单项财务指标类	资本公积变动率	0~6	1	资本公积与基期纵向比较
12	风险判断	综合财务指标类	销售收入变动率与销售成本变动率的差异	0~6	1	销售收入变动率与销售成本变动率的差异与行业预警值横向比较
13	风险判断	综合财务指标类	销售收入变动率与销售利润变动率差异	0~6	1	销售收入变动率与销售利润变动率差的差异与行业预警值横向比较
14	风险判断	综合财务指标类	发票开具金额与营业收入差异率	0~6	1	发票开具金额与营业收入差异率和行业预警值横向比较
15	风险判断	综合财务指标类	利息支出变动率与借款变动率差异	0~6	1	利息支出变动率与借款变动率差异与行业预警值横向比较
16	风险判断	综合财务指标类	销售收入变动率与所得税变动率差异	0~6	1	销售收入变动率与所得税变动率差异与行业预警值横向比较

1. 所得税税负。

（1）原理描述。企业所得税与营业收入的比率与行业预警值横向比较，是判断企业所得税税负是否合理的一种方法。

（2）评估模型。

所得税税负 = 应纳所得税额 ÷ 营业收入 ×100%

（3）数据来源。

①应纳所得税额。《中华人民共和国企业所得税年度纳税申报表（A类）》（A100000表）：应纳所得税额（栏次25）。

②营业收入。《中华人民共和国企业所得税年度纳税申报表（A类）》（A100000表）：营业收入（栏次1）。

（4）疑点判断。该指标低于行业平均值，可能存在未计或少计营业收入，多列支成本费用、扩大税前扣除范围等问题。

（5）应用要点。

①本方法适用于能够准确核算收入或是通过其他方法能掌握其销售情况的企业。

②若企业经营处于预售阶段，该指标异常时，应重点关注企业是否存在未按规定确认预计毛利额并按时、足额申报。

③若企业建设处于完工阶段，该指标异常时，应重点关注企业是否存在未计或少计营业收入，多列支成本费用、扩大税前扣除范围等问题。

2. 申报所得税税负变动率。

（1）原理描述。纳税人申报所得税税负与基期申报税负纵向比较，是判断企业所得税税负是否合理的一种方法。

（2）评估模型。

$$\text{申报所得税税负变动率} = \left(\text{本期申报所得税税负} - \text{基期申报所得税税负}\right) \div \text{基期申报所得税税负} \times 100\%$$

（3）数据来源。本期申报所得税税负、基期申报所得税税负。

（4）疑点判断。该指标低于平均值，可能存在不计或少计营业收入、多列成本费用，扩大税前扣除范围等问题。

（5）应用要点。

①本方法适用于能够准确核算收入或是通过其他方法能掌握其销售情况的企业。

②该指标异常时，应重点关注企业是否由建设阶段转入完工阶段，是否存在未按规定确认预计毛利额并按时、足额申报，是否存在未计或少计营业收入，多列支成本费用、扩大税前扣除范围等情况。

3. 销售收入变动率。

（1）原理描述。纳税人本期销售收入与基期销售收入纵向比较，是判断销售收入是否合理的一种方法。

（2）评估模型。

$$销售收入变动率=\left(本期销售收入-基期销售收入\right)\div基期销售收入\times100\%$$

（3）数据来源。利润表：营业收入：本期金额、基期金额。

（4）疑点判断。该指标低于平均值，可能存在未计或少计营业收入、账外销售等问题。

（5）应用要点。

①本方法适用于能够准确核算收入或是通过其他方法能掌握其销售情况的企业。

②该指标异常时，应重点关注企业是否由建设阶段转入完工阶段，根据企业销售台账、销售合同等资料，判断企业是否存在未计或少计收入的情况，是否存在销售价格明显偏低的情况。

4. 主营业务利润率

（1）原理描述。主营业务利润率与行业预警值横向比较，是判断主营业务利润是否合理的一种方法。

（2）评估模型。

$$主营业务利润率=主营业务利润\div主营业务收入\times100\%$$

（3）数据来源。

①主营业务利润。利润表：主营业务利润：主营业务收入、主营业务成本、相关税金及附加；提取评估期合计数。

②主营业务收入。利润表：主营业务收入：本期金额。

（4）疑点判断。该指标低于行业平均值，可能存在销售未计或少计收入、多列成本、扩大税前扣除范围等问题。

（5）应用要点。

①本方法适用于能够准确核算主营业务收入、主营业务成本、相关税金及附加或是通过其他方法能掌握其主营业务销售情况、主营业务成本、相关税金及附加的企业。

②若企业经营处于预售阶段，该指标异常时，应重点关注企业是否存在未按规定确认预计毛利额，是否存在未按规定按时足额缴纳相关税金及附加，是否存在重复扣除相关税金及附加等问题。

③若企业建设处于完工阶段，该指标异常时，应重点关注企业是否存在未计或少计主营业务收入，多列支成本税费，扩大税前扣除范围等问题。

5. 销售成本率差异。

（1）原理描述。纳税人销售成本率与基期纵向比较，是判断销售成本率是否合理的一种方法。

（2）评估模型。

$$\text{销售成本率差异}=\frac{\text{本期销售成本}}{}\div\frac{\text{本期销售收入}}{}\times 100\%-\frac{\text{基期销售成本}}{}\div\frac{\text{基期销售收入}}{}\times 100\%$$

（3）数据来源。

①销售成本。利润表：营业成本：本期金额、基期金额。

②销售收入。利润表：营业收入：本期金额、基期金额。

（4）疑点判断。该指标高于行业平均值，反映销售收入与销售成本增减不同步，可能存在销售未计或少计收入、多列成本费用，扩大税前扣除范围等问题，且差异幅度越大，疑点越大。

（5）应用要点。

①本方法适用于能够准确核算收入、营业成本或是通过其他方法能掌握其销售情况、营业成本的企业。

②该指标异常时，应重点关注企业是否由建设阶段转入完工阶段，应重点关注企业销售台账、销售合同、企业竣工决算等资料，判断企业是否存在未计或少计收入的情况，是否存在销售价格明显偏低的情况，是否存在多列成本费用的情况。

6. 预收账款变动率。

（1）原理描述。预收账款与基期纵向比较，是判断销售情况是否合理的一种方法。

（2）评估模型。

$$\text{预收账款变动率}=\left(\text{本期预收账款期末余额}-\text{基期预收账款期末余额}\right)\div\text{基期预收账款期末余额}\times 100\%$$

（3）数据来源。资产负债表：预收账款：期末金额。

（4）疑点判断。该指标高于行业平均值，可能存在隐瞒收入的问题，上升幅度越大，疑点越大。

（5）应用要点。

①本方法适用于能够准确统计预售款项的企业。

②若企业经营处于预售阶段，该指标异常时，应重点关注企业其他应付款指标，是否存在将预售房款挂在其他应付款科目的情况。

③若企业建设处于完工阶段，该指标异常时，应重点关注是否存在销售开发产品未结转收入等情况。

7. 财务费用变动率。

（1）原理描述。财务费用与基期纵向比较，是判断财务费用是否合理的一种方法。

（2）评估模型。

$$财务费用变动率=\left(本期财务费用-基期财务费用\right)\div 基期财务费用\times 100\%$$

（3）数据来源。利润表：财务费用：本期金额、基期金额。

（4）疑点判断。该指标高于行业平均值，可能存在税前多列支财务费用的问题。

（5）应用要点。

①本方法适用于能够准确归集财务费用的企业。

②该指标异常时，应重点关注企业贷款合同、产品开发进度、贷款资金流向、利息资本化和费用化的计算分摊，关注企业是否存在不正确列支财务费用的情况。

8. 期间费用率。

（1）原理描述。期间费用率与行业预警值横向比较，是判断期间费用是否合理的一种方法。

（2）评估模型。

$$期间费用率=（管理费用+财务费用+销售费用）\div 销售收入\times 100\%$$

（3）数据来源。

①管理费用。利润表：管理费用：本期金额。

②财务费用。利润表：财务费用：本期金额。

③销售费用。利润表：销售费用：本期金额。

④销售收入。利润表：营业收入：本期金额。

（4）疑点判断。该指标高于行业平均值，可能存在税前多列支期间费用的问题。

（5）应用要点。

①本方法适用于能够准确归集期间费用的企业。

②该指标异常时，应重点核实企业销售费用、管理费用、财务费用支出的规范性，关注票据来源、资金流向，判断企业费用发生的真实性、相关性、合理性。

9. 预提费用变动率。

（1）原理描述。预提费用与基期纵向比较，是判断预提费用是否合理的一种方法。

（2）评估模型。

$$预提费用变动率=\left(本期预提费用期末余额-基期预提费用期末余额\right)\div 基期预提费用期末余额\times 100\%$$

（3）数据来源。资产负债表预提费用：期末余额。

企业账簿。预提费用：期末余额。

（4）疑点判断。该指标高于行业平均值，可能存在多预提费用的问题。

（5）应用要点。

①本方法适用于能够准确计算预提费用的企业。

②该指标异常时，应重点关注企业出包工程合同金额、获取发票情况及预提费用的计提比例，关注企业公共配套设施施工情况、预算造价金额及预提费用的合理性。

10. 其他应付款变动率。

（1）原理描述。其他应付款与基期纵向比较，是判断企业其他应付款是否合理的一种方法。

（2）评估模型。

$$\text{其他应付款变动率}=\left(\text{本期其他应付款期末余额}-\text{基期其他应付款期末余额}\right)\div\text{基期其他应付款期末余额}\times100\%$$

（3）数据来源。资产负债表：其他应付款：期末余额。

（4）疑点判断。该指标高于行业平均值，可能存在隐瞒收入的问题；上升幅度越大，疑点越高。

（5）应用要点。

①本方法适用于能够准确核算其他应付款的企业。

②该指标异常时，应重点关注企业是否存在将售房款挂在其他应付款中，未计或少计收入的情况。

11. 资本公积变动率。

（1）原理描述。资本公积与基期纵向比较，是判断企业资本公积是否合理的一种方法。

（2）评估模型。

$$\text{资本公积变动率}=\left(\text{本期资本公积期末余额}-\text{基期资本公积期末余额}\right)\div\text{基期资本公积期末余额}\times100\%$$

（3）数据来源。资产负债表：资本公积：期末余额。

（4）疑点判断。该指标大于0，可能存在收到返还税费、接受捐赠、债务重组收益未确认所得等问题。

（5）应用要点。

①本方法适用于能够准确核算资本公积的企业。

②该指标异常时，应重点关注企业引起资本公积变动事项，关注董事会决议、股东会决议等资料，判断企业是否存在未计或少计应纳税所得额。

12. 销售收入变动率与销售成本变动率的差异。

（1）原理描述。销售收入变动率与销售成本变动率的差异与行业预警值横向比较，是判断企业销售收入变动幅度与销售成本变动幅度是否匹配的一种方法。

（2）评估模型。

$$\text{销售收入变动率与销售成本变动率的差异}=\left(\text{本期销售收入净额}-\text{基期销售收入净额}\right)\div\text{基期销售收入净额}\times 100\%-\left(\text{本期销售成本}-\text{基期销售成本}\right)\div\text{基期销售成本}\times 100\%$$

（3）数据来源。利润表：销售收入、销售成本。

（4）疑点判断。该指标小于行业平均值，可能存在未计或少计收入、多结转成本或成本价格上涨、产品售价下调等情况。

（5）应用要点。

①本方法适用于能够准确核算收入、营业成本的企业，或是通过其他方法能掌握其销售情况、营业成本的企业。

②该指标异常时，应结合销售收入变动率、销售成本变动率指标进行综合分析，应重点关注企业是否由建设阶段转入完工阶段，应重点关注企业销售台账、销售合同、企业竣工决算等资料，判断企业是否存在未计或少计收入的情况，是否存在销售价格明显偏低的情况，是否存在多列成本费用的情况。

13. 销售收入变动率与销售利润变动率差异。

（1）原理描述。销售收入变动率与销售利润变动率差异与行业预警值比较，是判断企业销售收入变动幅度与销售利润变动幅度是否匹配的一种方法。

（2）评估模型。

$$\text{销售收入变动率与销售利润变动率差异}=\left(\text{本期销售收入}-\text{基期销售收入}\right)\div\text{基期销售收入}\times 100\%-\left(\text{本期销售利润}-\text{基期销售利润}\right)\div\text{基期销售利润}\times 100\%$$

（3）数据来源。利润表：销售收入、销售利润。

（4）疑点判断。该指标高于行业平均值，可能存在未配比结转成本或营业税金及附加的问题。

（5）应用要点。

①本方法适用于能够准确核算收入、营业成本的企业，或是通过其他方法能掌握其销售情况、营业成本的企业。

②该指标异常时，应结合销售收入变动率、主营业务利润率进行综合分析，判断企业是否存在不计或少计营业收入、多列支成本，扩大税前扣除范围的情况。

14. 发票开具金额与营业收入差异率。

（1）原理描述。发票开具金额与营业收入差异率与行业预警值横向比较，是判断企业是否存在隐瞒收入或虚开发票的一种方法。

（2）评估模型。

$$\text{发票开具金额与营业收入差异率}=\left[\text{本期发票开具金额}-\text{本期营业收入}\right]\div\text{本期发票开具金额}\times 100\%$$

（3）数据来源。利润表：营业收入。

发票开具系统：发票金额。

（4）疑点判断。该指标高于行业平均值，可能存在未如实申报收入的情况；上升幅度越大，疑点越大。

（5）应用要点。

①本方法适用于能够准确核算收入的企业，或是通过其他方法能掌握其销售情况企业。

②该指标异常时，应结合企业发票开具登记簿、预收账款、其他应付款、营业收入等资料，判断企业是否存在开具发票未确认收入的情况。

15. 利息支出变动率与借款变动率差异。

（1）原理描述。利息支出变动率与借款变动率差异与行业预警值比较，是判断企业利息支出是否合理的一种方法。

（2）评估模型。

$$\begin{aligned}\text{利息支出变动率与借款变动率差异}=&\left(\text{本期利息支出}-\text{基期利息支出}\right)\div\text{基期利息支出}\times 100\%-\\&\Big[\big(\text{本期短期借款期初余额}+\text{本期长期借款期初余额}+\text{本期应付债券期初余额}+\\&\text{本期短期借款期末余额}+\text{本期长期借款期末余额}+\text{本期应付债券期末余额}\big)\div 2-\\&\big(\text{基期短期借款期初余额}+\text{基期长期借款期初余额}+\text{基期应付债券期初余额}+\text{基期短期借款期末余额}+\\&\text{基期长期借款期末余额}+\text{基期应付债券期末余额}\big)\div 2\Big]\div\big(\text{基期短期借款期初余额}+\\&\text{基期长期借款期初余额}+\text{基期应付债券期初余额}+\text{基期短期借款期末余额}+\text{基期长期借款期末余额}+\\&\text{基期应付债券期末余额}\big)\div 2\times 100\%\end{aligned}$$

（3）数据来源。资产负债表：短期借款、长期借款、应付债券。

企业所得税年度纳税申报表：利息支出。

（4）疑点判断。此指标高于行业平均值，可能存在超标准列支非金融机构借款利息、多提利息等问题。

（5）应用要点。

①本方法适用于能够准确归集利息支出的企业。

②该指标异常时，应重点关注企业贷款合同本金及利率、借款资金流向，关注企业是否存在多列支利息支出的情况。

16. 销售收入变动率与所得税变动率差异。

（1）原理描述。销售收入变动率与所得税变动率差异与行业预警值比较，是判断企业销售收入变动幅度与所得税变动幅度是否匹配的一种方法。

（2）评估模型。

$$\text{销售收入变动率与所得税变动率差异}=\left(\text{本期销售收入净额}-\text{基期销售收入净额}\right)\div\text{基期销售收入净额}\times100\%-\left(\text{本期应缴所得税额}-\text{基期应缴所得税额}\right)\div\text{基期应缴所得税额}\times100\%$$

（3）数据来源。利润表：营业收入。

企业所得税年度纳税申报表：应纳所得税额。

（4）疑点判断。此指标高于行业平均值，可能存在虚列成本费用、纳税调整不完整、应税收入与免税收入划分不准确、将应税收入挂往来账或直接记入所有者权益等问题。

（5）应用要点。

①本方法适用于能够准确核算收入、成本、费用的企业，或是通过其他方法能掌握其销售情况、营业成本、费用的企业。

①该指标异常时，应结合销售收入变动率、企业申报所得税变动率等指标综合分析，重点关注企业是否由建设阶段转入完工阶段，是否存在未按规定确认预计毛利额并按时足额申报，是否存在未计或少计营业收入、多列支成本费用、扩大税前扣除范围等问题。

三、实验内容和资料

某房地产开发有限公司纳税评估案例

【案情场景】

公司基本情况：甲房地产有限公司是由乙实业集团有限公司于 2007 年 1 月出资成立的内资企业，注册资金为 39 000 万元。开发项目有 A 城项目、B 春天项目、C 天下项目、D 酒店 4 个项目（简称 A 项目、B 项目、C 项目、D 项目），其中：A 项目分期开发已部分交房，存在预售与现售两种模式，B 项目、C 项目处于预售阶段，D 项目大部分为自建自营项目，小部分为预售项目，自营项目预计在次年正式开业。

为了强化房地产行业的税收管理，及时发现涉税风险点，2015 年度，某市税务机关风控中心建立了该行业的风险管理模型，通过对收入、成本、费用、税金及资金 5 类指标的扫描，发现甲房地产有限公司 2014 年度存在一系列的蹊跷数据。

（一）商铺没有住宅贵：收入类指标扫描——单价异常

1. 数据来源。

A 项目“所售商业店面平均单价及同一楼盘住宅平均单价”来自备案信息中的开发产品（分楼盘）情况调查表、开发产品（分楼盘）利润测算表。

2. 指标公式。

商业用房平均单价（1 元）<1.5×本楼盘住宅平均单价

满足上述指标时为异常，可能存在少计收入情况。

该公司 2014 年度备案信息中 A 项目开发产品（分楼盘）情况调查表、开发产品（分楼盘）利润测算表显示：A 项目楼盘所售商业用房平均单价仅为每平方米 1 元，而本楼盘住宅平均单价为每平方米 8 931.7 元，指标明显异常，可能存在少计应税销售收入的问题。

（二）乡下却比城里贵：成本类指标扫描——公共配套费异常

该公司 2014 年开发产品（分楼盘）情况调查表及开发产品（分楼盘）应缴所得税测算表中显示 A 项目公共配套费为 308.54 元，单位公共配套费排名全市前 50 名，而该项目所在地段为城乡结合部，其公共配套设施并不完善，与该公司同一阶段开发的市中心地段项目的公共配套设施费相比明显偏高，可能存在多计开发产品开发成本中公共配套费的问题。

（三）赔本儿赚吆喝：费用类指标扫描——费用增长异常

会计核算的内容决定了在常规情况下，正常经营的企业如果其经营状况没有大的调整，其管理费用应维持在一个较为固定的水平，而其销售费用会随着销售收入的变化而发生同步变化。但是经过扫描，发现该企业费用变化异常。

1. 管理费用增长异常。

指标公式：

（评估期管理费用÷评估期主营业务收入－基期管理费用÷基期主营业务收入）÷基期管理费用÷基期主营业务收入≥30%，满足该公式指标为异常。

资料显示：2014 年度管理费用为 24 108 953.22 元，主营业务收入为 642 710 199.00元；2013 年度管理费用为 16 318 043.59 元，主营业务收入为 977 128 358.66元（如表 12－2 所示）。

表 12－2 管理费用与收入分析 单位：元

年度	管理费用	主营业务收入	占比（%）
2013	16 318 043.59	977 128 358.66	1.67
2014	24 108 953.22	642 710 199.00	3.75

2014 年度较 2013 年同期增长了 124.55%，可能存在应计入资本化费用计入当期损益进行税前扣除的情况，而同时发现的管理费用中业务招待费大幅增加的情形，也提示了业务招待费税前扣除是否合法、合理的问题。

2. 销售费用增长异常。

指标公式：

（评估期销售费用 ÷ 评估期主营业务收入 － 基期销售费用 ÷ 基期主营业务收入）÷ 基期销售费用 ÷ 基期主营业务收入 ≥30%，满足该公式指标为异常。

2014 年度销售费用累计发生额为 20 008 147.27 元，2013 年度销售费用为 19 361 625.66元，2014 年度销售费用较 2013 年同期增长了 57.07%，可能存在将应计入资本化费用而计入当期损益进行税前扣除的情形（如表 12－3 所示）。

表 12－3 销售费用与收入分析 单位：元

年度	销售费用	主营业务收入	占比（%）
2013	19 361 625.66	977 128 358.66	1.98
2014	20 008 147.27	642 710 199.00	3.11

同时，当期的广告宣传费大幅增加，提示了广告费、业务宣传费可能存在不符合企业所得税税前扣除要求的疑点。

3. 财务费用异常。

该公司 2014 年现金流量表中“分配股利利润或财务利息所支付的现金”为 86 145 670.99 元，与利润表中“财务费用”本期累计发生额12 276 979.35元比较，金额差异很大（如表 12－4 所示），提示企业可能存在向非金融机构借款或偿还借款筹资活动问题，即将应资本化的利息支出计入当期“财务费用”一次性扣除或在开发成本中列支，向关联企业借入的资金超标准税前列支的问题。

表 12－4 2014 年度两表财务费用对比分析 单位：元

项目	科目	金额
现金流量表	分配股利润或财务利息所支付的现金	86 145 670.99
利润表	财务费用	12 276 979.35

（四）赚钱多缴税少：税金扫描——税负测算异常

1. 企业所得税贡献率测算异常。

企业所得税贡献率 = 应纳所得税额 ÷ 主营业务收入 ×100%

数据来源：①开发产品（分楼盘）测算企业所得税贡献率来自备案信息中的应缴所得税测算表；②开发产品（分楼盘）累计企业所得税贡献率来自开发产品（分楼盘）情况调查表。

指标公式：开发产品（分楼盘）测算企业所得税贡献率 - 开发产品（分楼盘）累计企业所得税贡献率 >0.5%，指标为异常。

该公司 2014 年开发产品（分楼盘）应缴所得税测算表中测算该单位已交房、视同销售、不计内部销售、关联交易、其他收入等类别的企业所得税贡献率为 5.36%，而该公司 2014 年开发产品（分楼盘）情况调查表本单位企业所得税累计企业所得税贡献率为 2.85%，两者相差 5.36% - 2.85% = 2.51%，大于警戒值指标 0.5%，说明公司已缴税金不足，可能存在多计成本、费用及少计应税销售收入的问题。

2. 税额测算异常。

两表"主营营业收入"等数据不一致。该公司 2014 年利润表中主营业务收入为 642 710 199 元、主营业务成本为 403 708 481.80 元、所得税费用为 11 345 429.17元，与企业所得税年度纳税申报表中的主营业务收入 0 元、主营业务成本 0 元、相关税金及附加 0 元、应缴企业所得税 3 603 695.04 不符，存在少缴企业所得税 7 741 734.13 元的疑点。

（五）消费总比拥有多：资金扫描——资金异常

1. 自有资金分析。

扫描发现该公司 2014 年度土地征用费及拆迁补偿费远远大于注册资金，资金来源及流动真实性存在疑点。

（1）数据来源。"实收资本"来自"金税三期"系统或 CTAIS 征管信息系统；"土地征用及拆迁补偿费累计已发生金额"来自备案信息中的开发产品（分楼盘）情况调查表、开发产品（分楼盘）利润测算表。

（2）指标公式。土地征用及拆迁补偿费累计已发生金额≥CTAIS 系统中公司注册资本的 2 倍，满足上述指标时为异常，可能存在多计开发产品开发成本中土地征用及拆迁补偿费疑点。

该公司实收资本为 39 000 000 元；"土地征用及拆迁补偿费"累计已发生金额 4 个项目分别是：A 项目为 737 764 269 元、B 项目为 1 080 245 000 元、C 项目为 23 700 000元、D 项目为 493 176 359 元，4 个项目该支出合计为2 334 885 628元≥CTAIS 中公司实收资本的 2 倍（39 000 000 × 2 = 78 000 000 元），指标异常，可能存在多计开发产品开发成本中土地征用及拆迁补偿费的问题。

2. 外借资金分析。

一个企业要正常经营运转必须保证充足的资金，而资金来源除了自有资金即实收资本外，还可能存在部分外借资金来补充自有资金的不足，即来自银行等金融机构的“短期借款”“长期借款”和来自非金融机构的“其他应付款”等。资金来源虽然正常，但其财务费用的涉税处理往往存在问题。模型扫描发现该公司还存在以下两个疑点。

(1) 长期借款异常增加。

指标公式：

(长期借款期末金额 - 长期借款期初金额) ÷长期借款期初金额≥30%，满足该公式指标为异常。

该公司2014年资产负债表中“长期借款”期末数为141 050万元，期初数为87 000万元，增加54 050万元，需核实公司的资金用途，公司是否存在将金融机构房地产开发项目贷款用于其他方面，但利息支出计入开发成本且企业所得税申报时未作纳税调整的问题。

(2) 其他应付款异常增加。

指标公式：

(长期借款期末金额 - 长期借款期初金额) ÷长期借款期初金额 N≥0%，满足该公式指标为异常。

该公司2014年企业资产负债表中“其他应付款”期末数为295 174 448元，期初数为260 615 337元，增加金额较大，企业是否存在将预售收入中的首付款计入其他应付款少缴企业所得税的疑点。

(六) 针对疑点约谈财务人员

针对分类归集的疑点，风险应对人员制作了约谈大纲，并按照工作流程，与该公司的财务人员进行了约谈，约谈排除了部分疑点。

1. 企业所得税贡献率异常疑点。

该公司解释，主要是因为A项目还有部分房产尚未销售，而其成本已经归集。截至2014年12月A项目全部累计企业所得税贡献率为3.71%。2013年结转平均售价为7 700元/平方米、2014年A项目结转平均售价为10 800元/平方米，测算2015年平均售价为12 500元/平方米，如全部销售，A项目总体企业所得税贡献率将达到4.86%；高于预警值。

根据公司2014年开发产品（分楼盘）应缴所得税测算表中测算该单位已交房、视同销售、不计容面积销售、关联交易、其他收入等项企业所得税贡献率，企业2014年开发产品（分楼盘）情况调查表中本单位企业所得税累计企业所得税贡献率为0.49%，小于警戒值指标0.5%，因此，该疑点可排除。

2. 资金类异常疑点。

(1) 土地征用及拆迁补偿费的疑点。该公司解释，该公司所有开发产品的土地征用及拆迁补偿费是根据国土部门及金融部门的相关规定，房地产项目通过“招、拍、挂”方式取得土地所支付的土地征用及拆迁补偿款，全部由公司的货币资金支付，资金来源除自有资金外还有部分外借资金。

截至2014年12月31日，公司列支已开发的房地产项目土地征地出让金为2 328 423 654元，已通过银行转账支付，土地征用费收据已收到，并通过相关的会计师事务所审计无误；公司列支已开发的房地产项目土地征地拆迁补偿款为6 461 974元，已随会计凭证附上拆迁补偿协议、被拆迁方身份证明、联系方式，以及被拆迁方单位或个人的收款凭证并加盖单位或个人印章及手印的附件，并通过相关的会计师事务所审计无误。因此，该疑点基本可排除。

（2）长期借款异常的疑点。该公司解释，2014年的长期借款均为银行部门的开发产品项目贷款，未发生信托融资或关联方借款利息等其他融资方式。贷款均已按各项目开发贷款的指定用途使用。2014年利息支出为78 400 000元，均按开发项目归集，因此，该疑点基本可排除。

3. 收入类异常疑点。

针对商业用房单价低于住宅单价的问题，该公司解释，A项目的商业用房属于公司现阶段未售的资产，填表时误解为商业用房未出售且售楼部无法定售价，所以公司2014年调查开发产品（分楼盘）情况时楼盘所售商业店面平均单价用1元表示，属于填报无误。因该项日尚未办理竣工决算，也未结转固定资产计提折旧，故此疑点基本可排除。

4. 费用类疑点。

针对配套设施费异常的问题，该公司解释理由主要有以下两点：

（1）A项目按规划需配建60亩的项目配套公园，土地征用款已按合同支付给国土资源部门，因政府相关部门未能按合同履约交地，造成无法施工开建，扣除公园配套费，A项目的单位公共配套费为130元。

（2）原2013年填报的总建筑面积443 638.11平方米为省测绘院的测绘面积；2014年填报的总建筑面积为459 284.28平方米，其中1～20号楼是根据市房地产交易中心的确权面积，21～31号楼是根据省测绘院的测绘面积，口径不同面积不同，因此2014年开发产品A项目单位公共配套费比2013年少，故此疑点基本可排除。

针对未能排除的疑点，风险应对人员按照流程的规定，对该公司进行了实地核查。

5. 管理费用异常问题。

对比分析发现评估期较基期“管理费用”大幅增加，而“管理费用”中增加金额最多的是业务招待费。经过核查其原始单据，发现业务招待费中1 673 849.56元属于白条入账，应调增当年应纳税所得额。

6. 营业外支出异常问题。

经核查，税前全额扣除的“营业外支出”中存在下列3个涉税问题：

(1) 直接向当地某贫困村捐赠 20 000.00 元，不符合公益性捐赠的规定，应调增应纳税所得额。

(2) 税前列支交通罚款、卫生罚款、环保罚款等行政罚款 253 064 元，应调增公司应纳税所得额。

(3) 列支预提的坏账损失 10 000 元，应调增应纳税所得额。

7. 销售费用异常问题。

该公司 2014 年度“销售费用”为 20 008 147.27 元，较上一年度大幅增加，对比分析发现该科目中广告宣传费增加较多，且未取得合法原始凭据，应调增应纳税所得额为 8 813 212.47 元。

同时，核查发现该公司 2014 年度“销售费用”中预提购置家具费为 1 100 000元，货物和发票均未收到，货款尚未支付；预提办公楼未交房物业费为 1 028 127 元，应调增公司应纳税所得额为 2 128 127 元。

8. 预收账款异常问题。

(1) 销售未完工产品收入未申报缴纳企业所得税。该公司 2014 年度“预收账款”金额巨大，从其账簿资料发现，该公司申报营业税收入比企业所得税收入多 859 398 148 元，两税收入明显不一致，疑点突出。

进一步核查发现，该公司营业税收入中包含取得的 B 项目楼盘销售未完工产品收入为 531 974 943 元；取得 C 项目楼盘销售未完工产品收入为 327 423 205 元，合计收入为 859 398 148 元，而当年度企业所得税季度申报表中“特定业务计算的应纳税所得额”均为 0。依据《房地产开发经营业务企业所得税处理办法》(国税发〔2009〕31 号) 第九条“企业销售未完工开发产品取得的收入，应先按预计计税毛利率分季（或月）计算出预计毛利额，计入当期应纳税所得额”的规定，应调增应纳税所得额如下：

应调增应纳税所得额 =859 398 148 元（预售收入）×20%（预计毛利率）－76 282 745.96 元（为相关税费，其中营业税为 42 969 907.40 元，城市维护建设税为 3 007 893.52 元，教育费及地方教育费附加为 2 148 495.37 元，土地增值税为 27 382 991.34 元，其他 773 458.33 元）=95 596 883.64（元）。

该疑点的确认同时解释了前面模型分析中“税额测算异常——两表营业收入等数据不一致”的疑点。

(2) 前期已经申报的未完工产品销售收入，完工后实现了销售收入，未做纳税调减。

该公司 2014 年度 A 项目楼盘完工后，其前期已经申报的销售未完工产品收入应转入“主营业务收入”，金额为 642 710 199 元（其中：2013 年为 514 170 765元，2014 年为 128 539 434 元），该公司相关涉税处理如下：

①2013 年度已按 20% 预计计税毛利率计算毛利润，调增公司 2013 年度应纳

税所得额为 102 834 153 元。

②2014 年度销售未完工产品收入为 128 539 434 元，已调增应纳税 14 195 032.96元。

因此，2014 年公司将 2013 年销售未完工产品收入 514 170 765 元、2014 年销售未完工产品收入 128 539 434 元结转“主营业务收入”时，应相应调减应纳税所得额为 117 029 185.96 元，具体计算过程如表 12－5 所示。

表 12－5　　调减金额计算　　单位：元

预收账款所属年度	结转收入金额	预计毛利	扣除：相关税金	城市维护建设税
2013	514 170 765	102 834 153		
2014	128 539 434	25 707 886.8	6 426 971.7	449 888.02
合计	642 710 199	128 542 039.8	6 426 971.7	449 888.02
预收账款 所属年度	教育费及地方教育费附加	土地增值税	防洪费	调减合计
2013				102 834 153
2014	321 348.59	4 198 960.05	115 685.49	14 195 032.96
合计	321 348.59	4 198 960.05	115 685.49	117 029 185.96

（七）财务费用异常问题

该公司 2014 年两表财务费用不一致，具体内容如表 12－6 所示。

表 12－6　　财务费用对比表　　单位：元

项目	名称	金额
现金流量表	分配股利润或财务利息所支付的现金	86 145 670.99
利润表	财务费用	12 276 979.35

两者比较金额差异很大，进一步核查其贷款合同、成本结算单、费用明细表等内容，发现该公司借入款项用于工期超过 1 年的尚未完工的 B、C、D 项目，其利息支出本应做资本化处理但却直接计入财务费用，应调增应纳税所得额为 3 848 208.84元，具体内容如表 12－7 所示。

表 12－7　　财务费用应资本化明细　　单位：元

项目	应资本化的利息
B 项目	1 941 839.37
C 项目	1 558 710.42
D 项目	347 659.05
合计	3 848 208.84

（八）其他问题

实地核查中还发现，该公司2014年度取得的“投资收益”为85 092 311.09元，属于符合条件的居民企业之间的股息、红利等权益性投资收益，根据《企业所得税法》第二十六条规定，符合条件的居民企业之间的股息、红利等权益性投资收益属于免税收入，应调减应纳税所得额为85 092 311.09元。

综上所述，该公司当年应补缴企业所得税为26 653 592.54元。

水到渠成，评估模型助力行业管理。

风险应对小组认为对纳税评估中发现的疑点问题，经约谈、调查核实等程序，在定性上属政策和程序理解偏差等一般性问题，不具备偷税的主观故意，风险疑点可以排除，直接转入纳税评估认定处理。同意公司依据《企业所得税法》及其实施细则相关规定，补充申报并缴纳企业所得税26 653 592.54元，同时，依据《税收征管法》第三十二条规定，加收滞纳金13 326.79元，至此案头分析的疑点全部排除。

通过对该公司的纳税评估工作，风险应对小组对房地产行业税收风险管理及评估提出如下4个建议。

1. 补充相关信息，完善行业管理。

（1）建议房地产企业按季申报行业税源信息采集表、按年度申报开发产品（分楼盘）情况调查表。

（2）不断完善房地产企业纳税人报送信息，包括纳税申报信息、报备料信息和开发产品（分楼盘）情况调查表信息、第三方信息（包括社会举报信息和地方政府税收保障机制传递的信息等）。

（3）建议模型参考值定期更新，出现物价变化应及时根据建设和物价部门公布的物价变动指数进行调整，使其更具时效性。

2. 加强税收政策宣传、辅导，提高财务人员的业务水平。

由于房地产企业开发产品周期长、开发运作环节多、投入金额大、产业链长、数据量大、业务复杂，税务机关应加强房地产企业财务人员的房地产会计核算及相关税收法律、法规、规定的辅导、宣传，提高财务人员业务水平。

3. 制定房地产企业所得税申报质量风险应对指引，细化房地产企业所得税申报质量风险应对的具体操作规则、程序、标准和方法，加强房地产企业所得税纳税评估质量的考核。

4. 建立全系统房地产企业所得税税收风险管理人才库，加强房地产企业所得税税收风险管理人才的培养与管理，加强房地产行业有关税收政策、财务核算知识、征管流程的学习，提高业务水平，提高纳税评估工作实效。

【案例点评】

1. 该案例中适用的税收政策截至2016年1月31日。

2. 该案例是一个企业所得税单一税种的评估案例，本案例可借鉴之处在于它能根据房地产开发行业经营特点建立相应的评估模型，将复杂的事项简单化，同时可在一定范围内设置相应的参数，开展整个行业的集中评估，耗时少，成效大。但仍需解决第三方数据和纳税人除法定申报资料之外涉税信息采集的长效性问题，如需要纳税人按季申报行业税源信息采集表按年度申报开发产品（分楼盘）情况调查表等，第三方信息包括社会举报信息和地方政府税收保障机制传递的信息等。

3. 房地产行业涉税风险涉及范围较广，除案例中提到的部分外．还应重点关注以下两个方面的涉税风险。

（1）隐匿应税收入类。

①用预收款方式销售不动产、转让土地使用权的，将预收收入挂在往来账上，或将部分款项开具收款收据，或直接冲减开发成本，不确认或少确认收入。同时，还应关注代收款项不按规定申报纳税的问题。

②整体转让“楼花”不作收入，而是挂往来账，甚至私设账外账。

③将代建工程、提供劳务过程中节约的材料、报废工程和产品的材料等留归企业所有，不确认收入。

④无正当理由，以明显偏低价格将商品房销售给本公司股东及相关联企业及个人。

⑤通过房地产代理公司开具代理手续费发票，虚列费用或抵减销售额，以房款净额为计税营业额；采取包销方式，未按包销合约定的收款时间、金额确认收入。

⑥将开发产品转作自用，或用于捐赠、赞助、职工福利、奖励、对外投资、分配给股东或投资入股、以房抵偿债务、拍卖、换取其他单位和个人的非货币性资产等，未视同销售申报纳税。

⑦按揭销售、首付款实际收到时或余款在银行按揭贷款办理转账后，不及时入账，或将收到的按揭款项记入“短期借款”等科目。

⑧开发的会所等产权转给物业，不按开发产品进行税务处理，或者将不需要办理房产证的停车位、地下室等公共配套设备对外出售不计收入；私建违建阁楼、车库、仓库，对外销售使用权开具收款收据，隐匿收入。

⑨售后返租业务，以冲减租金后实际收取的款项计收入；以房抵工程款、广告费、银行贷款本息或以拆迁补偿费抵顶购房款等业务，不记收入；以房换地、以地换房业务未按非货币性交易准则进行处理，或不开发票入账；开发商将未售出的房屋、商铺、车位出租取得的租金收入不作或少作收入。

⑩旧城改造中，房地产企业拆除居民住房后，补偿给搬迁户的新房，对偿还面积与拆迁面积相等的部分、超面积部分及差价收入不合并计算收入。

（2）虚列成本费用类。

①发生的销售退回业务，只冲减收入，不冲回已转成本。

②以外地虚开材料采购发票，或到税负较低的地区申请代开发票或者使用假发票入账，虚增成本费用，白条列支成本等。

③多预提施工费用，虚列开发成本。

④在结转经营成本时，无依据低估销售单价，虚增销售面积，多摊经营成本。

⑤滚动开发项目，故意混淆前后项目之间的成本，提前列支成本支出。

⑥将开发期间财务费用列入期间费用，多转当期成本。

⑦将拥有土地使用权的土地进行评估，按增值巨大的评估价格作为土地成本入账。

⑧利用非拆迁人员的身份证，列支拆迁补偿费，虚构施工合同，骗开建筑安装业发票。

⑨对行政事业性收费挂预提费用账户，对欠缴的行政事业性收费无缴纳收据入账。

⑩将甲方供料重复列支，虚增成本。

四、实验步骤

（一）税收风险点判断和结论

分组开展案例讨论，通过案头分析，列出案例企业可能存在哪些税收风险点。

（二）税收风险点风险特征分析计算

分组开展案例讨论，开展风险点特征分析，列出纳税评估采用的评估方法，列出模型、计算公式、指标源和特殊信息。

（三）税收风险点风险信息排除确认

通过实验内容和资料进行税收风险点风险信息的判断、验证、排除、确认。

五、实验总结与实验报告

通过本次实验，我们理解和掌握了房地产业纳税评估，掌握房地产业纳税评估对象的确定、案头审核分析方法、约谈举证及实地核查方法等内容，研究分析现行房地产业纳税评估存在的税收风险，探索建立房地产业纳税评估指标及评估模型，提高了房地产业纳税评估的技巧和水平。应该总结回顾本次实验的过程，检查实验的结果，按实验步骤要求写出本次实验的纳税评估工作报告。

纳税评估工作报告

纳税评估序号：

评估所属时期：

评估实施时间：

<table>
<tr><td>纳税人名称（全称）</td><td colspan="3"></td></tr>
<tr><td>税务登记号</td><td></td><td>评估所属项目</td><td></td></tr>
<tr><td colspan="4">风险点判断和结论：

风险点特征分析计算：

风险点信息排除确认：</td></tr>
<tr><td colspan="4">纳税评估整体总结

工作建议

评估人员：
日期：</td></tr>
</table>

实验十三

商业超市行业评估

一、实验目的与要求

通过本实验，使学生了解商业超市行业生产经营特点，掌握商业超市行业纳税评估对象的确定、案头审核分析方法、约谈举证及实地核查方法等内容，纵向掌握商业超市业务流程，从进货环节、销售环节、储运环节、资产管理等环节和财务核算方式中查找容易产生税收风险的重要节点；横向掌握区分风险事项、分别按照重点税收风险和一般性税收风险分别进行识别和分析。帮助学生掌握商业超市行业纳税评估的流程，研究分析商业超市行业存在的税收风险，探索学习建立商业超市行业纳税评估指标，提高商业超市行业纳税评估的技巧和水平。

二、实验知识准备

（一）行业定义及类型

1. 行业定义。

超级市场零售（行业明细代码为“5212”）是指经营食品、日用品等超级市场的综合零售活动，不包括装修用品、服装、电器等以开架形式销售的专业店。

2. 企业类型划分。

超市按照经营规模、经营商品结构、经营方式等形态，可以划分为食品超市、综合超市、大型超市等业态。

食品超市是以销售食品、生鲜食品、副食品和生活用品为主，满足顾客每日生活需求的零售业态。其特点是在居民住宅区、交通要道、商业区选址；商圈辐射半径小，目标顾客以居民为主。

综合超市是以销售大众化实用品为主，生鲜食品、衣食用品齐全，满足顾客一次性购足需求的零售业态。其特点是在住宅区、城乡结合部或商业密集区选址；目标顾客是满足消费者中比率最大的中等收入阶层消费需求。

大型超市是实际营业面积较大，大众化衣、食、用品齐全，满足顾客一次性购齐的零售业态。在市、区商业中心、城郊结合部、交通要道及大型居住区附近选址；目标顾客以居民、流动顾客为主；设有停车场。根据经营商品结构，可以分为以经营食品为主的大型超市和以经营日用品为主的大型超市。

目前，连锁超市已成为我国商业零售业的主流业态，连锁超市的主要特点是采取微机联网，实行统一采购配送商品，统一核算，统一规范化管理和经营。连锁超市包括两种形式：一是直营连锁企业，即连锁店的门店均由总部全资或控股开设，在总部领导下统一经营的连锁企业；二是特许连锁企业，即连锁店的门店同总部签订合同，取得使用总部商标、商号、经营技术及销售总部开发商品的特许权的连锁企业。

该行业涉及的领域日趋广泛，经营范围不断向商品流通各环节扩展，大有取代传统商业零售之势。但在税收管理上，商业超市由于其收入的隐蔽性，商业电子数据很难全面掌握，导致税负普遍偏低、不同规模的超市税负差异大等问题，管理难度大，要求税务部门尽快摸索出行之有效的办法，强化对超市的税收监控，堵塞税收流失漏洞。

（二）经营特点

1. 经营方式多样。

（1）自营。这是一种传统的经营模式，企业自己组织货源，自己销售，按正常的商业经销企业的管理办法结转收入、成本和利润，并正常缴纳各项税款。

（2）联营（又称扣点）。许多大型超市为了解决自身资金不足的实际困难，与一些经销商联系，采用联营的方式进行经营。具体为：经销商与超市签订联营协议，由经销商采购货物，在超市的经营场所销售，由超市统一收款。月末，超市根据销售额确定自身的扣点比例和经销商各自的份额，经销商应占有的份额由经销商找厂家开具增值税专用发票，作为与超市结算的凭据。超市以经销商提供的增值税专用发票作为进货成本，进行进项税抵扣。对于超市来讲，基本实现了零库存，减少了资金压力。

（3）租赁。超市与商户签订租赁柜台合同，超市收取租金（有些叫进场费、广告促销费、上架费、展示费、管理费、垛头费），作为自身收入，缴纳相关税费；经营者以商场名义对外经营，货款由自己收取，以自己名义缴纳有关税费。

（4）转租。由经营者将超市的部分或全部承包或租赁，然后以自己名义对外出租或联营，由此形成了超市、总承包人、经销者三个环节。

（5）将门面房出租。一般来讲，这种形式下，税企双方对纳税争议较少，超市按房屋出租缴纳房产税和有关税费。

2. 大中型超市信息化管理水平高。

大中型超市在购进、仓储、销售等经营环节均使用管理软件，实现了经营信息的高度集成和业务管理的自动化、网络化、无纸化，大幅提高了工作效率。

3. 向供货方收取多种费用。

一类是向供货方提供一定劳务收取的费用，如进场费、堆头费、广告促销费、上架费、展示费、管理费等，这类费用在行业内通常被称为“通路费”；

另一类是与商品销售量、销售额挂钩（如以一定比例、金额、数量计算）的各种返还收入，这类费用在行业内通常被称为“返利”。

4. 扣点是重要利润来源。

扣点主要是针对联营。保底扣点（合同中规定），即先行确定扣点定额基数（即保底销售额），再按月销售额乘以扣点比例计算出扣点结果。实际销售额小，按保底数，实际销售额大，按实际销售额扣点。单纯扣点，即根据月销售额与扣点比例，计算出当月的扣点结果。

（三）超市行业商品管理方式

1. 采用商品自动化辨识系统。

POS 系统的全称为 Point of Sales 管理系统，被译为“销售时点情报管理系统”。商品条形码为基础，利用带有扫描仪的收银机，将超市各单品的销售信息或退货、分送等各环节的资料输入电脑，然后处理、加工并传送给有关部门，是整个超市信息管理系统的关键。

2. 进货环节的管理。

建立统一的商品目录，并不定期进行完善，实行优胜劣汰。

3. 储存环节的管理。

大仓通存，通过计算机对每种商品的单品进行系统的进销存分析，不断完善库存结构。通过盘点促进库存管理和有效防止商品失窃，降低商品损失率。

4. 销售环节的管理。

以货物编码和条形码为载体，实现销售时由电脑收款机（POS 机）对商品条形码进行识别、结算收款和核算收入。

5. 商品盘点。

超市在营运过程中会有各种损耗，有的损耗是可以看见和控制的，有的损耗是难以统计和计算的，因此需要通过盘点查明商品盈亏状况。超市的商品盘点期间可分为定期盘点和不定期盘点两种。除此之外，各柜组在下班前会对货架上或经营场地内的商品进行盘点。

（四）超市行业财务核算

1. 核算方法。

大型连锁超市对商品的核算一般采用进价数量金额核算法，由连锁总部进行统一的核算管理，使用统一的财务核算软件。

总部负责与供应商统一进行价格谈判，并指导门店确定销售价格。

总部建立统一的会计政策和财务制度，制约和协调财务关系。

总部统一对管理费、广告宣传费等费用进行分摊。

中小型超市多采用售价金额核算法，有的应用财务核算软件，有的采用手工记账。

2. 与供货商的结算方式。

现结，又称为买断，即现款现货。知名品牌和盐、烟等特殊产品一般采用现结方式。自营方式下使用。即按送货数结算（超市自担风险）。

账期，即按约定的付款时间结算。各个超市的账期不尽相同，一般产品账期为到货后的60～90天，生鲜产品一般为到货后的15～30天结。一般也是按实销数（超市不担风险）。

滚结，又称为批结，每次送货后结清上次的货款。一般也是按实销数（超市不担风险）。

代销，又称为实销实结，每月按实际的销售量结清货款或销售满一定金额后予以结款（超市不担风险）。

3. 商品进出的财务管理。

进货时由采购工作站下订单，商品入库后制成门店自采入库单。然后有关人员将入库单连同门店自采购订单、供应商送货清单传递到财务部，财务部据此进行账务处理。

商品调拨时由业务部开出商品调拨单，经业务部、出货站和超市负责人签字确认后，传递到出货站并将信息录入计算机，从计算机输出商品调拨单，连同手工会计联传递到财务部，财务部据此进行账务处理。

商品经前台POS机售出后（销售），收银部每天下午将前一天的所有货款的进账单与收取的现金、银行存款核对无误后，交至财务部记账员，由财务部记账员与当日销售日报进行核对，无误后确认收入，进行账务处理。

4. 财务核算软件使用情况。

大部分超市采用计算机记账，财务数据平时存贮在计算机中，按月或按年打印输出纸质资料。财务软件设有接口工具，超市只要定义财务数据输入、输出的接口形式，财务软件便可将商品管理软件的业务数据传向财务系统，自动生成会计凭证、总账明细账和报表。

（五）超级市场零售行业涉税要点

1. 取得收入形式多样。

①延迟记收入，即超市发售购物券时，收到销售款，同时将购物券或提货单交给购货方时，未及时计提销项税金。

②超市为扩大销售渠道，常常推出各种促销措施，如“买一赠一”、返给顾客代金券，及达到一定的购买额后可参加实物抽奖等促销行为，其相应税务处理的监控较为困难。

③名烟名酒、高级滋补品、烟草、化妆品、图书音像、家电等物品，超市一般另设专柜，销售后不走联网收款机，直接在柜台交付现金。同时，另设专柜开据发票，多采用手工开票或单机开票，增大了监控收入实现的难度。另外，超市内“店中店”难以区分。有些超市将柜台或部分场地租赁给其他经营者自主经营，从管理角度很难区分专柜经营和自营。在纳税问题上，超市和“店中店”互定盟约，相互推诿，逃避纳税。而此部分经营收入没有通过超市的商业管理软件记录，也未在税务机关登记，形成税收管理的“真空地带”。

④收入构成方式较多，包括场地租赁收入，即向租赁经营者收取的租赁场地租金；进店费，是供应商获取进店经营资格而交纳的费用；赞助费，即节日、店庆赞助，在节假日、店庆日，商场超市通常会组织较大规模的促销活动，必然要支付大量的广告费、降价促销费用；海报费，是商场超市为供应商的商品进行促销宣传而收取的一项费用；处理废品收入，存在没有入账计收入的现象。对上述收入是否及时入账，在征收管理上具有一定的难度。

2. 平销返利收入未冲减进项税额。

对商业企业向供货方收取的与商品销售量、销售额挂钩（如以一定比例、金额、数量计算）的各种返还收入，均应按照平销返利行为的有关规定冲减当期增值税进项税金。因此，超市极易将属于平销返利收入以展示费、上架费、管理费的名义收取而未冲减进项税额。

3. 对于开架售货方式经营方式，容易出现商品丢失或损失，像蔬菜、肉类、副食品保质期较短，腐烂、变质、过期等现象。超市在盘点时未按规定作账务处理，或者账面根本不反映，为日常税务管理增加很大难度。

4. 农产品收购发票难以控管。大型连锁超市收购农业生产者自产的农产品，可凭超市自己为农业生产者开具的农产品收购发票抵扣税款，而该发票由收购的超市自行领购、自行开具、自行抵扣，开给谁、开多少由超市决定，存在较大的随意性，并且一般采用现金结算方式，容易人为调控税负。

5. 大型连锁超市商品品种繁多，客观上难以准确盘存，加之销售行为频繁发生，无法确定一个时点数据，税务机关对其库存商品进行盘存基本无法实现。

6. 超市取得水电费专用发票进行了抵扣，却对租赁户使用部分以及免税货物部分不按税法规定进行进项税额转出。

7. 超市以折扣方式销售购物卡，直接以折扣后金额开具发票，未按税法规定将销售额和折扣额在同一张发票金额栏分别注明，折扣额不应从销售额中减除，是否按销售额全额计征增值税。

8. 大型连锁超市规模大，各部门分工明确，财务部门负责核算，税务部门负责报税，当税务机关调取相关资料时，主要由超市税务部门进行协调，但手续繁琐，耗时较长，使纳税评估检查难度加大。

（六）商业超市行业检查方法

1. 针对隐瞒收入主要通过以下方法进行检查。

（1）调取超市信息系统数据，与超市账面进行核对。

（2）对部分商品进行抽查、盘点、核对，查看超市账面与实际存货的品种、数量和价格差异，从而发现问题。

（3）在账实核查中，对有实物而无发票的商品，应要求超市提供进货发票和与供货方的往来账，核实其进货发票是否另册管理，以便进一步查找未申报的收入。

（4）采取外调等手段搜集账外经营证据。

（5）对资金往来进行检查。

将银行对账单与超市银行存款日记账、现金日记账和各类往来账进行核对，查找货币资金与收入之间存在的差异。超市记账一般是依据收银台的销售日报表登记销售收入，检查中应注意与 POS 机记录的收入进行核对，查找两者的差额。

2. 针对返利收入主要的检查方法。

（1）检查超市与供货商签订的供货合同是否有与返利有关的约定。

（2）对开具的普通发票进行检查，有无用商业零售发票开具“津贴”“奖励”等项目。

（3）注意对各种成本费用以及固定资产、在建工程、资本公积、盈余公积等相关账户的检查。抽取部分疑点较大的供应商进行调查，落实返利情况。

（4）结合企业与供应商关于费用收取的合同、协议，进一步调查了解发生相关收入的实际情况，核查是否与销售额、销售量挂钩。

3. 针对购物卡主要通过以下方法进行检查。

（1）向财务人员询问购物卡、代金券的会计核算科目、会计核算流程和使用规定。

（2）根据“预收账款”“其他应付款”等往来账户的贷方发生额，确认发行卡、券取得的收入。

（3）检查“预收账款”“其他应付款”对应明细科目借方发生额及贷方余额，来核实卡、券实际消费后是否及时结转收入，以及卡、券过期作废后沉淀款项是否确认收入。

（4）检查“应交税费——应交增值税”账户、发票开具时间，核实是否按规定计提销项税额。

4. 对应税货物发生非正常损失主要的检查方法。

（1）查看盘点表，对有关损失情况的统计。

（2）检查“营业外收入”账户，分析超市对有过失责任员工进行处罚的原因，从中查找线索。

（3）检查“应交税费——应交增值税”账户，核实是否按规定转出进项税额。

5. 对虚开农产品收购发票、多抵扣进项税额、多列支出主要的检查方法。

（1）核实供货方是否是农业生产者，供货方所销售的货物是否属自产农业产品。

（2）查看购销合同，了解销货方、农产品范围、收购价款、数量、结算等情况，核实有无出现不符合市场行情的异常情况。

（3）对销货方进行调查，了解销货方是否属于农业生产者；掌握销货方种植的农作物的种类、种植面积、产量等情况，核实其销售的农产品数量是否超过其实际生产能力。

（4）进行票面审核，核实是否按规定开具使用农业产品收购统一发票。

（5）检查农业产品收购统一发票与入库单、出库单注明的货物名称、数量、金额是否一致。

（6）对支付方式及付款金额进行检查，查看农副产品采购金额与现金支付是否一致，如果出现了开具农业产品收购统一发票后以现金以外的方式付款的现象，应列为检查重点，逐一进行落实。

6. 关联企业资金占用费利息主要的检查方法。

（1）分析关联企业之间资金往来实质。

（2）查看相关合同，核实是否符合独立交易原则。

（3）对超标准支付的利息，是否进行了企业所得税纳税调整。

（七）风险指标介绍

超级市场零售行业可能存在隐瞒收入、虚增成本、多抵进项等问题，根据行业涉税风险点，主要从收入成本费用变动、毛利率变动、销项税额、进项税额控制额等方面共设定七个风险指标。

1. 销售毛利率变动率。

（1）原理描述。超级市场零售行业的销售毛利率相对稳定，即销售收入减少一般会引起销售成本减少；销售成本增加，销售收入也相应增加。通过分析销售毛利率的变动，判断企业是否存在隐瞒收入或虚增成本的问题。

（2）指标设计。纳税人当期的销售毛利率除以上期的销售毛利率超过一定阈值则进行预警。

（3）评估模型。

$$\begin{matrix}\text{销售毛利}\\\text{率变动率}\end{matrix}=\left[\left(\begin{matrix}\text{当期主营}\\\text{业务收入}\end{matrix}-\begin{matrix}\text{当期主营}\\\text{业务成本}\end{matrix}\right)\div\begin{matrix}\text{当期主营}\\\text{业务收入}\end{matrix}\times 100\%\right]\div\left[\left(\begin{matrix}\text{上期主营}\\\text{业务收入}\end{matrix}-\begin{matrix}\text{上期主营}\\\text{业务成本}\end{matrix}\right)\div\begin{matrix}\text{上期主营}\\\text{业务收入}\end{matrix}\times 100\%\right]$$

指标得分标准：若统计期销售毛利率 >0 且 ≤0.5 或 ≧ 1.5 为异常，遵从风险得分 10 分。

（4）疑点判断。正常情况下销售收入和销售成本应同步增长或减少，比值接近于 1，如果毛利率变动较大，则可能存在隐瞒收入或虚增成本的问题。

2. 主营业务收入费用变动率。

（1）原理描述。超级市场零售行业的主营业务收入费用变动率相对稳定，即销售收入减少一般会引起期间费用减少；期间费用增加，销售收入也相应增加。通过分析主营业务收入费用变动率，判断企业的期间费用与主营业务收入是否合理，是否存在虚列费用，隐瞒主营业务收入等问题。

（2）指标设计。纳税人当期的主营业务收入费用率除以上期的主营业务收入费用率超过一定阀值则进行预警。

（3）评估模型。

$$\text{主营业务收入费用变动率} = \left(\text{当期期间费用} \div \text{当期主营业务收入} \times 100\%\right) \div \left(\text{上期期间费用} \div \text{上期主营业务收入} \times 100\%\right)$$

指标得分标准：若统计期主营业务收入费用变动率 >0 且 ≤0.5 或 ≥1.5 为异常，遵从风险得分 10 分。

（4）疑点判断。正常情况下销售收入和期间费用应同步增长或减少，比值接近于 1，如果变动较大，则可能存在隐瞒收入或多列费用的问题。

3. 销售毛利率与主营业务收入费用率配比关系。

（1）原理描述。销售毛利率与主营业务收入费用率应是同比增加的，因此通过配比分析纳税人在申报方面可能存在问题，是否存在隐瞒收入、多列成本费用、是否账外销售等问题。

（2）指标设计。纳税人当期的销售毛利率减去主营业务收入费用率超过一定阀值则进行预警。

（3）评估模型。

$$\text{销售毛利率与主营业务收入费用率配比关系} = \text{当期销售毛利率} - \text{当期主营业务收入费用率}$$

指标得分标准：销售毛利率与主营业务收入费用率配比关系 < -5 为异常，遵从风险得分 10 分；配比关系 ≤ -20 时，得分 30 分。

（4）疑点判断。该项指标值 < -5 时系统预警，企业可能存在多列成本费用、隐瞒销售收入、账外销售等问题。

4. 主营业务收入控制额与征税货物及劳务销售额差异额。

（1）原理描述。主营业务收入与统计期预收账款净值（不含税）之和即为主营业务收入控制额（征税货物与劳务销售额测算值），其与实际征税货物与劳务销售额应接近。如果偏离值较大，分析是否存在隐瞒收入的问题。

（2）指标设计。纳税人当期的主营业务收入控制额减去当期增值税申报表中征税货物及劳务销售额超过一定阀值则进行预警。

（3）评估模型。

$$\text{主营业务收入控制额} = \text{当期主营业务收入} + \left(\text{当期预收账款期末余额} - \text{当期预收账款期初余额}\right) \div (1+13\%)$$

$$\text{主营业务收入控制额与征税货物及劳务销售额差异额} = \text{主营业务收入控制额} - \text{当期增值税申报表中征税货物及劳务销售额}$$

指标得分标准：主营业务收入控制额与征税货物及劳务销售额差异额大于0为异常，0<差异额<50万时，遵从风险得分10分；差异额≥50万时，遵从风险得分30分。

（4）疑点判断。该指标>0时系统预警，如果偏离值较大，则可能存在隐瞒收入、未如实申报的问题。

5. 进项税额控制额与进项税额差异额。

（1）原理描述。根据存货的变动额和主营业务成本估算进项税额，考虑到运费发票和固定资产抵扣的进项，其与实际申报的进项税额进行比对，两者应接近。如果偏离值较大，分析是否存在进项抵扣不合理的问题。

（2）指标设计。纳税人当期进项税额控制额减去当期增值税申报表中进项税额超过一定阀值则进行预警。

（3）评估模型。

$$\text{进项税额控制额} = \left(\text{当期存货期末余额} - \text{当期存货期初余额} + \text{当期主营业务成本}\right) \times 13\% + \text{当期运费发票抵扣的进项税额} + \text{当期固定资产抵扣的进项税额}$$

进项税额控制额与进项税额差异额＝进项税额控制额－当期进项税额

指标得分标准：进项税额控制额与当期进项税额差异额大于0为异常，0<差异额<30万时，遵从风险得分10分；差异额≥30万时，遵从风险得分30分。

（4）疑点判断。该指标>0时系统预警，如果偏离值较大，则可能存在进项抵扣不合理的问题，如购进水电用于租赁户和免税货物部分，是否按规定进项税额转出。

6. 销项税额控制额与销项税额差异额。

（1）原理描述。主营业务收入与非13%税率销售收入之差加上统计期预收账款净值（不含税）乘以13%税率加上其他税率应纳税额即为销项税额控制额，其与实际申报的销项税额进行比对，两者应接近。如果偏离值较大，分析是否存在隐瞒收入的问题。

（2）指标设计。纳税人当期销项税额控制额减去当期增值税申报表中销项税额超过一定阀值则进行预警。

（3）评估模型。

$$\text{销项税额控制额}=\left[\text{当期主营业务收入}-\left(\text{当期应税货物13\%税率销售收入全年累计金额}+\text{当期简易征收销售收入全年累计金额}+\text{当期免征增值税货物及劳务销售收入全年累计金额}\right)\right]\times 13\%+\left[\left(\text{当期预收账款期末余额}-\text{当期预收账款期初余额}\right)\div(1+13\%)\times 13\%\right]+\left(\text{当期应税货物13\%税率销项税额全年累计金额}+\text{当期简易征收应纳税额全年累计金额}\right)$$

销项税额控制额与销项税额差异额 = 销项税额控制额 − 当期销项税额

指标得分标准：销项税额控制额与当期销项税额差异额大于 0 为异常，0 < 差异额 < 30 万时，遵从风险得分 10 分；差异额 ≥ 30 万时，遵从风险得分 30 分。

（4）疑点判断。该指标 > 0 时系统预警，如果偏离值较大，则可能存在隐瞒收入的问题，如积分返礼、无偿赠送消费者等促销，是否视同销售计提增值税。

7. 主营业务收入变动率与应纳税额变动率配比关系。

（1）原理描述。主营业务收入变动与应纳税额变动正常情况下应是同比变动的关系，因此通过两者比对，分析是否存在隐瞒收入、进项抵扣不合理、是否账外销售等问题。

①指标设计。纳税人主营业务收入变动率减去应纳税额变动率超过一定阀值则进行预警。

②评估模型。

$$\text{主营业务收入变动率与应纳税额变动率配比关系}=\left(\text{当期主营业务收入}-\text{上期主营业务收入}\right)\div\text{上期主营业务收入}\div 100\%-\text{应纳税额变动率}$$

指标得分标准：主营业务收入变动率与应纳税额变动率配比关系 > 50% 为异常，遵从风险得分 20 分。

（2）疑点判断。该指标 > 50% 时系统预警，如果偏离值较大，企业可能存在隐瞒收入、进项抵扣不合理、账外销售等问题。

三、实验内容和资料

（一）企业基本情况

Y 企业成立于 2008 年，同期认定为增值税一般纳税人，注册资金由初始的

500 万元增至目前的 4 000 万元，该公司属超级市场行业，主营百货食品服装等项目的零售业务，公司下设 24 个分支机构，Y 公司历年来财务及纳税情况如表 13 - 1、表 13 - 2 所示。

表 13 - 1　　Y 公司近年来增值税申报情况表　　单位：元

序号	项目	2011 年	2012 年	2013 年
1	销售收入	223 387 391. 53	271 514 849. 06	260 787 015. 47
2	免税收入	303 333. 38	301 270. 42	601 864. 58
3	销项税金	37 636 614. 30	45 755 961. 29	43 784 956. 09
4	进项税金	29 577 790. 18	38 164 142. 08	36 608 675. 40
5	进项税转出	244 961. 69	130 766. 79	72 694. 27
6	应纳税额	8 303 785. 81	7 722 586. 00	7 248 974. 96

表 13 - 2　　Y 公司近两年来企业所得税申报情况表　　单位：万元

序号	项目	2011 年	2012 年
1	营业收入	23 942. 34	29 388. 22
2	营业成本	18 699. 22	22 627. 96
3	管理费用	1 321. 82	485. 59
4	销售费用	5 192. 61	6 150. 88
5	财务费用	29. 58	- 23. 37
6	利润总额	- 1 522. 36	- 163. 68
7	应纳税所得额	- 1 391. 71	259. 36
8	已缴所得税	0	0

2008 年至 2011 年连年亏损，累计亏损额为 2 805. 45 万元，2012 年度应纳税所得额为 259. 36 万元，全部用于弥补以前年度亏损。

（二）风险预警情况

预警风险分值为 175 分，主要指标有 6 个：增值税开票（未开票）收入与申报收入差异额异常，分值 60 分，系统提示该公司增值税开票（未开票）收入与申报收入差异额异常 = 16 868 655. 10 元；增值税专用发票滞留存根联税额，分值 5 分，增值税专用发票滞留存根联税额 = 16 139. 77 元；商业企业应纳税额异常变动额，分值 60 分，商业企业应纳税额异常变动额 = 3 070 301. 81 元；主营业务收入变动率与应纳税额变动率的差额异常率，分值 10 分，主营业务收入变动率与应纳税额变动率的差额异常率 = 29. 73；主营业务成本变动率与应纳税额变动率异常，分值10分，主营业务成本变动率与应纳税额变动率异常=28.05；超市行业专属指标：销项税额控制额与上年度销项税额差异额异常，分值30分。

（三）核查评估情况

1. 案头分析。

宜品公司属超级市场行业，收入采用收银台结算，应拿到其收银的最基础资料，首先确定其增值税收入的准确性，其次通过对存货科目的核查，检查其进项税金和成本结转的准确性。我们查阅宜品公司近两年来的纳税申报表及财务报表，报表显示其2012年末资产合计为12 015.00万元，其中与上述指标密切相关的年末存货金额为6 075.73万元，其他应收款为5 557.88万元，两者占资产合计的96%，流动负债应作为重点核查项目。虽然本次风险因子都是指向收入成本类，但我们也不仅限于收入成本类，因宜品公司属金花企业集团旗下公司，且流动负债的其他应收款列示金额为5 425.89万元，可能存在关联企业交易。通过案头分析，核查小组决定采取入户核查的手段对疑点问题进行核查。

2. 我们首先进行实地了解，该公司经营面积不大，超市规模较本市其他大型连锁超市要小；经营形式包括自营、联营、代销、租赁四种，自营为自主购进销售；联营为采取销售扣点引进品牌；代销为先销售代销商品，根据销售情况付款开票；租赁为将场地、柜台等租给他人，宜品公司仅收取租金。以上四种形式销售的商品都采取集中在收银台收款。后又查阅了宜品公司的存货、往来明细账簿及相关凭证。

（四）核查结果

1. 分析增值税开票（未开票）收入与申报收入差异额异常及销项税额控制额与上年度销项税额差异额异常两项指标的得分情况，因宜品公司申报的收入中，除增值税收入外，还有租金收入、管理费收入、物业管理费收入等，2012年其主营业务收入27 184.02万元，其他业务收入为2 204.20万元，通过对其收入类明细账的核查，发现该公司对外出售购物卡，截至2013年末共计出售19 403.27万元，已消费13 677.00万元，尚未消费5 726.26万元，根据《增值税条例》第十九条及实施细则第三十八条，纳税人采取直接收款方式销售货物，不论货物是否发出，均为收到销售款或者取得索取销售款凭证的当天。其尚未消费的购物卡金额应计征增值税5 726.26÷1.17×17%=832.01（万元）。

2. 增值税专用发票滞留存根联指标，经询问企业财务人员并进行账务查证，该增值税专用发票未传递到财务部门，财务部门也未进行账务处理。

3. 商业企业应纳税额异常变动额指标，经核查其存货、进项税抵扣、运输费用抵扣、固定资产抵扣等项目，暂未发现问题。

4. 主营业务收入变动率与应纳税额变动率的差额异常率和主营业务成本变动率与应纳税额变动率异常指标，此两类风险因子实质为一类问题，风险系统提示宜品公司连续两年的主营业务收入和主营业务成本的增长，没有和应纳所得税税额的同步增长，此原因系宜品公司连年亏损，应纳所得税税额连续两年为零所致。

5. 在对宜品公司其他应收款、其他应付款明细账核查时发现，此类科目用于核算商联卡的往来，其发卡流程如下：金花集团成立西安尚雅商务管理有限公司（以下简称尚雅公司），制作商联卡，金花购物公司和宜品公司分别从尚雅公司领取并对外销售，所售的商联卡可在金花购物中心和宜品公司范围内使用。宜品公司截至2013年年末共计售卡19 403.27万元，而持卡在其超市消费金额为37 798.30万元，减去自己售卡消费的部分，计算出在宜品公司持其他公司售卡的消费为24 121.02万元，此应收款项，前期由金花购物中心以房租、物业管理费等费用抵顶，后期由尚雅公司支付，截至2012年底尚有3 754.00万元未收到。根据企业所得税有关规定，此业务涉及关联公司的资金融通未按照独立的企业间计算利息，应按照2012年度贷款利息6%计算其资本利得，调增应纳税所得额3 754.00×6% =225.36（万元）。

6. 宜品公司2012年度的销售费用中，用于房屋租赁的支出为2 162.49万元，在对其合理性合法性审查时发现，部分入账票据开具的项目与实际内容不符，将房屋租赁行为转变为场地租赁行为，属未按规定开具或取得发票，依据《中华人民共和国发票管理办法》第二十一条以及国税发（2008）88号文件之规定，不符合规定的发票，不得作为财务报销凭证、不得作为税前扣除的依据，应调增应纳税所得额208.25万元。

7. 在对宜品公司对外租赁的经营商户64户的纳税情况的检查中，我们了解到宜品公司只收取租金，在统一收款后，每月将扣除租金后的销售款返回给经营户，租赁户的销售额并未计入其收入合计申报增值税。我们对部分租赁户纳税情况进行了检查，通过征管系统查询，发现租用宜品公司经营场地的公司、个体等有部分存在未达起征点或注销的情况，另有部分商户持外地营业执照和税务登记经营。如西安市高新区雅美服装店系高新局管辖，2012年在宜品公司租赁场地取得销售收入156.34万元，而系统查询为未达起征点。对于存在以上行为的纳税人，已要求各主管税务机关进行处理。

8. 账龄超过3年的应付账款6.31万元，根据国家税务总局〔2010〕19号公告的规定，应一次性计入确认收入的年度计算缴纳企业所得税，调增应纳税所得额6.31万元。

以上合计应补缴增值税832.01万元，调增应纳税所得额439.92万元。

四、实验步骤

（一）税收风险点判断和结论

分组开展案例讨论，通过案头分析，列出案例企业可能存在哪些税收风险点。

（二）税收风险点风险特征分析计算

分组开展案例讨论，开展风险点特征分析，列出纳税评估采用的评估方法，列出模型、计算公式、指标源和特殊信息。

（三）税收风险点风险信息排除确认

通过实验内容和资料进行税收风险点风险信息的判断、验证、排除、确认。

五、实验总结与实验报告

通过本次实验，我们理解和掌握了商业超市行业纳税评估，掌握商业超市行业纳税评估对象的确定、案头审核分析方法、约谈举证及实地核查方法等内容，研究分析现行商业超市行业纳税评估存在的税收风险，探索建立商业超市行业纳税评估指标及评估模型，提高了商业超市行业纳税评估的技巧和水平。应该总结回顾本次实验的过程，检查实验的结果，按实验步骤要求写出本次实验的纳税评估工作报告。

纳税评估工作报告

纳税评估序号：

评估所属时期：

评估实施时间：

纳税人名称（全称）			
税务登记号		评估所属项目	
风险点判断和结论： 风险点特征分析计算： 风险点信息排除确认：			

纳税评估整体总结   工作建议   评估人员： 日期：

实验十四

道路运输业纳税评估

一、实验目的与要求

通过本实验，使学生了解道路运输业生产经营特点，掌握道路运输业纳税评估对象的确定、案头审核分析方法、约谈举证及实地核查方法等内容，纵向掌握道路运输业业务流程，从接单、流转、配送、储存、流通加工、特殊事项等环节中查找容易产生税收风险的重要节点；横向掌握区分风险事项、分别按照重点税收风险和一般性税收风险分别进行识别和分析。帮助学生掌握道路运输业纳税评估的流程，研究分析现行道路运输业存在的税收风险，探索学习建立道路运输业纳税评估指标，提高道路运输业纳税评估的技巧和水平。

二、实验知识准备

（一）行业定义

“道路运输业”行业明细代码为G54（GB/T 4754—2011）《国民经济行业分类》（国统字〔2011〕69号）。

“道路货物运输”行业明细代码为G5430（GB/T 4754—2011）《国民经济行业分类》（国统字〔2011〕69号），是指所有道路的货物运输活动。

道路货物运输包括下列活动：普通货物道路运输活动；普通货车道路运输活动、冷藏车道路运输活动、罐车道路运输活动、其他普通车辆专业货物运输活动；集装箱道路运输活动；大型货物道路运输活动；危险货物道路运输活动；邮件包裹道路运输活动；搬家运输活动；小型货车（含小面包车）运输；专门为超市、连锁店、加盟店提供送货的活动；城市内大件物品送货大门的活动；以道路运输为主的物流公司（中心）的活动；非机动车货物运输活动；其他道路货物运输活动。

不包括：汽车货运站（场），列入5449（其他道路运输辅助活动）；小件物品速递、宅急送，列入6020（快递服务）；道路货物运输打包服务，列入5449（其他道路运输辅助活动）；道路货运代办服务，列入5821（货物运输代理）；货物装卸站、货场、仓库的经营管理活动，列入5990（其他仓储业）。

（二）行业类别划分

道路运输是指在公路上通过交通运输工具运送货物的活动，具体是指经营公路货运和与之相关联的产业。公路货运以其小批量、多批次、灵活方便的优势可以实现门到门运输，联接机场、港口、铁路枢纽和对外口岸，为其他运输方式提供集疏服务。根据运输业务的属性分类，道路货物运输行业企业可以分为以下几个类别：

1. 自运业务。

自运业务是指纳税人利用自备车辆为客户提供运输业务，从而取得营业收入。特别注意的是，纳税人自备车辆分两种情况：（1）车辆属于纳税人自有；（2）纳税人除自有车辆外，运力不足部分外调部分车辆提供运输业务。

2. 联运业务。

联运业务是指联程运输业务，货物必须依靠他人提供运输服务才能送达目的地。具体是指两个或两个以上运输企业完成货物从发送地点到到达地点所进行的运输业务，联运业务的表现为一次购买、一次收费、一票到底。对承揽联运业务的纳税人来说，其实是向货主统揽该项运输业务，利用自备车辆承运一段路程，然后转给其它公司（个人），纳税人向货主统一收取运费，联运合作方将发票开给纳税人，纳税人再将运费支付给合作方的过程。

3. 货运代理业务。

货运代理的前提条件是承运人自己没有车辆，同时承运人不对货损负有责任，不承担相应法律义务。它是指纳税人向货主统揽一项运输业务，然后直接发包给有运输能力的公司（个人），从中赚取差价或者手续费。

4. 物流企业。

物流企业是指在提供运输劳务的同时，还提供货物仓储、挑选整理等劳务。

（三）行业经营规律

1. 经营主体复杂。

按国家现行的货运市场准入政策，除根据《道路危险货物运输管理规定》对道路危险品运输的开业条件，需自有专用车辆5辆以上的限制性规定外，其他货运企业开业基本没有车辆数量要求。经营主体存在私营有限、国营甚至外资企业。整个行业呈现经营主体多，经营规模小，经营秩序较为散乱的特点。

2. 经营形式多样。

在经营方式上，同一纳税人的应税劳务既有自运、联运、也有代理，多种经营方式共存在物流企业极其普遍，混合经营形式普遍存在。在运输形式上，有散货运输、集装箱运输、灌装运输、挂车运输、冷藏运输等。在组织形式上，有长途运输、短途运输等等。

3. 车辆挂靠方式复杂。

目前发现的挂靠方式有：（1）车辆过户到公司，但是车辆的所有费用或者部分费用不在公司列支的挂靠。（2）车辆不过户，仅收取管理费，公司为车主代办保险、代交各项规费的挂靠；（3）公司与车主共同出资购买，车辆过户到公司，公司缴纳保险和各种税费，财务将公司承揽的运输业务取得的收入入账，车主自己承揽的业务就不入账。造成收支不完全纳入财务核算的隐形挂靠。

4. 不规范经营现象普遍。

货运企业均存在不同程度的超载、超宽等运输方式，车辆证照标示运载能力与车辆实际运载力不符。

5. 企业财务核算水平参差不齐。

费用支出零碎、繁琐，油料费、路桥费等主要支出可能无法直接配比。经营者有意无意间，可能存在隐瞒、少计收入情况。

6. 存在内在联系。

其运输力量、营业收入、路桥费、油料费、司机薪酬等主要费用之间存在一定的关系。虽然路桥费、油料费、司机薪酬等主要费用无法直接核实其真实性，但市场竞争的结果，就是货运运价会有一个行业平均价格，这使得不同企业之间的运输力量、营业收入、主要费用三者之间也有一个趋于相近的平均值。

（四）税收管理难点及涉税风险点

1. 行政规定无法衔接，行业经营方式复杂，税收控管难度大。

道路运输业涉税管理难点就在于自有车辆有限、挂靠经营普遍。从事道路运输业一般要具有三个资格证书，即道路运输经营许可证、车辆营运证、营运性道路运输驾驶员从业资格证。按照工商局的规定，个体户可以办理个体工商营业执照，但交通运管部门规定办理道路运输经营许可证需具有企业法人营业执照，个人及个体户则不能办理。道路运输经营许可证是单位、团体、和个人有权利从事道路运输经营活动的证明，是从事物流和货运站场企业经营时必须取得的前置许可，并且它也是取得车辆营运证的必要条件，有该证的公司方才可以有营运的车辆，从事道路货物运输。目前，许多个体户和个人由于无法取得道路运输经营许可证、车辆营运证，但又想从事道路货物运营，只有采取两种行业经营模式：挂靠经营或开“黑车”。

挂靠方（车主、船主通常为自然人）利用所挂靠的企业、组织等经济主体身份，获得自身难以取得的营运资格、开具货物运输业增值税专用发票的资格、交易信用等，而且在事故处理、保险赔付等方面获得一定的便利。被挂靠方则以收取“管理费”“服务费”等名义获取利润、代开发票。挂靠经营双方虽然貌似利益共同体，但在实践中，被挂靠方对挂靠方的管理通常是松散的，实际车主和名义车主往往不一致，再加之规费收取利益驱动，导致部分车辆跨区域办理车辆登记及挂靠，车籍所在地、企业注册地和实际经营地往往不一致，挂靠方实际上处于个体经营状况，涉税风险大，税收难以控管。

2. 成本费用难以取得，区域财政税收返还，引发各种涉税风险。

被挂靠人以收取挂靠户的管理费计收入，而经营过程中发生的购车、汽（柴）油、修理修配等费用全部由挂靠人承担，挂靠人无法按增值税管理要求取得合法有效凭证，即使取得合法凭证，被挂靠人也并非都能在成本中列支或抵扣。此外，部分运输车辆所有权未过户，不属于被挂靠人，被挂靠人无法计提车辆的折旧费用，无法取得经营过程中的其他成本、费用票据，即便是被挂靠人自有车辆，收入与成本也很难完全匹配，被挂靠人收取的管理费无法承受企业所得税支出，必然会导致纳税人通过变相虚列成本费用、接受虚开发票的方式来平衡利润。由于路桥费、停车费、油料费、司机薪酬等费用难以核实其真实性，征管难度较大。“营改增”政策在全国范围内推行前，试点地区和非试点地区由于政策差别也产生一些税源管理漏洞。更有些地区为了满足财政增长需要，采取财政返还的形式，降低企业实际税负，吸引外地税源。使得这些地区某些企业铤而走险，采取虚开、多开货物运输业专用发票等方式来骗取财政返还，导致国家税收大量流失。“营改增”在全国铺开后，该现象还在继续，如果不加强日常征管，该行业将产生不小的涉税风险。

3. 混业经营现象普遍，税率分歧产生漏洞，实物操作有空可钻。

一些纳税人既从事货物运输，也从事港口码头服务、场站服务、货物运输代理、仓储和装卸搬运等物流辅助业务。“营改增”政策对提供运输服务和物流辅助服务规定了不同的税目税率。《应税服务范围注释》明确，货物运输业务属于交通运输业，适用11%增值税税率；货运代理、仓储、装卸搬运、港口码头服务等物流业务属于物流辅助业，适用6%增值税税率。判断货物运输还是货运代理则以是否直接提供货物运输劳务作为标准。实务中，税务机关和纳税人在税目、税率的适用上往往会产生分歧，易引发涉税风险。

（五）道路运输业纳税评估方法

1. 税负分析法。

（1）原理描述。

①税负分析法就是将纳税人的税负与综合税负进行比较，筛选出税负低、风险大的纳税人作为评估对象的方法。

②该方法的核心是：动态税负分析与片区税负分析相结合。不预设固化预警税负，而是根据全市（或区域）货运行业动态税收分析结果，选出风险较高，偏离值较大的纳税人，从而确定纳税评估对象。

③由于不同区域经济发展情况差异较大，增值税综合税负预警值也会有所差别，所以可以采用：全国或者全市范围提供的某段纳税期间动态综合税负排序，取高限、低限作为预警值；使用根据全市或自定义范围货运行业纳税人自主申报形成的申报征收数据进行综合排序，形成自有的综合税负预警值。

（2）评估模型。

实际税负 = 运输业务入库税额 ÷ 运输业务营业收入

（3）标准值参考范围。风控中心定期排序下发的全市或地区道路货物运输行业综合税负，取低限和高限作为预警对象。

（4）数据获取途径。本期增值税应纳税额及本期销售收入等数据均取自企业本期增值税一般纳税人纳税申报表。

（5）疑点判断。

①若企业税负低于预警值下限，说明企业可能存在隐瞒收入、虚增进项抵扣的可能性。

②若企业税负高于预警值上限，说明企业可能存在虚开增值税发票的可能性。

（6）应用要点。当企业存在兼营业务，在计算企业实际税负时，需要将兼营业务的营业收入和入库税款进行排除，这样与警戒值比较会较为准确。

2. 票税变动率趋势分析法。

（1）原理描述。票税变动率趋势分析法，就是将企业发票开具金额变动率与入库税款变动率进行趋势分析，从而判断企业是否存在纳税疑点的方法。

（2）评估模型。

①趋势比 = 发票开具金额变动率 ÷ 入库税款变动率

②发票开具金额变动率 =（评估期运输业务发票开具金额 − 上期运输业务发票开票金额）÷ 上期运输业务发票开具金额

③入库税款变动率 =（评估期运输业务入库税款 − 上期运输业务入库税款）÷ 上期运输业务入库税额

④趋势比应当趋近于 1 或者等于 1。发票开具金额与应纳税额应当同向增长或者减少。

（3）标准值参考范围。偏离系数 ±20%。

（4）数据获取途径。评估期运输业务发票开具金额：《增值税纳税申报表（一般纳税人适用）》主表：（一）按适用税率计税销售额（栏次 1）；一般货物、劳务和应税服务——本月数；提取评估期合计数。

上期运输业务发票开票金额：《增值税纳税申报表（一般纳税人适用）》主表：（一）按适用税率计税销售额（栏次 1）；一般货物、劳务和应税服务——本月数；提取上期合计数。

评估期运输业务入库税款：《增值税纳税申报表（一般纳税人适用）》主表：应纳税额（栏次 19）；一般货物、劳务和应税服务——本月数；提取评估期合计数。

上期运输业务入库税款：《增值税纳税申报表（一般纳税人适用）》主表：应

纳税额（栏次 19）；一般货物、劳务和应税服务——本月数；提取上期合计数。

（5）疑点判断。

①如果趋势比大于 1，且发票开具金额变动率和入库税款变动率都为正数，说明企业存在隐瞒收入的可能。

②如果趋势比小于 1，且发票开具金额变动率和入库税款变动率都为负数，说明企业存在隐瞒收入的可能。

③如果企业发票开具金额变动率为正数，入库税款变动率为负数，说明企业存在隐瞒收入可能性。

（6）应用要点。

①该方法在计算入库税款时，只计算运输业务的入库税款，不包括其余与运输业务无关的税款。

特别注意的是，纳税人如果在评估期内有固定资产抵扣，会对油耗的分子数干扰，注意在评估中采集相关信息进行排除。

②升级应用。

该方法可以根据企业不同情况扩展为另外五种变动趋势分析法：油税变动率趋势分析法、保险费变动率趋势分析法、修理费变动率趋势分析法、路桥费变动率趋势分析法、驾驶人员提成工资变动率趋势分析法。纳税评估人员可以灵活使用，综合参考。

3. 油耗收入比异常分析法。

（1）原理描述。油耗收入比异常分析法，就是将企业运输业务销售收入与油耗进项抵扣进行分析，从油耗占比异常判断企业是否存在纳税疑点的方法。

（2）评估模型。

$$异常比=油耗进项收入\div评估期自营运输业务收入$$

$$\frac{评估期自营}{运输业务收入}=\frac{评估期运输业务}{发票开具金额}-\frac{外包运输业务}{发票进项取得金额}$$

（3）标准值参考范围。取高限 20%、低限 15%。

（4）数据获取途径。

①评估期运输业务发票开具金额：《增值税纳税申报表（一般纳税人适用）》主表：（一）按适用税率计税销售额（栏次 1）；一般货物、劳务和应税服务——本月数；提取评估期合计数。

②外包运输业务发票进项取得金额：通过查询防伪税控系统取得。

③通过查询防伪税控系统，取得纳税人燃料类发票抵扣数据。

④查看企业燃料供应合同，取得购买燃料总量及结存数量用于辅助判断。

（5）疑点判断。

①如果纳税人取值在高限，则纳税人可能存在隐瞒销售收入或者虚进油料增

值税专票抵扣的可能。

②如果纳税人取值在低限，可能存在虚开增值税发票或将代理业务混淆税率为运输业务的可能。

（6）应用要点。

①该方法在计算入库税款时，只计算运输业务的入库税款，不包括其余与运输业务无关的税款。

②该方法下一步可使用风控系统直接扫描，分子设定为防伪税控中取得纳税人在评估期抵扣的17%的进项发票收入；分母为纳税人全部销售收入－（11%、3%）进项发票收入－除11%税率外其他销项发票收入。

特别注意的是：纳税人如果在评估期内有固定资产抵扣，会对油耗的分子数干扰，注意在评估中采集相关信息进行排除。

4. 理论收入分析法。

（1）原理描述。理论收入分析法是根据纳税人评估期内自运车辆总耗燃油数，车辆单位油耗，车辆吨位收费标准等基础数据，推算出纳税人理论营运公里数，再根据纳税人每公里每吨收费情况，从而得到评估期间理论收入，再与纳税人账面收入进行比较的一种分析方法。

（2）评估模型。

①理论收入指标。

$$\frac{\text{评估期运输}}{\text{业务理论收入}}=\frac{\text{评估期运输业务}}{\text{理论营运公里数}}\times\frac{\text{单车}}{\text{每公里收费}}$$

②理论营运公里指标。

$$\frac{\text{评估期运输业务}}{\text{理论营运公里数}}=\left(\frac{\text{评估期运输业务}}{\text{燃料费总额}}\div\frac{\text{单车百公里}}{\text{油耗费用}}\right)\times100$$

评估期油价变化较大的情况下（波动20%）：

$$\frac{\text{评估期运输业务}}{\text{理论营运公里数}}=\left(\frac{\text{评估期运输业务}}{\text{燃料消耗总升数}}\div\frac{\text{单车百}}{\text{公里油耗}}\right)\times100$$

③单车每公里收费指标。

单车每公里收费＝单车载货吨位×单车每公里每吨收费

④偏离值测算。

$$\frac{\text{评估期}}{\text{偏离系数}}=\left(\frac{\text{评估期测算}}{\text{营业收入}}-\frac{\text{评估期实际}}{\text{营业收入}}\right)\div\frac{\text{评估期实际}}{\text{营业收入}}$$

评估期运输业务理论营运公里数应当与实际营运公里数基本一致。

（3）标准值参考范围。偏离系数±30%。

（4）数据获取途径。

①查看纳税人账上车辆情况和车辆租用情况，获取车辆容量，计算单车载货量。

②查看纳税人销售合同，确定主要营运线路及承运销售单价。

③查看纳税人成本核算部门测算报告，确定车辆单位油耗范围。

④通过查询防伪税控系统，取得纳税人燃料类发票抵扣数据。

⑤查看纳税人燃料供应合同，确定购买燃料总量及结存数量。

（5）疑点判断。

①如果偏离值达到30%以上，且评估期测算营业收入大于实际营业收入，说明企业可能存在隐瞒收入的可能。

②如果偏离值达到30%以上，且评估期测算营业收入小于实际营业收入，说明企业可能存在虚开发票的可能。

（6）应用要点。

①该方法适用于车辆类型较为单一，使用油料较为一致，营运方式主要采取定货、定线的货运企业，车辆只考虑单面运费或较少出现返空情况。

②大型的运输企业为了内部成本控制，营运部门会有对燃料消耗的考核制度。其中的燃油消耗定额确定、油料消耗统计方法等指标对油耗的测算也有一定的帮助。

③确定每百公里油耗量时，应充分了解企业车辆的营运情况，一是注意企业车辆类型是否一致；二是考虑企业营运路线业务的空载、满载情况；三是考虑车辆的承运类别，如整车、零担重货、零担轻货取值；四是考虑到油价变动对运费的影响，灵活采用价格或者升数进行计算。

5. 主要线路比较分析法。

（1）原理描述。主要线路比较分析法，就是根据纳税人在纳税评估时间段主要营运路线成本构成进行分析，测算出各线的成本构成，计算其抵扣比例，然后与公司评估期间总收入及进项等构成情况进行比对，从而找出涉税疑点的方法。

（2）评估模型。

①定线理论税负计算

定线定额比例幅度（高）$=A/B\times 100\%$

定线定额比例幅度（低）$=C/D\times 100\%$

定线进项（高）$=A$　　同线定线收入（高）$=B$

定线进项（低）$=C$　　同线定线收入（低）$=D$

②评估期实际税负计算。

企业纳税评估期间进销比例 = 进项 ÷ 销项 × 100%

③理论实际比应在幅度之内

定线定额比例幅度（高）÷企业纳税评估期间进销比例

定线定额比例幅度（低）÷企业纳税评估期间进销比例

④所得税贡献计算。

评估期企业主营业务收入及成本÷评估期定线定额成本

（3）标准值参考范围。偏离系数±20%。

（4）数据获取途径。

①查看纳税人销售合同，确定主要营运线路及承运销售单价。

②查看纳税人账列车辆和租用车辆情况，获取车辆容量，计算单车载货量。

③查看纳税人成本核算部门测算报告，确定车辆单位油耗范围。

④查看纳税人账册，取得司机提成工资情况、对应车辆损耗标准、路桥费用。

（5）疑点判断。评估期企业主营业务收入及成本应当与评估期定线定额成本高低幅度基本一致。

①如果偏离值达到20%以上，且评估期测算理论营业收入大于实际营业收入，说明企业可能存在隐瞒收入的可能；如果偏离值达到20%以上，且评估期测算营业收入小于实际营业收入，说明企业可能存在虚开发票的可能。

②该方法能帮助判断纳税人是否存在虚开、代开货运发票的行为，特别是对账面营运收入额（开票额）远远超过满负荷运营状态下测算出的营业收入额时，这类纳税人税收风险很高，应作为重点评估对象，对营运业务的真实性作重点核实。

（6）应用要点。

①计算全部车辆载质量时，应根据机动车登记证区分车辆类型，同时分自备车、挂靠车分别汇总，摸清纳税人车辆权属情况和车辆载重情况。

②确定每吨每天营运收入时，要引导纳税人自报为主，充分考虑实际运输过程中普遍存在的超载现象，了解纳税人经营状况，同时注意长途、短途的计算。

③每一公司的运输业务类型大多比较固定，评估时应深入调查纳税人的业务类型和盈利模式。

④确定每吨每天营运收入采集时，应充分了解企业车辆的营运情况，一是注意企业车辆类型分布；二是考虑企业营运路线业务的空载、满载情况；三是考虑纳税人的承运类别，如整车、零担重货、零担轻货取值。

⑤该方法的缺点是只能对纳税人自有核算车辆进行判断，但如企业大量使用外部车辆则不适宜使用。

三、实验内容和资料

某货运有限公司纳税评估案例

【案情场景】

2014年4月的一天，甲市税务机关风控中心风险应对人员风险分析人员在对该市A货运有限公司进行风险应对时，一张原始单据引起了两人的注意。这张单据是一张过桥票，发票名称为“湖南省非税收入专用收据”，联次为车辆通行费收据联，有财政部门的发票监制章，票面记载了“总限重、总轴重、车道、收费员、车型”等详细信息，出站口明确表示为“岳阳”。发票从票面来看要素齐全，初步判断其为真票。那么这样一张貌似一切正常的过桥票为什么引起了风险应对人员的疑问呢？

原来，经过前期的了解发现，该公司所有业务均发生在黄河以北地区，其申报的营业收入也是北部地区的收入，那么自称所有业务都发生在北部地区的公司，为什么会取得一张“湖南—岳阳”的过桥费发票？这种情况是偶然发生的？还是大量存在？这张发票背后到底隐藏了怎样的故事？

（一）了解行业现状

为强化“营改增”后对货物运输业的管理，减少税收风险，2013年年末甲市税务机关在大量调研的基础上，对行业现状进行了充分了解，发现该行业在以下4个特点。

1. 经营方式多样，包括自运、联运、货运代理、物流企业等。

2. 车辆使用形式多样，包括自有经营、承包经营、承租经营、挂靠经营。

3. 适用税率多样：运输业的11%，仓储业的6%，有形动产租赁的17%等。

4. 行业管理难点多样，包括以下3种情况：

（1）货运行业门槛低，企业数量较多，规模参差不齐。由于货运行业准入门槛较低，基本有合规的运输工具即可参与运输。因此，小规模企业的数量较多。部分拥有运输工具的个人通过挂靠租赁等形式，参与了运输业务。企业规模参差不齐。以辖区企业为例，规模较大的平均拥有车辆200余辆，而规模较小的个体户只有1~2辆车辆。

（2）混合经营形式普遍存在。同一纳税人的应税劳务既有自运、联运，也有代理，在物流企业极其普遍。同时，部分企业未能分开核算。

（3）运输车辆不稳定、流动性大。货运企业的车辆流动性较大，每辆车的收入与成本不能一一对应，难以配比，造成部分货运企业通过账外账、两本账的方式逃避纳税，收入、成本长期账外循环。

针对这种情况，该市税务机关风控中心在2014年2月专门组织行业管理专业人员在前期调研的基础上，撰写了该行业的行业评估模型，并运用到风险扫描过程中。该模型包括指标分析模型、“营改增”前后比对分析模型两部分内容，而“营改增”前后对比分析模型为该市首创，在全国其他城市尚未有先例。为了验证模型的有效性，通过这些模型，扫描出疑点企业，按照风险等级的高低确定应对方式，其中某货运有限公司因风险等级为高，由市级税务机关风控中心以纳税评估的方式直接进行风险应对。同时该省“营改增”试点开始时间为2013

年 1 月 1 日，模型扫描期间为 2013 年 1 ~6 月。

某货运有限公司成立于 2007 年 11 月，系私营有限责任公司，注册资金为 500 万元。经营范围为：普通货运、大型物件运输（1）、货物专用运输（集装箱）。原为纯营业税纳税人，“营改增”后自 2013 年 1 月 1 日起认定为增值税一般纳税人，企业所得税由地税征管。该公司规模较大，业务涵盖的区域范围较广，分设多个项目部。在辖区同行业中处于较为领先的地位，有定的行业示范效应。

（二）采集纳税信息

在对该公司的评估过程中，面对这张疑点重重的发票，两位风险应对人员又重新梳理了该公司的纳税信息。

1. 编写部分经营申报数据明细表，包括货运企业销项税额信息采集表、货运企业差额征税明细表、货运企业进项税额信息采集表，请该公司财务人员根据账簿填写上报，用于分析企业经营及纳税情况。

2. 从“金税三期”系统、监控决策系统及备案信息导出数据：数据涵盖了收入、成本、费用、发票、运力情况等，为后续的涉税分析打下基础（见表 14 -1至表 14 -3）。

表 14 -1　2013 年 1 ~6 月收入及发票开具情况　单位：万元

月份	货运收入	自开票金额	申报抵减额	申报应纳税额	实际缴纳税额	税负（%）
2013 年 1 月	287.33	287.33	0	3.51	3.51	1.22
2013 年 2 月	499.05	499.05	0.21	7.05	7.0	1.41
2013 年 3 月	773.80	773.80	0	6.69	6.69	0.86
2013 年 4 月	703.89	703.89	0	8.60	8.60	1.22
2013 年 5 月	513.45	513.45	0	3.74	3.74	0.73
2013 年 6 月	523.82	523.82	0	7.44	7.44	1.42

表 14 -2　2013 年 1 ~6 月收入、成本、利润情况　单位：万元

年度	主营业务收入	主营业务成本	主营业务利润	主营业务利润率（%）
2013 年第一季度	1 553.57	1 475.90	75.59	4.9
2013 年第二季度	1 732.17	1 617.11	112.68	6.5

表 14 -3　运输工具、质量数量明细　单位：万元

车辆类型	数量（辆）	核定总载质量（T）
轻型	3	10.26
中型	12	107.59
重型	60	1 568.76

（三）分析疑点

采集数据之后，风险管理人员运用市级税务机关下发的货物运输行业纳税评估模型，对该公司的涉税数据进行了测算，发现该公司存在两个疑点。

1. 指标分析模型指明的疑点。

（1）税负低于行业税负，存在异常。2013 年 1～6 月，该公司税负为 1.14%，该市测算的货运行业同期税负预警值下限为 1.35%，公司税负低于预警值，存在异常。

（2）主营业务利润率测算值低于预警值，存在异常。该公司评估期主营业务利润率平均值为 5.7%，低于主营业务利润率预警值下限 7.5%，显示异常。

（3）测算收入与申报收入相差较大，存在异常。按照模型描述风险分析人员通过分析公司申报收入与测算收入的偏离度，发现公司可能存在未全额申报收入的税收风险。模型公式如下：

测算营业收入 = $\sum$ 各种车型（总载质量 × 每吨每天营运收入 × 营运天数）

根据该公司统计的每种车型的总载质量、每吨每天营运收入和评估数（分类型、经营）测算其运营收入。

车辆营运状况分为满负荷、正常、较差 3 类，再将营运线路分为长途运输和短途运输两种，测算出每吨每天营运收入和评估期营运天数。该公司拥有的车型为轻型、中型和重型，相关行业数据如下所述。

①轻型车，该车型与微型车相似，只是营运时间相对多一些（见表 14－4）。

表 14－4　轻型车营运天数与收入明细

经营状况	营运天数（全年）		每吨每天营运收入（元）	
	市内（短途）	市外（长途）	市内（短途）	市外（长途）
满负荷	310		150	
正常	260		130	
较差	200		110	

②中型车，该车型既有短途也有长途，企业不一样，业务也不同（如表 14－5所示）。

表 14－5　中型车营运天数与收入明细

经营状况	营运天数（全年）		每吨每天营运收入（元）	
	市内（短途）	市外（长途）	市内（短途）	市外（长途）
满负荷	300	330	130	140
正常	250	300	120	130
较差	180	240	100	110

③重型车，该车与中型车类似，既有短途也有长途，但营运时间相对较长（如表 14 - 6 所示）。

表 14 - 6　　重型车营运天数与收入明细

经营状况	营运天数（全年）		每吨每天营运收入（元）	
	市内（短途）	市外（长途）	市内（短途）	市外（长途）
满负荷	300	350	130	140
正常	300	330	120	130
较差	200	250	100	110

根据公司备案信息显示，该公司中型车、重型车为母公司与某大型央企签订的常年合同，其运营情况基本为满负荷运转，运输目的为黄河以北的外省，属于长途，重型车主要运送钢材，中型车主要运输电器及化工产品等，小型车为市内短途运输，运营情况较差。依据车辆调查明细表和营运能力分析指标，测算其评估期最低收入金额为：

轻型车（3 辆共 10.26 吨）

半年较差负荷运输量为 11.29 万元（10.26 吨 ×110 元/吨 · 天 ×200 天 ×0.5）

中型车长途（12 辆共 107.50 吨）

半年满负荷运输量为 248.33 万元（107.50 吨 ×140 元/吨 · 天 ×330 天 ×0.5）

重型车企业满负荷营运收入

半年满负荷运输量为 3 853.46 万元（1 568.76 吨 ×140 元/吨 · 天 ×350 天 ×0.5）

半年合计运营收入 = 11.29 + 248.33 + 3 853.46 = 4 113.08（万元），而该公司申报数据显示营业收入 = 1 553.57 + 1 732.17 = 3 285.74（万元），显示异常，很可能存在少计收入的问题。

（4）测算油耗与实际油耗相差较大，存在异常。按照评估模型描述，风险应对人员根据不同车型的耗油情况，测算出公司运输工具的耗油量，然后根据公司申报列支的油费与油价比估算出公司实际耗油量，通过两者的差异发现公司是否有油费不实的情况，从而与其业务情况进行关联。测算公式为：

测算油耗 = $\sum$ 某类车型测算行程公里数 × 每百公里耗油量

实际货物运输耗油量（升）= 纳税人账列油费 ÷ 油价

异常值 = 实际货物运输耗油量（升）- 测算油耗

每百公里耗油量如表 14 - 7 所示。

表 14－7　　耗油量参考　　单位：升

车型	每百公里耗油量（空载）	每百公里耗油量（满载）	每百公里耗油量（平均）
微型	8～10	10～12	8～12
轻型	12～14	14～18	12～18
中型	18～20	20～26	18～26
重型	26～28	28～32	26～32

经过对公司上报的采集表数据以及警戒线系统中公司登记备案的运输工具比对分析，公司油耗偏离系数超过预警值，显示公司油耗非正常，可能存在虚增油耗或不规范使用运输工具情况。

2. “营改增”前后比对分析模型显示异常。

（1）燃油费占比异常。由于燃油费作为运输企业日常的主要成本支出，在货运企业的成本核算中占据重要地位，且燃油的市场价格一般较为稳定，不易产生大的波动。风险分析人员通过对公司耗用燃油费的测算，发现该公司燃油费在公司成本中占比较高，而且各期耗用不均衡，耗用变化异常明显，公司有可能存在以油费抵顶运费不按税法规定处理的情况，即没有按视同销售确认收入处理（如表14－8所示）。

表 14－8　　油费占成本百分比明细比

成本、费用项目	油费占成本百分比（%）
2013 年 1～6 月	55
2012 年 1～6 月	30
增幅	83.33

（2）所得税贡献率。通过公司上报数据显示，其在地税管辖时，企业所得税贡献率为 1.27%，“营改增”后，发现公司的所得税贡献率为 0.69%，产生较为明显的变化。

（四）深挖：揭开票据背后隐匿真相

根据上述疑点，风险分析人员按照流程规定，与该公司的法定代表人及财务负责人进行了约谈，被约谈人员含糊其辞、不能做出合理解释，预警不能消除，于是按照规定转入了实地核查阶段。

核查前风险分析人员又进一步梳理了评估思路：税负异常引起的原因无非是销项税额和进项税额两个要素，而销项税额方面归结到底就是确认的问题。而收入又与合同、销售发票密不可分；进项税额方面无非是购进存货及费用的问题，而货运行业的进项税额无非是油耗及配件等，最后也会在进项发票上反映。

捋顺了思路后，风险分析人员决定将核实业务的真实性作为评估重点，以合同及货运发票为切入点，按照程序对公司进行了实地核查，核查中发现以下6个问题：

1. 估算单位运价。

根据该公司的运输业务、运输工具类型、相关油耗及人员工资，通过成本利润的方式反向推算公司的单位运价，同时结合该市同行业、同规模企业的运价，与公司票面运价进行作对比，发现其票面运价明显偏低。

2. 对差额申报业务真实性的核查。

该公司2012年12月25日与乙市某物流有限公司签订运输合同，将部分业务转包给该物流公司，取得对方开具的公路内河运输发票并申报差额扣除，至2013年3月，累计金额为1 555.2万元，占公司全部运输收入的50%，分别涉及多个项目部。该公司收受了该物流有限公司开具的公路内河运输发票并进行了大量差额申报收入，票面内容与该公司各项目部提供的业务证明单据数据明显不符。

3. 票注车牌号与结算车牌号比对。

通过将货运发票注明的牌号与公司的计算机记录中实际结算货款的车牌号进行比对，发现辖区该公司委托给乙市某物流有限公司的部分运输业务合同较为模糊，接受的联运企业开具的发票不规范，存在一定误差，联运的真实性有待核实。

4. 运输发票票面起讫地比对分析。

公路内河运输发票票面所载的运输业务起讫地，与该公司的运输合同、内部运输分派单据等进行比对分析，发现公司运输业务实际起运地及送达地点与合同、分派单注明地点存在明显不符。

5. 过桥票、过路票与运输收入途经地点比对。

成本费用中列支大量过桥票、过路费等注明的发生地点，与申报的运输收入途经地点并不一致，如案例开篇风险分析人员所发现的那张奇异票据情况。

6. 油耗异常问题。

该公司购买油料，办理加油卡，取得增值税专用发票并自行申报抵扣。经核查，该公司部分业务在与自有运输工具的实际经营者结算运输费用时，支付50%的加油卡，50%现金转账，存在油料抵扣畸高与正常运输业务不相符合的问题。

确认上述疑点后，风险分析人员按程序进行了再次核查，数据面前，该公司用承对代理业务按联运业务申报，主要是考虑到联运业务税负比代理低，税务机关又很难发现。收取的部分发票存在不合理、不规范的地方：同时为了达到少缴税款的目的，采取了部分加油票抵顶运费未确认收入的行为，也存在部分配载收入不入账，零星业务少计收入，而过路费、过桥费等费用却在税前扣除的情况，该公司表示愿自查补缴相应税款。

四、实验步骤

（一）税收风险点判断和结论

分组开展案例讨论，通过案头分析，列出案例企业可能存在哪些税收风险点。

（二）税收风险点风险特征分析计算

分组开展案例讨论，开展风险点特征分析，列出纳税评估采用的评估方法，列出模型、计算公式、指标源和特殊信息。

（三）税收风险点风险信息排除确认

通过实验内容和资料进行税收风险点风险信息的判断、验证、排除、确认。

五、实验总结与实验报告

通过本次实验，我们理解和掌握了道路运输业业纳税评估，掌握道路运输业纳税评估对象的确定、案头审核分析方法、约谈举证及实地核查方法等内容，研究分析现行道路运输业纳税评估存在的税收风险，探索建立道路运输业纳税评估指标及评估模型，提高了道路运输业纳税评估的技巧和水平。应该总结回顾本次实验的过程，检查实验的结果，按实验步骤要求写出本次实验的纳税评估工作报告。

纳税评估工作报告

纳税评估序号：

评估所属时期：

评估实施时间：

<table>
<tr><td>纳税人名称（全称）</td><td colspan="3"></td></tr>
<tr><td>税务登记号</td><td></td><td>评估所属项目</td><td></td></tr>
<tr><td colspan="4">风险点判断和结论：

</td></tr>
</table>

风险点特征分析计算：

风险点信息排除确认：

纳税评估整体总结

工作建议

评估人员：

日期：